U0502340

纪连海品三国

纪连海 · 著

汉末卷

中国出版集团有限公司
China Publishing Group Co., Ltd.　现代出版社

图书在版编目（CIP）数据

纪连海品三国. 汉末卷 / 纪连海著. — 北京 ： 现
代出版社，2025. 3. — ISBN 978-7-5231-0745-4

Ⅰ . K236.07

中国国家版本馆CIP数据核字第2025EK6570号

纪连海品三国. 汉末卷
JILIANHAI PINSANGUO. HANMO JUAN

著　　者	纪连海
选题策划	梁　惠
责任编辑	梁　惠　姚冬霞
责任印制	贾子珍
出版发行	现代出版社
地　　址	北京市安定门外安华里504号
邮政编码	100011
电　　话	(010) 64267325
传　　真	(010) 64245264
网　　址	www.1980xd.com
印　　刷	三河市宏盛印务有限公司
开　　本	710mm×1000mm　1/16
印　　张	16.5
字　　数	206千字
版　　次	2025年3月第1版　2025年3月第1次印刷
书　　号	ISBN 978-7-5231-0745-4
定　　价	298.00元（全四卷）

版权所有，翻印必究；未经许可，不得转载

目 录

从《三国志》到《三国演义》的演变

"古今多少事，都付渔樵中。"我自2005年登央视《百家讲坛》主讲《正说清朝名臣》系列节目，就开始为朋友们所熟悉。此后又在各大卫视主讲了多档与历史、文学有关的内容。这么多年过去了，以前老纪讲的众多历史节目，受到朋友们的喜欢，但是老纪也知道，现在的年轻人更喜欢幽默有趣的历史。身为老师，我也很乐意与时俱进，用大家喜欢的方式来给大家讲讲历史。因此，就有了《纪连海品三国》系列。

一、为何讲三国

为什么要跟朋友们分享三国的这段历史呢？在我看来，有如下几个方面的原因。

首先，名著常读常新。不同的年龄阶段读三国，会有不同的收获：年轻时初读三国，读的是传奇故事与热血情怀；参加工作之后再读三国，读的则是处世智慧与英雄谋略；退休之后回归家庭又读三国，读的却是大道至简的世态人情与人生感悟。

三国里的众生相，代表的传统伦理、道德、智慧、谋略，就是我们血液里流淌的民族性，无论过了多久，咱们都能与之产生共鸣。

其次，想要学习各种智能谋略，其他名著也能给我们提供，但老纪认为，与三国故事相比，其他名著多多少少还是要略逊一筹的。比如《水浒传》讲路见不平一声吼，动辄打打杀杀，与今天的法治社会的理念完全脱节；《西游记》不但动辄便打打杀杀，还多了些不切实际的上天入地的神魔色彩；《红楼梦》更多的是少男少女的儿女情长。相对而言，三国故事能给我们提供相对全面的生存智慧：无论是关于家庭的，还是关于社会的。

当然，从陈寿（233—297）撰写《三国志》至今，一千七百年来，对三国故事的解读就从来没有间断过。直到今天，各大网络平台上仍然有很多专家学者在解读三国故事。清初文学批评家毛宗岗（1632—1709）对罗贯中（约1330—约1400）版的《三国演义》原文，进行了水平很高的文字润色与情节加工，使之成为我们今天最为流行的版本；厦门大学的易中天教授从文学的角度重点解读了曹操（155—220）、周瑜（175—210）、诸葛亮（181—234）和司马懿（179—251）这四个人物。那么，与他们相比，老纪的解读有哪些自己的特色呢？

老纪的解读更多的是从处世智慧、管理智慧、权谋智慧三个角度对三国故事进行全方面解读——而不单纯停留在三国故事里的几个主角上。主角嘛，大都是成功者，他们留给我们的成功经验自然值得我们借鉴，比如刘备"三顾茅庐"，诸葛亮究竟是怎么把自己推销出去的呢？但是，也有一些小角色的成功，更值得我们去品味，比如谋士贾诩（147—223），一生不断跳槽，换了好多个老板，居然每个老板都很欣赏他。而那些没有成功的人物留给我们的教训，更能对我们未来的人生有借鉴作用，比如四岁让梨的孔融（153—208），最后居然死于不孝的罪名，这莫大的讽刺到底是因为什么呢？上述这些具体的事例，其实涉及很多处世方面的经验教训。通过对三国故事进行全方位的解读，于我们今后为人处世，管理公司，处理非常棘手的问题，都能有所借鉴和启迪。

当然，老纪毕竟是历史老师，在解读三国故事的时候，也会从史学的角度，对人所共知的那些或纯属虚构或张冠李戴的故事加以考证说明。

二、史书、演义大不同

说起风起云涌、英雄辈出的三国时代，为后世人留下的，不只是对历史兴亡、人世浮沉的无限嗟叹，同时也为后代文学家进行艺术创作留下了丰富的素材。其中，最早关注到三国历史并加以忠实记录的是三国蜀汉至西晋时期的史学家陈寿。

陈寿以高度严谨的历史编撰手法，客观公正的态度，编著了一部流芳百世的历史巨著——《三国志》。陈寿《三国志》完整记录了从东汉末年到西晋初年近百年间，中国从分裂走向统一的全过程。其最大特点，是引文精练，叙事简约，史实准确，取材严谨。正因为有这样的特点，此书刚刚问世，就引起了当时社会各界的很大反响，纷纷予以肯定。也正是因为如此，后人才把《三国志》与《史记》《汉书》及成书于《三国志》之后的范晔《后汉书》并称"前四史"。

当然，陈寿的《三国志》也有不足之处。一是缺少表、志，显得内容匮乏；二是对原来已经成书的史料，删削过多。最明显的例证如马钧、张仲景（约150/154—约215/219）这样的伟大科学家，他没有为之立传；许多见于鱼豢《魏略》的少数民族史料和曹魏统治少数民族的特殊制度——护军制，他都删之殆尽。另外，在叙事时，除了在某些人的纪和传中有矛盾之处，其最大的缺点，就是对曹魏和魏晋改朝换代的史实，多有隐讳，不敢直书，多有曲笔，创立"回护"笔法，受到了历代史学家的批评。

上述几个问题，从史料学的角度着眼，几乎都是致命伤。

继陈寿之后再度关注到三国历史，并加以忠实记录的是东晋、南朝刘宋时期的史学家裴松之（372—451）。

刘宋建立后，裴松之接到宋文帝刘义隆（407—453年在世，424—453年在位）的御旨，要他为《三国志》充实史实，也就是为《三国志》作"注"。裴松之广搜资料，精心撰作，于公元429年写成《三国志注》。为《三国志》作"注"，裴松之除了访问遗址，考证三国一些事件发生的经过，听年长者之回忆，还对所记载的地名、人物、事件，一一查书考证。

裴松之的《三国志注》具有以下三大特点：一是补阙，凡陈寿所未能见到的史料和虽已见而删削不当的史料，均补入；二是纠谬，即通过增补史料，纠正陈寿《三国志》的错误之处，或进行必要的考证；三是存异，即对同一件事或人物，几种史书有不同的说法，裴松之均录而并存之，给后人留下了思考与考证的余地。

因此，裴松之《三国志注》的最大功绩，在于改变了传统的以音义训诂为主的史注体，创建了一种以补遗、纠谬和存异为主要目标的史注体。通过这种史注体，保存大量的史料，使之不至于散佚无闻。这正是裴松之《三国志注》的最大价值所在。

由于大量征引，裴松之的《三国志注》共达三十六万七千余字，比陈寿正文的三十二万余字还多，弥补了陈寿《三国志》原来记载简略的缺陷。

裴松之引用大量史籍以补《三国志》，使《三国志》的内容大为丰富。这些史料主要表现在政治、军事、经济、文化、外交、民族融合、民风民俗以及人口史等各个方面。

史学家陈寿和裴松之无论如何也想不到，他们的这两部史学巨著，竟然成就了一部伟大的文学名篇《三国志通俗演义》。

《三国演义》是《三国志通俗演义》的简称，又被称为《三国志演义》《三国全传》等，是元末明初小说家罗贯中根据陈寿的《三国志》和裴松之的《三国志注》及民间三国故事传说，经过艺术加工创作而成的我国第一部长篇章回体小说，也是历史演义小说的开山之作和最高成就的代表。明清时期甚至有"第一才子书"之称，与《西游记》《水浒传》《红楼梦》并称为中国古典四大名著。该作品成书以后，有多个版本传之于世，到了明末清初，毛宗岗对《三国演义》整顿回目、修正文辞、改换诗文，毛宗岗本的《三国演义》也成为诸多版本中水平最高、流传最广的版本。

三、杨慎调寄临江仙

小说《三国演义》的开篇，就是一首气势磅礴的词——调寄《临江仙》：

滚滚长江东逝水，浪花淘尽英雄。

是非成败转头空。青山依旧在，几度夕阳红。

白发渔樵江渚上，惯看秋月春风。

一壶浊酒喜相逢。古今多少事，都付笑谈中。

1994年央视版的八十四集电视连续剧《三国演义》中，这首《临江仙》又由作曲家谷建芬谱曲，歌唱家杨洪基演唱，成为剧中的片头曲，因而更为广大观众所熟悉。

一般读者都会认为，这首《临江仙》的原创者就是《三国演义》的作者罗贯中。其实，这首词的创作者另有其人，那个人就是位居明朝"三大才子（杨慎、解缙及徐渭）"之首的杨慎（1488—1559）。杨慎系四川新都（今四川省成都市新都区）人，其父为东阁大学士杨廷和（1459—1529）。

二十三岁高中状元后，杨慎开始入朝为官。一次明武宗朱厚照（1491—1521年在世，1505—1521年在位）秘密出宫，刚出居庸关，杨慎就上书劝谏皇帝，但是朱厚照并未理会。杨慎便上书称病，辞官归故里。杨慎此时虽新晋为官，但我们不难看出他为官刚直，在儒家文化为主导的社会，杨慎忠实地践行了儒家文化中对于为官者的要求，皇帝出现不符合礼法的行为，作为官员就要犯颜直谏。官可以不做，但是一定要维护礼法。这一点也为杨慎的被贬埋下了伏笔。

明武宗朱厚照驾崩后，因无子嗣，于是按"兄终弟及"的原则，明世宗朱厚熜（1507—1567年在世，1521—1567年在位）继承了皇位，朱厚熜也就是后来的嘉靖帝。按朝臣的说法，嘉靖帝应该认明孝宗朱祐樘（1470—1505年在世，1487—1505年在位）为父。如此，朱厚熜名义上就会成为朱祐樘之子、明武宗朱厚照之弟，这样才符合"兄终弟及"原则，做皇帝才能名正言顺。嘉靖帝却执意要立自己的生父兴献王朱祐杬（1476—1519）为"皇考"，并且按照皇帝的礼仪对待。这就是历史上著名的"大礼议"事件。

此时，已经官复原职的杨慎，自然认为嘉靖帝这么做不符合礼法。所以他再一次对皇帝提出了反对意见。第一次上书被嘉靖帝严厉斥责，但是杨慎并未妥协。第二次直接约与之同年的进士到左顺门（今故宫太和门东侧廊庑正中的协和门）力谏。这一次，嘉靖帝非常生气，直接下令逮捕了以杨慎为首的八名官员并加以廷杖。但是杨慎并没有改变自己的立场，对众人说："国家养士百五十年，仗节死义，正在今日。"（《明史》）

"大礼议"事件后，杨慎于公元1524年被充军云南永昌卫（今云南省保山市）。此前，杨慎的父亲杨廷和，曾在明武宗驾崩、明世宗未至时，总揽朝政三十七日。其间，杨廷和裁撤了许多冒滥军功的官员。杨慎被贬后，这些被裁撤的挟怨者招募了一些亡命之徒在路上埋伏，要伺机杀害杨慎。杨慎知道后，一路小心防备，到山东临清时这些人才散去。杨慎扶病上路，骑马走了近万里，非常疲惫，等抵达云南永昌卫时，险些病逝。在滇南时，杨慎曾率家奴助平寻甸（今云南省寻甸县）安铨、武定（今云南省武定县）凤朝文叛乱。公元1559年8月8日，杨慎在昆明病逝，享年七十一岁。

仕途的坎坷，让杨慎有更多的时间与精力献身文学。杨慎在滇南三十余年间，博览群书，潜心写作，成绩斐然。后人论及明代记诵之博、著述之富，推杨慎为第一。

在正统的文学创作之外，杨慎还创作了一部词话（又称"弹词"）——《历代史略十段锦词话》（又名《廿一史弹词》）。词话是明代民间的说唱文学（说唱艺术），是集说、唱、弹于一体的一种传统曲艺形式，其后逐渐发展演变为弹词和鼓词两个系统。

《廿一史弹词》取材于正史，以《史记》至《元史》的"二十一史"为题材，叙述历代演变史实。全书用浅近文言写成，被誉为"后世弹词之祖"。每段以诗词开头，结尾也以诗词收底子。《临江仙》就是杨慎《廿一史弹词》第三段《说秦汉》的开场词。

那么问题来了，杨慎出生于明朝中期的公元1488年，比公元1330年出生的罗贯中晚了一百五十八年，他创作的《临江仙》为何成了《三国演义》的开篇词呢？其实，将杨慎的《临江仙》硬生生加进《三国演义》的另有其人，那就是明末清初的毛宗岗。

毛宗岗仿效金圣叹（1608—1661）删改《水浒传》的做法，对罗贯中的原著进行了删改，并在章回之间夹写批语。《三国演义》开篇的那首《临江仙》，就这样被毛宗岗"拿来"为己所用了。毛宗岗本《三国演义》就是现在流行的一百二十回本《三国演义》。

杨慎的那首《临江仙》是置于"说秦汉"一章之首的，而作为"说三分两晋"一章开篇的，是一首《西江月》：

道德三皇五帝，功名夏后商周。七雄五霸闹春秋。秦汉兴亡过手。

青史几行名姓，北邙无数荒丘。前人田地后人收。说甚龙争虎斗。

杨慎的这首《西江月》也没被埋没，它早被明末小说家冯梦龙（1574—1646）拿去作为他的长篇小说《东周列国志》的开篇了。

第一章

光武帝刘秀：东汉灭亡，与刘秀有多大关系

俗话说，"冰冻三尺，非一日之寒"。追溯汉末三国的这一段历史，就要从东汉的开国皇帝光武帝刘秀（前5年1月15日—57年3月29日）说起。

有的朋友说了：不对啊？不是说好了要讲从东汉末年开始直到三国结束为止的这一百年间的故事，怎么这第一个人物是东汉的开国皇帝刘秀呢？

虽然我们的故事的确是从公元184年张角（？—184）、张宝、张梁三兄弟领导的黄巾起义开始的。但东汉末年动荡混乱，其中很多问题都是从光武帝刘秀的东汉政权建立伊始就已经埋下伏笔了。如果不简单交代一下东汉开国皇帝光武帝刘秀的故事，好多的问题就都说不清楚了。不过，一说到刘秀，相信会有很多问题一直萦绕在我们的脑海里。比如，"仕宦当作执金吾，娶妻当得阴丽华（5—64）"到底是怎么回事呢？白手起家的刘秀，靠什么当上了皇帝呢？东汉的灭亡，到底与刘秀有多大关系呢？

一、早年梦想很现实

汉高帝刘邦（前256/前247—前195年在世，前206—前195年在位）九世孙刘秀，南阳郡蔡阳县（一说今湖北省枣阳市，一说今河南省南阳市宛城区）人，出自汉景帝子长沙定王刘发一脉。刘秀的先世，因遵行"推恩令"而从列侯递降。到刘秀这一代时，封爵传承已经结束，他的

父亲刘钦只是担任过济阳（今河南省兰考县）和南顿（今河南省项城市）的县令。

公元前5年1月15日夜，刘秀就出生在济阳县的一座汉朝行宫的后殿。这座行宫原本是汉武帝刘彻（前156—前87年在世，前141—前87年在位）所建立的行宫，又称"济阳宫"，自从汉武帝逝世后就封闭着。因为妻子临产没有合适的地方，刘钦也就顾不得许多，让妻子住进了行宫。

东汉王充《论衡·吉验篇》记载，刘秀出生时，有赤光照耀整个房间。刘钦感到奇怪，立即召来功曹史充兰，派他去问会占卜的人。充兰与马下卒苏永一起去占卜人王长孙的住所。王长孙卜卦后，对充兰和苏永说："此吉事也，毋多言。"

公元前5年秋，在刘钦房前栽种景天（一种药材，可以作为观赏植物栽培）的地方有谷子长了出来，共有三株，每株一根茎九个穗，比一般谷子要长一二尺，是好谷子。父亲刘钦因此为其取名为"秀"。因刘秀是刘钦的第三个儿子，叔为兄弟排行次序第三，所以字"文叔"。

"秀"的本义指谷物抽穗扬花，也泛指草木开花结籽。秀与花相关，而花在中国人的眼里总是美好的事物。秀字就含有俊美、秀丽的意思。谷类抽穗开花生在谷秆的顶部，由此又引申出"优异出众"的意义。

公元3年，刘秀的父亲刘钦死在南顿县令的任上。刘秀兄弟三人从此寄居在了叔父刘良（前25—41）家中，几个姐妹则继续跟随母亲生活。刘良任萧县县令时，刘秀得以"入小学"。

刘秀小时候喜欢在田野间嬉戏。时间长了，渐渐对农桑稼穑产生了浓厚的兴趣，常常把自己的小主人身份甩在一边，和佃农一起耕作。大哥刘縯则对田园生活毫无兴趣，专喜欢交朋结友、弄侠使气，养着不少乡间豪悍的少年。他对弟弟的生活态度很看不惯，常常笑话他没有出息，天生是个做农夫的料。

公元8年，王莽（前45—23）篡汉，建立新朝，失去了特权的刘家很快就成了普通百姓，过着与从前截然不同的窘迫生活。这样的生活令刘缤非常不满，经常在家中大发牢骚，声言定要重振大汉王朝。

在哥哥的影响下，本来醉心于田园牧歌、与世无争的少年刘秀慢慢地有了转变：当同龄的朋友都纷纷成婚聘娶、沉浸于家室的时候，刘秀却决定西去长安，入读太学，开拓视野、研习学问。来到长安以后，刘秀成为名儒许子威的学生，学习了《尚书》等当时最经典深奥的学问。

值得注意的是，在长安，刘秀结识了邓禹（2—58）、朱祐（前10—48）等，二人后来皆列入"云台二十八将"，是刘秀日后创业的最早班底。

刘秀家贫，为筹措学费，与同学韩子凑钱买了头驴，拉私活赚钱。还和朱祐"共买蜜合药"，估计是做点小买卖。西汉时，中药以"治末吞服"为主，或拌上蜜，合成丸药，极少煎服。从出土的《武威汉简》中可见，共记录了二十七个药方，只有一个是煎服。直到东汉"医圣"张仲景时，中医才从"吃药"转向"喝药"，而此时刘秀已去世一百多年了。

不久，刘秀盘缠用尽，被迫返回家乡。返乡后，刘秀找到了知音——姐姐刘元的丈夫，新野（今河南省新野县）人邓晨。

先来了解一个专有名词——谶纬。所谓谶纬，其实是"谶"与"纬"的合称。"谶"是秦汉间的巫师、方士编造的预言吉凶的隐语、预言，作为上天的启示，向人们昭示未来的吉凶祸福、治乱兴衰。谶有谶言、图谶等形式，如"亡秦者胡也"即为秦代的一句谶言。"纬"即纬书，是汉代儒生假托古代圣人制造的依附于"经"的各种著作。东汉时流传的"七纬"有《易纬》《书纬》《诗纬》《礼纬》《乐纬》《孝经纬》《春秋纬》，皆以迷信方术、预言附会儒家经典。

刘秀经常住在姐姐、姐夫家里。一次，他与姐夫邓晨到别人家去做客，当时大家看到谶书中说："刘秀当为天子。"旁边有些人说：谶书所说的刘秀肯定是国师公刘秀。可当时在场的刘秀说："何用知非仆耶？"意思是，怎么就知道这谶书中所说的要当天子的刘秀不是指的我呢？刘秀的一番言辞，当然引起了众人的哄笑。

"仆人"的"仆"是古人对自己的谦称，后来已成为皇帝的刘秀与邓晨一起谈及往事，邓晨从容地对这个曾经谦称自己为"仆"的人说"仆竟然做到了"，刘秀听后大笑。

西汉末年，谶书极为流行，王莽代汉就是用谶书作为其理论依据，实际上谶书乃是统治者欺骗百姓的一个工具而已，其内容荒诞不经，毫无依据可言。新朝末年，天灾不断，人心思乱。而西汉末年的大儒刘歆精通谶纬，不但为王莽代汉立下了大功，而且刚刚改名叫作刘秀，故大家猜测谶书中所说的"刘秀"乃是国师公刘歆。

在姐姐、姐夫家，刘秀遇见了他这一生最重要的女人——阴丽华。

阴丽华，出生于南阳郡新野县一个显赫的家族。阴氏家族是曾经辅佐齐桓公成就一代霸业的春秋名相管仲之后。后世从齐国迁居楚国，被封为阴大夫，以后便以"阴"为姓。阴家是当时新野的豪门大户，所占有的土地达七百余顷，车马和奴仆的规模可以同当时分封的诸侯王相比。

联想到自己在都城长安读书时，曾经看到过的保卫京城的官员执金吾走过时甚是壮观的场面，刘秀不禁大为感叹，脱口而出："仕宦当作执金吾，娶妻当得阴丽华。"

再说王莽改制失败后，兵戈四起，天下大乱：赤眉、绿林、铜马等数十股大小农民军纷纷揭竿而起，大批豪强地主也乘势开始倒莽。顿时，海内分崩，天下大乱。

公元22年冬，刘秀打着"复高祖之业，定万世之秋"的旗号，从宛城（今河南省南阳市）起兵来到春陵（今湖北省枣阳市吴店镇），与早已等候在这里的大哥刘縯会合在一起，史称春陵军。为了壮大声势，加强反莽力量，春陵兵与新市、平林、下江这三支绿林军主力进行了联合，并与新莽的征讨大军激战，大破莽军。

公元23年，西汉宗室刘玄被绿林军的主要将领拥立为帝，建元"更始"，是为更始帝。刘縯被封为大司徒，刘秀则受封为太常偏将军。王莽遣大司空王邑、大司徒王寻发兵四十二万扑向昆阳（今河南省叶县）和宛城一线，力图一举扑灭新生的更始政权。

驻守在昆阳的刘秀部只有九千人。此时王莽军已逼近城北，刘秀率十三名骑兵趁夜出城，调集援兵。王邑军向昆阳城发起进攻，并挖掘地道，制造云车。昆阳守军别无退路，坚守危城。此时王莽军久战疲惫，锐气大减。刘秀率领步骑万余人驰援昆阳。刘秀亲率千余精锐为前锋，反复猛冲，斩杀王莽军千余人，汉军士气大振。随后，刘秀又以勇士三千人，迂回到敌军的侧后，向王邑大本营发起猛烈的攻击。王邑兵马陷入困境，王寻战死。昆阳守军乘势出击。王莽军大乱，纷纷夺路逃命。此时，突然大风飞瓦，暴雨如注，王莽军万余人涉水被淹死。新朝号称百万大军的主力覆灭于昆阳城下。这一年秋，绿林军攻入长安，王莽死于混战之中，新朝覆灭。

此后刘秀马不停蹄，攻城略地。此时，一个噩耗传来，刘縯被更始帝刘玄和拥戴他的绿林军将领斩杀。

刘縯无故被杀，对刘秀来说是一个莫大的打击。但是刘秀强忍悲伤、韬光养晦、隐忍负重。为了不受更始帝的猜忌，他急忙返回宛城，向更始帝刘玄谢罪，并不私下接触刘縯部将。虽然昆阳之功首推刘秀，但他不表昆阳之功，并且表示兄长犯上，自己也有过错，并且不敢为刘縯服丧，"饮食言笑如平常"。不过在独居时就不吃酒肉，枕席间往往有泪痕。部下冯异劝他尽情哀痛，刘秀制止道："卿勿妄言。"

与此同时，刘秀决定立刻娶新野阴氏家族的阴丽华为妻。此时，刘秀已经二十九岁，阴丽华十九岁。

二、中年追求很远大

更始帝刘玄本因刘縯一向不服皇威，故而杀之，见刘秀如此谦恭，反而有些自愧。公元23年秋，更始帝刘玄解除了刘秀的一切兵权，同时封了一个武信侯的空头衔。

刘秀在与爱妻阴丽华仅仅相处了三个月之后，即受更始帝刘玄所遣西去洛阳。刘秀只得将阴丽华送回新野娘家。不久，更始帝刘玄派遣刘秀行大司马事，北渡黄河，去镇慰河北州郡。

河北豪杰听说昆阳大战的英雄来到，纷纷投奔。刘秀得以在河北顺利立足。而此时他亟待解决的问题，就是占据真定（今河北省石家庄市）、拥有十余万军队的前真定王刘杨。好在刘杨也不愿意把自己的家底拿出来跟刘秀血拼，最终决定归附更始政权。

虽然刘杨归降，但当时河北诸县经常摇摆不定，刘秀亲自来到真定，迎娶了刘杨的外甥女郭圣通（6—52）为妻，最终促成了双方的合作。这场政治联姻改变了刘秀的原配阴丽华的一生。与真定王刘杨的这场联姻给刘秀带来了不小的收益，虽然真定军的加入并没有大幅提高刘秀军队的战斗力，但不少城池受到刘杨归附刘秀的影响而改变了原先的立场，使刘秀得以顺利拿下这些地方，战场形势继续朝着有利于刘秀的方向转化。

这之后，刘秀成功击败并收编了以铜马军为主的大量河北农民军部队，使军力增至数十万。这些被收编的农民军部队成为刘秀军队的主要组成部分。

在收编铜马军的过程中，还有个很有趣的插曲。为了安抚人心，刘秀封投降的铜马军头目为列侯。但是投降的部队头领还不放心，都害怕刘秀秋后算账，刘秀知道他们的心思，不带一兵一卒亲自视察铜马军，过人的胆略由此可见一斑。铜马军大为感动，说刘秀"推赤心置人腹中，安得不投死"。这也是成语"推心置腹"的由来。刘秀得到了铜马军的真心效命，实力大大增加，以至后来被称为"铜马帝"。

公元25年夏，刘秀公开称帝于鄗城（今河北省邢台市柏乡县），尊奉汉元帝刘奭（前74—前33年在世，前48—前33年在位）为皇考，光复汉室，后定都于洛阳，史称后汉或东汉。此后，又经过长达十二年的征战，刘秀终于克定天下，使得自新莽末年以来四分五裂、战火连年的中国再次归于一统。

三、三种人埋葬东汉

刘秀曾目睹王莽之乱后"野谷旅生，麻草尤盛，野蚕成茧，被于山阜"的凄凉景象，称帝后，他先后九次下达关于释放奴婢的诏令，大量奴婢因此得以返归田园。刘秀实行轻徭薄赋，改为三十税一，山林川泽不再征税。刘秀体恤民情，尤其对农业极为重视，对农民柔和宽待。刘秀以柔道待人，却严于律己。每逢清晨上朝，到下午才肯罢休。他曾多次请公卿大臣入宫讨论经书义理，直到半夜才休息。

刘秀的成功，天时地利人和都有。此时的刘秀知道，打天下容易坐天下难。历经多年乱世纷扰，刘秀如何处置这些派系复杂、权力巨大的开国功臣呢？开国皇帝屠戮功臣的事情在历史上很常见，但是刘秀心里想着怎样才能让老战友吃好喝好，过上幸福快乐的日子。刘秀善待功臣，分封三百六十五位功臣、四十五位外戚为列侯，给予他们尊崇的地位，与宗室王侯合成一个豪强集团。东汉政权不可避免地要满足这些豪族的利益，并且进而形成了一些新的豪族。这些豪族的核心就是开国功臣集团，还有刘氏宗亲集团以及外戚集团。朝廷用人，主要从这个集团中选取。东汉皇室宗室的男女嫁娶，大体也不出这个范围。皇后、皇太后的母家经常是这个集团中最有势力的一家。到东汉末年的时候，这些豪族势力控制了地方的政治、经济和军事大权，最终形成割据势力，导致分裂局面的出现。

这下好了，皇帝的官员全是这个集团的人，经济也在世家大族的手里，与其说东汉是刘秀的，还不如说是这个集团的，刘秀更像是这个集团的代理人。

引人注意的是，在这个大型集团公司的原始股东中，有马家、梁家和窦家这三大势力，随着时间的推移，越来越呈现出尾大不掉之势。

刘秀为太子刘庄（28—75年在世，57—75年在位）迎娶伏波将军马援（前14—49）之女马氏，将长女舞阴长公主刘义王许配给九江太守、陵乡侯梁统之子梁松，将女儿涅阳公主刘中礼许配给窦固。相比于行事低调的马氏家族而言，窦氏、梁氏两大家族在刘秀去世之后越来越得意忘形，他们四处培植党朋，无视皇权。这就为此后形成外戚宦官交替专权的局面埋下了伏笔。

另外，东汉一朝，皇帝直接能够掌控的"虎贲、羽林、五营兵及卫士"兵力合计为一万两千人左右。而各郡国总兵力约十四万四千人，边防军总兵力约两万四千人。与此同时，各地豪强也都有自己的私家武装。想一想，这得有多可怕！一旦朝廷有事，皇帝能够直接调动的军队仅有一万两千人，而地方上能够调动的军队居然是中央军队的十几倍，这肯定为日后的军阀混战奠定了基础。

正是基于以上这些问题，东汉的灭亡，刘秀是摆脱不了关系的。

人们常说"秀才造反，十年不成"。但光武帝刘秀是个例外。他在家读书，安分守己，一旦造反，倒海翻江。轰轰烈烈，白手起家，创建了一个新的王朝。从这个角度说，光武帝刘秀的确很了不起。

　　不可否认，刘秀是中国古代历史当中最杰出的皇帝之一，他的政策也算针砭时弊，切中要害。但好的政策没有好的执行人，也终究会被别有用心的人所利用，变为王朝的催命符。刘秀本人兼有太学生、贵族、豪强三种身份，与他一起打天下的也都是这三种人，最终东汉也被这三种人埋葬。

第二章

戚宦之争：寄生于君主专制下的特色政治产物

所谓戚宦之争，指的是东汉中后期外戚与宦官之间的争斗，时间跨度从汉和帝时期外戚窦氏擅权到西凉军阀董卓率兵进京，废少帝刘辩（173/176—190年在世，189年在位）杀何太后，立刘协为汉献帝（181—234年在世，189—220年在位）为止，前后大约一百年的时间。

一、戚宦之争因何起

戚宦之争的起因，还得从东汉的开国皇帝光武帝刘秀说起。

东汉建立后，光武帝刘秀为了加强中央集权，削弱了以太尉、司空、司徒为主的"三公"权力，使得经常担任内朝官职的外戚或宦官没有了"三公"的制衡，这就给外戚和宦官专权创造了条件。

汉光武帝刘秀自称"以柔治天下"，这里的"柔"，就是对统治集团尽可能地予以宽容笼络，其中手段之一就是皇室与功臣宿将的家族联姻，用婚姻关系来维系政治关系，企图借此巩固皇室统治。因此，东汉时期选皇后不出窦融（前16—62）、邓禹、马援、梁统等功臣的家族之外。可是，刘秀这种做法，不仅没有达到巩固皇室的目的，反而是在皇帝身边培植了一种侵蚀皇权的强大外戚势力。

汉光武帝刘秀、汉明帝刘庄、汉章帝刘炟（56—88年在世，75—88年在位）三个皇帝在位期间，是东汉王朝的鼎盛时期。从公元89年东汉的第四个皇帝汉和帝刘肇（79—106年在世，88—106年在位）即位起，至公元189年汉献帝刘协即位止，历殇帝、安帝、前少帝、顺帝、冲帝、质帝、桓帝、灵帝、后少帝，前后共计十一个皇帝，都是年幼继位。正如《后汉书·皇后纪》所言："东京皇统屡绝，权归女主，外立者四帝，临朝者六后。"所谓"外立者四帝"，指的是安、质、桓、灵四帝。当然，这只是概而言之，其实何止此数。既然外戚掌握了废立皇帝的大权，他们就必然是"贪孩童以久其政"，也就是说要故意立年纪幼小易于左右的皇室后裔为帝。自章帝以下，所立皇帝最大不超过十七岁，最小的不过百日。皇帝幼小，皇太后就有理由援例临朝听政。而所谓"临朝者六后"，即是窦、邓、阎、梁、窦、何六个皇太后临朝听政。皇帝年幼，年轻的皇太后临朝之后，不便接触大臣，不得不重用她娘家的父兄来协助处理政事，与这些皇太后相联系的父兄窦宪、邓骘、阎显等都相继掌握了朝廷大权。这就为外戚窃取大权制造了机会。

外戚自恃亲贵，骄横擅权，无视幼主，朝中大臣均仰承其鼻息行事。他们为所欲为，根本不会把年幼的小皇帝放在眼里。及至皇帝成年懂事，不甘外戚胁持，为把大权夺回到自己手中，就只能结纳身边的心腹宦官，发动政变，除掉外戚。皇帝亲政后，自然重用夺权有功的宦官，于是又演变成了宦官专权的局面。可是，一旦青年皇帝死去，宦官因身份卑贱不能辅政，故而立了新皇帝后，再度出现新的外戚上台辅政的局面。如此循环往复，整个东汉中后期，外戚与宦官两大集团彼此争斗残杀，交替专权擅政，形成了历史上持续时间最长、危害最为严重的争权"怪圈"，史称"戚宦之争"。"戚宦之争"也由此成为东汉中后期政局的一大特点。其中，"跋扈将军"梁冀（？—159）掌权之前，外戚与宦官之间，历经了三次大的较量。

二、外戚窦氏与宦官初较量

第一次大的较量：外戚窦氏与宦官郑众的较量。

汉和帝刘肇即位时只有九岁，尊嫡母窦氏为皇太后，由窦太后临朝称制。

这个窦氏是梁统曾经的上级领导窦融的后代，也是一个特产皇后和皇太后的庞大家族。不过，与安定梁氏只显贵于东汉一朝不同的是，在两汉四百年的历史上，窦家宦海沉浮了三百多年。先后三次掌权，两汉自西汉文帝刘恒（前203—前157年在世，前180—前157年在位）以下历任皇帝都流有窦氏的血液。东汉窦氏掌权后，窦家成为近两百年历史上第一个外戚专权的家族。

窦氏家族其实源起于西汉时期汉文帝的皇后窦氏。

窦氏是赵地清河观津（今河北省武邑县）人，名猗或漪（一说猗房或漪房）。《史记·外戚世家》记载，吕太后时，窦姬入宫侍奉太后。后来，吕太后决定把她身边的宫女赐给当时刘邦已经分封为王的几个刘姓子侄。吕太后当时还规定，一个刘姓子侄只能分给五个宫女，窦姬也在其中。因为窦姬的家在清河郡，所以她就特别希望能够分到离家乡近一点的赵国，便私下请求主管这件事的宦官把她列在去赵国的名单里。没想到这位宦官忘了这件事，把窦姬安排到了距清河郡较远的代国。窦姬痛哭流涕，不愿意去，但最终还是不能抗诏，被迫前往代国。

巧合的是，代王刘恒偏偏就特别喜爱这位后来的窦姬。她在生了大女儿刘嫖之后，又生了两个儿子。这两个儿子，就是后来的汉景帝刘启（前188—前141年在世，前157—前141年在位）和梁孝王刘武。

窦姬虽然受到代王刘恒的宠幸，但是代王刘恒前面有一个嫡妻代王后，还生育有四个儿子（有的史书记载是三个儿子）。非常奇怪的是，代王刘恒被立为皇帝以前，他的王后和这个王后的四个儿子都先后病故。当然这个死和窦姬无关，不是她要谋这个位置害人的。

这样一来，窦漪房的位置就突显出来了，所以当代王刘恒被拥立为皇帝（汉文帝）之后，窦姬摇身一变就成了汉文帝刘恒的皇后。到了汉景帝刘启即位之后，她就成了窦太后。汉武帝刘彻登基后，她就成了窦太皇太后。

窦太皇太后去世后，迁居扶风的窦家沉寂了近两百年，直到刘秀开创东汉王朝，汉文帝窦皇后的弟弟章武侯窦广国的七世孙——窦融，于公元29年归汉，得刘秀赞赏，从而追随刘秀南征北战，后论功历任大司马、将作大匠，加封安丰侯，其弟窦友为显亲侯。窦氏家族由此入列东汉开国的六大豪族之一，不久全面复兴"于亲戚、功臣中，莫与为比"。

窦融的长子——城门校尉窦穆，娶内黄公主，窦穆的儿子窦勋娶沘阳公主。窦勋有四子二女，四子为窦宪、窦笃、窦景、窦瑰；长女因家世好又才貌双全入选掖庭，因"进止有序，风容甚盛"得汉章帝刘炟看中，还得明德马太后（40—79）的偏爱，遂于公元78年成功上位，被册立为皇后，这就是世称的章德窦皇后。窦勋次女为汉章帝嫔妃。

章德窦皇后没有子嗣，认领了小梁贵人的儿子刘肇为养子悉心培养。她不仅密谋残杀梁贵人姐妹及其父易学家梁竦（23—83），还废黜皇太子刘庆（78—107），除掉刘庆的母亲宋贵人，且追恨明德马太后，弹劾罢免了马廖、马防的官职。由此，汉章帝刘炟的后宫，章德窦皇后一家独大。

公元88年，体弱多病的汉章帝刘炟崩逝，才九岁的刘肇登基称汉和帝。养母章德窦皇后晋级为皇太后，由此临朝称制，开东汉太后专政的先河。

窦太后的哥哥窦宪由虎贲中郎将提升为侍中，掌管朝廷机密，负责发布诰命；弟弟窦笃任虎贲中郎将，统领皇帝的侍卫；弟弟窦景、窦瑰均任中常侍，负责传达诏令和统理文书。史载"窦氏父子兄弟并居列位，充满朝廷""朝臣上下莫不附之，刺史守令多出其门"。

不过，窦氏长兄车骑将军窦宪有统军的能力，不但征伐北匈奴取得了"勒石燕然"的赫赫战功，还废除盐铁官营制度，为汉和帝打造"永元之隆"夯实了基础。

窦太后刚愎放纵，引起了一些正直朝臣的不满。他们不断上书进谏，有时甚至以死抗争，仅《资治通鉴》统计，短短五年间，大臣就针对各种问题上书十五六次，终于引起了汉和帝的警觉。但朝臣大多依附窦氏，于是汉和帝想到了心腹宦官郑众。

"为人谨敏有心机"的郑众秘密联系了为人正直、平时不肯与窦氏为伍的司空任隗和司徒丁鸿。乘窦宪外出征战之机，提拔丁鸿任太尉兼卫尉，负责军队调动和皇宫保卫。窦宪回来后，丁鸿趁其不备，将窦氏家族一网打尽，或诛杀，或迫其自杀，窦氏外戚集团彻底清除。郑众因功被封为鄛乡侯，并从此开始辅佐汉和帝刘肇处理政务，成为东汉第一个参与朝政大事的宦官。好在，郑众并无专权野心，为人比较廉洁，朝廷封他好多官职，他都主动拒绝，只领受了大长秋一职。

三、外戚邓氏与宦官再较量

第二次大的较量：外戚邓氏与宦官李闰、江京的较量。

邓氏家族的祖上，是辅佐刘秀打江山、居"云台二十八将"之首的邓禹。

邓禹出生于南阳郡新野县的豪族世家，自幼聪明机敏，十三岁时游学长安，结识同为南阳郡蔡阳县宗室豪族子弟的刘秀。两人均胸怀大志，一见如故，结下深厚友谊。

公元22年，天下大乱，王莽代汉建新，各地爆发不同规模的农民起义，刘秀在邓禹家族、阴氏家族的支持下起兵反莽。邓禹暗地里为刘秀出谋划策，其韬略为豪强熟知。

公元23年，南阳宗室刘玄在绿林军支持下称帝，是为更始帝，很多大臣举荐邓禹，邓禹不肯相从。等到当年冬，听说刘秀受更始帝派遣镇慰河北州郡时，邓禹驱马北渡黄河，追赶上刘秀，明确表示为其效力，并言明更始帝难成大业。从此，邓禹死心塌地追随刘秀，而邓氏家族从此开始与刘氏皇族近二百年的爱恨情仇和生死相依。

公元37年，刘秀统一天下，邓禹因功被封为高密侯，但邓禹未因此恃宠而骄。公元57年，汉明帝刘庄继位，邓禹被拜为太傅，每次朝见均东向站立，尊如宾客，卧病在床时汉明帝几次亲临问候，一年后邓禹病逝，终年五十七岁，谥曰元侯。公元60年，汉明帝在洛阳南宫云台阁命人画了二十八位大将的画像，称为"云台二十八将"，邓禹位居第一。

邓禹有十三个儿子，其中有四个儿子被封侯，分别是长子邓震被封高密侯，次子邓袭为昌安侯，三子邓珍为夷安侯，六子邓训（40—92）为平寿侯。在邓禹父子两代人的努力下，邓氏成为东汉顶级豪门家族。此时，邓氏家族虽然地位隆重，但无太大实权，这种情况到邓禹的孙女、护羌校尉邓训的女儿邓绥（81—121）时有了转变。

相传邓绥六岁能读史书，十二岁通儒家经典，举止稳重，才思敏捷，其父邓训遇到各种大小事情，都和邓绥商议。

后来，邓绥被选入宫，始终做到恭谦肃穆，小心谨慎，侍奉皇后阴氏有规有矩，对待下人加恩施惠。更关键的是邓绥博览群书，兼习天文算数，每次汉和帝刘肇询问后妃对政事的见解，邓绥总能应对自如，中其心意。渐渐地，汉和帝宠信邓绥超过其他妃嫔，阴皇后嫉妒她得宠，屡次构陷，但每次都被轻松化解。

公元102年，阴皇后因搞巫蛊之术而被废，邓绥被正式册立为皇后，再三辞让，不得已，然后即位。由于汉和帝身体状况堪忧，便让邓绥参与外朝政事。但她并未因大权在握而肆意妄为，反而更加谦卑，奢靡之物一律禁绝。汉和帝想封爵其家族，邓绥都苦苦哀求阻止，她的哥哥邓骘在整个汉和帝刘肇一朝，不过是虎贲中郎将而已。

公元105年，二十七岁的汉和帝刘肇驾崩，邓绥迎立出生只有一百多天的汉殇帝刘隆为帝。而邓绥则以皇太后身份临朝，以"女君"之名亲政长达十六年，被史学界称为东汉"六后临朝"中的最贤者。

第二年，汉殇帝驾崩后，邓太后又立清河王刘庆之子刘祜为汉安帝（94—125年在世，106—125年在位），继续临朝听政，并重用哥哥邓骘任大将军，由此开始了新一轮的外戚专权。

公元121年，执政二十年的邓绥病亡后，被压制已久、二十七岁的汉安帝终于亲政，很快就联合李闰、江京等宦官，以谋反罪名先后逼邓绥家族七名为官者自杀。李闰、江京等宦官因诛除外戚有功，均被晋升，宦官集团再度走上了专权前台，并和新的外戚集团相互勾结，共同参与朝政，形成短暂的戚宦合作、共同把持朝政的局面。

四、外戚阎氏与宦官三较量

第三次大的较量：外戚阎氏与宦官孙程的较量。

继汉和帝刘肇时的窦家和汉安帝刘祜时的邓家之后，第三个登上历史舞台的，是汉顺帝刘保（115—144年在世，125—144年在位）时的阎家。这是一个不属于六大外戚家族的寒门家族。

阎章，河南荥阳人。阎章由于通晓国家典章制度，在汉明帝永平年间被任命为尚书。后来两个妹妹都被选入后宫为贵人，但汉明帝限制外戚权力，不仅许久没有升阎章的官职，反而还降为步兵校尉，所以阎章仅是职比二千石的中上级军官。

阎章有子阎畅。公元114年，阎畅的女儿阎姬因为才华和美色被选入掖庭，得到汉安帝的宠爱，被立为贵人。公元115年夏，阎姬被立为皇后。公元116年，时任侍中的阎畅被升迁为长水校尉，封北宜春侯，食邑五千户。阎畅去世后，其子阎显承嗣爵位。

汉安帝立宫人李氏所生之子刘保为太子。李氏在此以前已被阎皇后鸩杀。阎皇后多年不育，怕太子即位以后会追究杀母之仇，处心积虑地要将刘保除去。

汉安帝的乳母王圣与女儿王永，因与太子刘保的乳母王男、厨监邴吉发生争吵而将其置于死地，刘保思念王男，多次叹息。而阎皇后又与中常侍樊丰串通一气，向汉安帝进谗言，说刘保行为过恶，不宜处太子之位。汉安帝宠爱阎皇后，于是有了废立之心。王圣因害死了刘保的乳母王男，担心日后被刘保报复，也帮着阎皇后构陷太子刘保。

太子的废立要经大臣们讨论，大将军耿宝秉承阎皇后意旨，力主废黜刘保。太常桓焉、廷尉张皓则反驳说："人生年未满十五，过恶尚未及身，望陛下为太子选德行高操的师傅，辅导以礼义，自然行为有方。"只是汉安帝刘祜并不觉悟，于公元124年废黜了太子刘保，改封为济阴王。

公元125年春，三十二岁的汉安帝刘祜在与阎皇后南下游玩途中病死。刘祜死后，阎皇后与阎显等人谎称汉安帝病重，每天照常送饭菜，问起居。一行人昼夜兼程，四天后回到洛阳，当晚发丧。随后尊阎皇后为皇太后，由其临朝听政。

阎太后为了长期把持朝廷大权，便同其哥哥阎显商议，迎立济北惠王的儿子、幼小的北乡侯刘懿为皇帝，史称"前少帝"。国舅阎显随即以车骑将军、开府仪同三司身份执掌大权。随后放逐刘祐乳母王圣，处死宦官樊丰，迫令大将军耿宝自杀……一系列操作，外戚阎氏完全掌握了朝政。东汉第三个外戚集团，阎氏集团正式登上了历史舞台。然而，阎氏集团也是东汉所有外戚专权集团中最短命的一个。

刘懿被立为皇帝后，身体一直不好，而一旦小皇帝驾崩，阎太后一定会再立幼主，那被压制的宦官集团就永无出头之日了。

公元125年冬，前少帝刘懿病重。宦官孙程与刘保的乳母宋娥共同策划拥立济阴王刘保为帝，孙程对刘保的仆从长兴渠说："济阴王是嫡子正统，本来没有失德，先帝却听信谗言，将其废黜。如果北乡侯刘懿一病不起，我们要共同斩断江京、阎显的头颅，才可成事。"长兴渠等人深以为然。孙程不断拉拢其他人加入团队。中黄门王康，原本是太子刘保的府史，自从太子刘保被废，常怀叹愤。长乐太官丞王国，也归附了孙程。

公元125年12月10日，前少帝刘懿病死。得知消息，孙程决定立即起事。12月14日，他约宦官十八人聚集在济阴王刘保的西钟楼下密商，表示一定要"翦灭外戚，匡扶汉室"。

12月16日，孙程等人先在崇德殿集合，然后手持兵械，闯入章台门。当时，宦官江京、刘安、李闰、陈达等四人正在禁门前值班，见孙程等拥入，立即上前阻挡他们。孙程等人二话不说，挥刀就砍，江京、刘安、陈达顿时成了刀下鬼。孙程等人挟持在后宫久有威望的李闰，一起来到德阳殿西钟楼下迎济阴王刘保即位，这就是汉顺帝。

接着，李闰以汉顺帝的名义召集尚书令、仆射以下的官员连夜举行了皇帝的登基仪式。汉顺帝即位，也拉开了阎氏外戚集团覆亡的大幕。第二天一大早，汉顺帝派使者到北宫，从阎太后处夺得皇帝印绶。接着，他驾临南宫嘉德殿，派侍御史手持符节，将车骑将军阎显以及他的弟弟城门校尉阎耀、执金吾阎晏逮捕，全部下狱处死。其家属全都被流放远方。而阎太后，则被幽禁于离宫。至此，阎氏集团在太后未死前就正式覆灭，也是东汉外戚专权集团中最短命的一个。

　　汉顺帝刘保此时只有十二岁，没有太后临朝，也无法依靠宦官，所以很快又重新陷入依靠外戚的老路，而这次外戚专权，却是东汉历史上最专制、最恐怖的一次。

第三章

跋扈将军梁冀："弑君据位""诛之也其易如此"

在中国历史上，外戚乱政比比皆是，而要说外戚祸国最为严重的，那就是东汉。在东汉史上外戚掌权之多，令人发指，而在这些外戚之中，乱政最深的当数虽"恃椒房之戚，弑君据位"，但"诛之也其易如此"的"跋扈将军"梁冀。

一、梁氏家族初掌权

梁冀，字伯卓，安定郡乌氏县（今甘肃省泾川县、宁夏回族自治区泾源县一带）人。

安定梁氏并非安定郡之土姓，其有史可考的祖先为春秋时晋国大夫梁益耳（前675—前618），"晋大夫梁益耳即其先也"。梁益耳的祖父梁宏（前767—前705）是少梁国第三代国君。

公元前822年，秦国第四任国君秦仲（前844—前822年在位）在和西周劲敌西戎的交战中战败阵亡。秦仲死后，其长子秦庄公（前856—前778年在世，前821—前778年在位）率兄弟五人奉周宣王（前828—前782年在位）之命，在周朝七千兵马的帮助下，终于击败西戎。周宣王封秦庄公为西陲大夫，并将犬丘（今甘肃省天水市礼县境内）也封给了他。

此后不久，周宣王又封秦庄公的幼弟嬴康于夏阳梁山（今陕西省韩城市芝川镇附近），建立了梁国，史称"东梁"。周平王东迁洛邑后，再次赐封嬴康为梁伯，建立了"少梁国"。公元前641年，秦穆公派兵灭了少梁国，梁益耳举家寓居河东（今山西省夏县西北禹王城）。

安定梁氏从梁子都"自河东迁居北地"，到了梁子都的儿子梁桥时，"以赀千万徙茂陵"。关于梁子都、梁桥的事迹及迁居北地的原因，史书没有更多记载，但由"赀千万"可知他们或是地方富豪，以富豪迁居茂陵。茂陵是西汉都城长安的京畿重地，也是汉武帝陵寝之所在。可以推测，梁子都、梁桥生活的时代在汉武帝统治时期前后，这一时期正好汉武帝为加强中央集权，维护地方封建秩序，把一些地方强宗大族迁徙关中，梁氏作为当时河东大姓被迁到北地、茂陵也在情理之中。梁桥有二子，梁溉和梁溥；梁溉有子梁延。梁延，号安，字玄孟，河西名士，官居安定郡司马，有子梁统。到西汉哀帝、平帝末期，梁延将家族迁到安定乌氏居住，从此世居安定。

梁统自小喜爱学习和研究法律，为人刚直果断，有毅力。梁统最初在地方州郡供职。公元23年，绿林军领导者拥立刘玄为帝，恢复汉朝国号，建立更始政权。此时，更始政权力量弱小，关中大乱，梁统主动要求到河西任职，担任酒泉太守。公元24年，梁统被刘玄征召补任中郎将，受命前往凉州安抚军民，并拜任酒泉太守。

公元25年，更始帝刘玄失败，赤眉军攻入长安，梁统与窦融以及各位郡守起兵保卫边境，并共同商议，推举统帅。开始是按官位推选，于是大家都推举梁统为统帅，他却坚决推辞说："从前陈婴不接受王位，是因为家有年迈的母亲。如今我内有双亲，又没什么功德和才能，实在不配担此重任。"于是大家就共同推举窦融为河西大将军，重新推举梁统为武威太守。梁统执政严厉，他的威望波及邻近的州郡。

公元29年，当时东汉政权已经建立，梁统等人各自派遣使者跟随窦融的长史刘钧到光武帝刘秀所在处进贡，并归顺东汉，希望能到光武帝行宫。光武帝下诏加封梁统为宣德将军。

公元32年夏，光武帝刘秀亲自率军攻打割据陇西的隗嚣，梁统与窦融等人率军与光武帝刘秀会合。隗嚣被打败后，光武帝刘秀封梁统为成义侯，梁统的胞兄梁巡、堂弟梁腾同封为关内侯，并任命梁腾为酒泉典农都尉，全都派回河西。

公元36年，梁统和窦融等人来到京城洛阳，以列侯的资格上朝参见，改封为高山侯，官拜太中大夫，梁统的四个儿子都授任为郎官。梁统后来出任九江太守，最后封为陵乡侯。梁统在郡任上也很有政绩，官吏百姓都很敬佩、服从他。梁统最终死于任上。

梁统有四子，娶了光武帝刘秀的女儿舞阴长公主的长子梁松，继承了梁统陵乡侯的爵位，在光武帝刘秀去世后，梁松受遗诏辅政；次子梁竦，有梁棠、梁雍、梁翟三个儿子和三个女儿，其中长女梁嫕嫁南阳人樊调为妻，另外两个女儿被汉章帝纳入宫中为贵人，小贵人生汉和帝；三子梁恭和幼子梁仓无传。

汉和帝刘肇的母亲梁氏（62—83）年少失母，为伯母舞阴长公主所养。后来，马太后求娶良家女，公元77年，年十六的梁氏便与姐姐俱选入掖庭为贵人。公元79年，梁贵人生汉和帝刘肇，被汉章帝刘炟的窦皇后养为继子。公元82年，汉章帝刘炟立梁贵人的儿子刘肇为皇太子。梁家人便私下庆祝这件事。窦皇后听说后，担心日后梁氏得志，终将成为祸患，便于公元83年潜杀了梁贵人姐妹。

另有梁贵人姐妹忧死一说。当时，章德窦皇后派人伪造飞书诬陷梁竦谋逆，汉章帝刘炟下诏让汉阳太守郑据逮捕审问梁竦之罪，最终梁竦死于狱中，梁贵人姐妹忧郁而死。其家属再度被流放到九真郡（今越南中部）。话语间连及梁贵人的伯母舞阴长公主，导致她被坐徙新城洛州伊阙县（今河南省洛阳市），被人监护和看守。窦皇后还让宫人严守秘密，致使宫中已经没有人知道汉和帝是梁贵人所生。

公元97年，窦太后逝世，还未下葬，大小梁贵人的姐姐梁嬺上书汉和帝刘肇，讲述刘肇生母枉死的缘由。汉和帝为梁竦平反昭雪，追尊生母梁贵人为恭怀皇后，并大封梁氏家族，梁竦子孙皆拜官封侯，梁氏家族重新走向辉煌。

梁竦的三儿子梁雍有三个儿子，大儿子叫梁商，字伯夏，公元126年承袭梁雍爵位，被封为乘氏侯。公元128年，汉顺帝选中梁商的妹妹和梁商的大女儿梁妠（116—150）入宫做嫔妃，梁商因此升任侍中、屯骑校尉。

公元132年，梁妠被立为皇后，梁商的妹妹被封为贵人，梁商在朝中的地位日益显赫，权倾朝野。公元135年，梁商被任命为大将军。

二、跋扈将军如何亡

梁商为人谦恭谨慎，办事尽心尽职，举贤任能。京师儒生、吏民纷纷称颂他为"社稷良辅"。梁商还关心百姓疾苦，荒年饥馑时，经常派人开仓赈粮，助民度荒。但他又不露个人恩典，还抑制宗族子弟无功受禄。不过，梁商生性柔弱，不能阻止儿子梁冀、梁不疑（100—156）与宦官曹节、王甫等结交，引起群臣不满。

梁商去世后，汉顺帝刘保任命梁冀为大将军，其弟弟梁不疑为河南尹。公元144年，汉顺帝去世。皇后梁妠没有儿子，群臣拥立汉顺帝与虞美人所生之子刘炳为皇帝，是为汉冲帝（143—145年在世，144—145年在位），尊梁妠为皇太后。

此时的汉冲帝还在襁褓之中，梁太后掌控朝政，诏命梁冀和太傅赵峻、太尉李固（94—147）总领尚书事务。

汉冲帝刘炳继位不久，便患病。梁妠的哥哥大将军梁冀征召汉章帝玄孙、勃海孝王刘鸿之子刘缵到洛阳都亭驿，准备等汉冲帝去世后，立他为皇帝。

这里简单介绍一下"都亭驿"。西周初年，周成王迁都洛邑后，为传递诏令，迎送诸侯，设馆驿于洛邑之南，名为"周南驿"。两汉时，"周南驿"又被称作"都亭驿"。"都亭驿"是全国中心驿站，也是几条丝绸之路的交会点，可称为"万里丝路第一驿"。至于这一时期"周南驿"和"都亭驿"的确切位置，已不可考。隋唐时期"都亭驿"的确切位置大致位于今洛阳老城十字街的东北角。

永嘉元年（145）正月初六，汉冲帝去世。梁妠与梁冀定策于宫中。正月十八日，梁妠派梁冀持符节，以王青盖车（东汉皇太子所乘之车。汉朝对车盖的仪制作出了规定：皇帝、太皇太后和皇太后使用羽盖；皇太子和皇子则使用青盖，称为"王青盖车"；中二千石、二千石以上官员为皂盖）迎刘缵入南宫（东汉皇宫）。正月十九日，刘缵被封为建平侯，当日即皇帝位，是为汉质帝（138—146年在世，145—146年在位）。

汉质帝刘缵即位后，由太后梁妠临朝摄政。梁太后采纳李固建议，将宦官全部驱逐出宫，又派兵剿灭"黄帝"马勉与"黑帝"华孟等江淮大盗，使得"海内肃然，宗庙安宁"。同时兴办教育，督促百官遣子入学，使洛阳太学达到三万余生，创下了两汉最高纪录。然而，梁太后的兄长梁冀专权暴滥，陷害忠良，常以邪说误导梁太后。

汉质帝年幼，却很聪慧，他知道梁冀骄横，曾经在群臣朝会时，盯着梁冀说："此跋扈将军也。"梁冀听了，非常痛恨他，就让侍从把毒酒加到汤面里给质帝吃。毒性很快发作，汉质帝非常难受，派人急速传召李固。李固进宫，走到汉质帝榻前，询问汉质帝得病的来由。此时汉质帝还能讲话，说："朕吃过汤饼，觉得腹中堵闷，给朕水喝，朕还能活。"梁冀站在旁边，阻止说："恐怕呕吐，不能喝水。"梁冀话还没有说完，汉质帝刘缵已经驾崩。

梁冀召集三公、二千石官员和列侯，共同讨论继承帝位的人选。太尉李固和司徒胡广（91—172）、司空赵戒及大鸿胪杜乔，都建议立汉章帝刘炟玄孙——清河王刘蒜。但梁冀想立汉章帝刘炟曾孙——蠡吾侯刘志,众人不同意。恰好中常侍曹腾之前拜访清河王刘蒜时,因刘蒜没有施礼,内心憎恨他。听说此事后,曹腾连夜赶到梁冀住处,使梁冀坚定了拥立刘志为帝的想法。

第二天,再次召集公卿开会的梁冀气势汹汹。自胡广、赵戒以下的官吏,没有不害怕的。只有李固与杜乔仍坚持原来的意见。梁冀大声宣布"罢会"。李固再次写信劝说梁冀立清河王刘蒜,梁冀更加愤怒。梁冀劝妹妹梁妠以皇太后的名义,先将李固太尉免职,随后立刘志为帝,是为汉桓帝(132—168年在世,146—168年在位)。

汉桓帝刘志即位后,对不支持他为帝的杜乔和李固心生怨恨。公元147年,两个皇室后裔——甘陵人刘文与南郡人刘鲔联合"谋立"清河王刘蒜做天子。梁冀诬蔑李固与刘文、刘鲔等散布妖言,将他们关进牢狱。李固的门生王调贯械(贯械:戴上刑具)上书,证明李固的冤枉。河内赵承等数十人也要铁锧(铁锧:古代用于执行斩刑的工具,其中铁是斧,锧是垫在下面的砧板)到朝廷痛诉,太后梁妠明白了他们的意思,下诏释放李固。李固出狱之时,洛阳的大街小巷齐呼万岁。

梁冀听到李固出狱的消息后,大为惊骇,害怕李固的声名和品德终将伤害自己,重新向朝廷弹劾李固和刘文、刘鲔相勾结的旧案,李固最终还是死在狱中。李固临终时,命子孙以三寸素棺、帛巾束首,入殓葬于汉中的瘠薄之地,不许葬在父亲墓地周围。

时人崔琦曾作《外戚箴》,规劝梁冀,但梁冀无动于衷。崔琦又作《白鹄赋》再次规劝梁冀。他不但仍然无动于衷,反而令刺客暗暗地把崔琦杀掉。刺客看见崔琦在陌上耕田,怀里装着一册书,休息时就卧在垄上吟咏。刺客可怜崔琦,就实话告诉他说:"梁将军要我把你杀了,你是一个贤人,我不忍下手,你赶快逃走,我也从此跑了算了。"崔琦得以脱走,但梁冀后来还是把他逮捕杀了。

汉桓帝刘志即位后，梁冀又将另一个妹妹立为汉桓帝皇后，梁氏姐妹二人分别成为皇太后和皇后，梁氏家族的权力达到了顶峰，朝政全部落在梁冀手中。《后汉书》载："（梁氏一门）前后七封侯，三皇后，六贵人，二大将军，夫人、女食邑称君者七人，尚公主者三人，其余卿、将、尹、校五十七人。（梁冀）在位二十馀年，穷极满盛，威行内外，百僚侧目，莫敢违命，天子恭己而不得有所亲豫。"正所谓小人得势，勇者遭害，智者隐退。

梁冀醉心于权，把朝廷的大权小权都抓在他手里。事无巨细，无不向他请示，由他决断。宫廷内外布满了他的亲信，连皇帝起居的一点一滴小事，他都要过问。大小官吏的升迁，他更是重视，凡是升迁者都必先到他那里谢恩辞行，至于皇帝那儿去不去，那都是无所谓的事。由于梁冀公然结党营私，"请托"之风也就盛行开来。

下邳人吴树出任宛县（今河南省南阳市）县令，上任之前向梁冀辞行。因梁冀的亲戚朋友有很多在宛县境内，他便为他们说情，托吴树关照。吴树回答说："小人干坏事，都应该杀掉。将军您凭借皇后的尊威，担任大将军的职务，应当奖掖贤良，裨补朝廷的缺失。宛县是个大都会，士人荟萃的地方，自从我侍坐聆教以来，没有听您称赞过一位忠厚的长者，而托我照应那些不该照应的人，我委实不敢听命。"梁冀听了，默不作声，心里很不高兴。吴树到达宛县，就杀掉了危害百姓的梁冀门客数十人。梁冀从此深恨吴树。后来，吴树调任荆州刺史，行前向梁冀辞行，梁冀设宴为他饯行，暗中在酒里下了毒药。吴树一出门便死在车上。

东汉中后期外戚专横，不止梁冀一人，但梁冀专横，比任何外戚专横有过之而无不及，见者无不"侧目切齿"。大多数人敢怒而不敢言，当然也有个别吃了豹子胆的人，敢于挺身而出，仗义执言。袁安之孙袁著就是其中最为著名的一个。他年十九，任郎中小官，看到梁冀如此凶纵，甚是愤激，便上书皇帝，指出朝廷已经"势分权臣"，建议大将军梁冀功成身退，回家养神。否则权重震主，难以"全其身矣"，并且还提出"除诽谤之罪，以开天下之口"。梁冀知道此事后，马上派人逮捕袁著。袁著变换姓名逃走，又托病假死，用蒲草结成尸体，下棺落葬，但仍然掩遮不住梁党密探的耳目。当梁冀查明，即暗中派人将袁著抓住，活活地将他打死。梁冀这样做，仍感不能解恨，还把与袁著有关系的一批人都杀了。如袁著的好友，当时的名士郝絜、胡武、刘常都遭株连。仅胡武一家被杀害的就有六十余人。最初，郝絜逃亡避祸，但实在逃不出梁冀在全国所布下的党徒之手，只得叫人抬着棺材，去见梁冀，饮毒药而死于大将军梁冀门前，一家性命得以保全。

在阴狠毒辣的梁冀专权的日子里，还有第三种人，他们既不吹拍，也不硬顶，"明哲保身"，以求避免杀身之祸。在当时看来，也可称为"智者"，如名士杨震之子杨秉（92—165）。汉桓帝刘志在位期间，杨秉曾任劝讲、太中大夫、左中郎将，升侍中、尚书等官。公元151年夏，汉桓帝曾穿便服去走访梁冀儿子梁胤家。在封建时代，皇帝私访臣下之家，被认为是很不正常的事，杨秉为此上疏，但汉桓帝不理，杨秉就称病辞官。后来汉桓帝让他出宫廷任右扶风，太尉黄琼（86—164）力劝皇帝召杨秉回宫。但此时梁冀已掌握大权，杨秉便称病避祸。

又如名儒马融（79—166）的从妹夫赵歧，在梁冀当权时，故意改名"避难"。他卑视马融无士人气节，马融曾到赵歧家，赵歧拒不见。他死时年三十七，墓碑刻字曰："汉有逸人，姓赵名嘉（赵歧原名赵嘉），有志无时，命也奈何！"

再如名士周举的儿子周勰，被梁冀召了三次，他都不去，梁冀不甘心，又举周勰为贤良方正，周勰仍不去。梁冀又备厚礼用公车迎接他，周勰还是托病坚持不去。后来，他干脆隐居起来，杜门谢客十余年，住处长满了荆棘。

通常来讲，权臣在皇帝面前也要示以尊敬。但梁冀对此毫不在意，他通过汉桓帝的诏令，获准佩剑入宫、无须报姓名即可进入宫殿，十天才一次朝会。朝会时，梁冀单独设座，位在三公之上。大臣的奏章直接送到他手中，由他亲自审阅。即使这样，梁冀都不满意。在梁冀面前，汉桓帝毫无尊严可言，整天担心步了汉质帝的后尘。

公元159年，梁氏二后先后去世，再不能容忍梁冀存在的汉桓帝认为除去梁氏集团的时机已到。因为宫中到处都是梁冀的心腹，汉桓帝只能与心腹宦官唐衡一起，匆匆跑到茅厕里进行密议。唐衡被汉桓帝询问："你知晓有哪些人与梁冀不和睦吗？"唐衡向汉桓帝透露，有几位宦官对皇帝忠心耿耿，早就对梁冀心生不满。想要除掉梁冀，可以考虑提拔这几位宦官。第二天，汉桓帝乘如厕之机，偷偷与单超、徐璜、具瑗、左悺、唐衡五名宦官啮臂出血为盟，决定采取速战速决的策略，调动少量兵力，直捣黄龙，剿灭梁冀一族。

梁冀觉得自己已经大权在握，无人可以威胁到自己，再加上汉桓帝一向对他恭敬有加，因此他开始掉以轻心。此外，他的霸道行为引起了许多人的不满，但惧于他的权势，他们不敢表达出来。

梁冀心中猜疑单超等人，就派了中黄门张恽进入宫内值宿，以防止他们发动政变。宦官具瑗命令吏人把张恽逮捕，罪名是他突然从宫外进来，图谋不轨。汉桓帝亲临前殿，召见尚书们，公开了梁冀的罪行，让尚书令尹勋手持符节率领丞郎以下的官员都带着兵器守住宫廷官署，收起各种符节送回宫中。派黄门令具瑗带着左右两厢的骑士、虎贲、羽林、都候剑戟士等，一共一千多人，和司隶校尉张彪一起包围了梁冀的住宅。派光禄勋袁盱带着符节没收了梁冀的大将军印绶，改封他为比景都乡侯。梁冀和他的妻子孙寿当天自杀。朝廷又将梁冀的儿子河南尹梁胤、叔父屯骑校尉梁让，以及他的亲信卫尉梁淑、越骑校尉梁忠、长水校尉梁戟等人，连同梁家及孙家的内外宗族亲戚全部逮捕送到诏狱，无论老少都处以死刑，暴尸街头。其他受到牵连而死的公卿、列校、刺史及俸禄为二千石的官员有几十人，梁冀原来的故吏和宾客被罢黜官职的有三百多人。朝廷没收梁冀的全部财产，全部变卖，用来充实国家府库。出于这原因，于是减免了天下百姓一半的租税。汉桓帝开放梁冀的林苑，让平民在里面安身立业。奖赏诛杀梁冀有功的人，封赏了尚书令尹勋及以下共几十个人。

在梁氏家族中，初始时的谨慎和忠诚是他们得以站稳脚跟的关键。然而，随着时间的推移，权力的诱惑和欲望使得一些家族成员逐渐迷失了自己。梁氏家族的崩溃与腐败，是每一个家族成员逐渐背离正道共同造成的结果。

梁氏灭了，而东汉的皇权并未因此强盛。因为皇帝身边有两个轮子，一个是外戚，另一个就是宦官。汉桓帝依靠宦官除掉外戚，现在的他已经坐上了宦官的独轮车，他本人也就由外戚的傀儡变成了宦官的傀儡，历史又进入了一个宦官专权的鼎盛时期。

第四章

桓、灵二帝：如何亲手毁掉东汉的江山社稷

东汉晚期，皇权逐渐衰落，而宦官与外戚之间的权力角逐如潜流般汹涌，不断侵蚀着曾经辉煌的帝国。汉桓帝刘志和汉灵帝刘宏（157—189年在世，168—189年在位）执政期间，政治腐败，贪污横行，宦官专权之势日益严重。在这一时期，宦官借"党锢之祸"打压异己，清洗士大夫，导致整个朝政陷入极度混乱。诸葛亮在《出师表》中深感痛心，"未尝不叹息痛恨于桓灵也"，将其视为东汉衰落的主因。

一、汉桓帝葬送好牌

汉桓帝刘志，汉章帝刘炟曾孙，河间孝王刘开之孙，蠡吾侯刘翼之子，生于冀州蠡吾国（今河北省博野县）。

公元145年，十四岁的刘志承袭父亲刘翼的蠡吾侯爵位，入洛阳朝见。梁太后见他爱好音乐，善于弹琴吹箫，异于常人，便想把妹妹嫁给刘志。公元146年，梁太后正式下诏让刘志到洛阳夏门亭（今河南省洛阳市东北汉魏雒阳城北面西头门），与自己的妹妹梁女莹举行婚礼。婚礼还没完成，恰逢汉质帝刘缵被梁太后的兄长梁冀毒杀，没有留下子嗣，梁太后便暗中遣使观察刘志的威仪与才智，认为他可以供奉宗庙。而中常侍曹腾亲访梁冀，表示支持刘志为帝。曹腾还指出，太尉李固与大鸿胪杜乔等人所支持的清河王刘蒜为人严明，如果他真的为帝，恐怕难保平安，但立刘志，则可以长保富

贵，梁冀便同意了。公元146年8月1日，梁太后派梁冀持符节，接刘志入南宫，即位为帝，时年十五岁。梁太后仍然临朝听政。曹腾因功封为费亭侯，任大长秋，加位特进。公元147年，汉桓帝刘志立梁冀之妹梁女莹为皇后。梁氏一族从此完全掌握了东汉的实权。

汉桓帝自知他之所以能登上皇帝宝座，是因为有梁冀的支持。为了酬谢梁冀"援立之功"，他不惜代价，对梁冀礼遇之优，超过了萧何；封地之广，超过了邓禹；赏赐之厚，超过了霍光。

汉桓帝即位不久，清河王刘蒜因涉嫌谋反被揭发。梁冀利用此事诬陷李固等人与刘蒜有关，将他们处死，并将尸体暴露在洛阳城中。公元148年，汉桓帝接受了加冠仪式，但实际上朝中大权仍然掌握在梁太后和梁冀手中。

两年后，梁太后因病去世，临终前将朝中政权交还给汉桓帝。为了安抚梁氏家族，汉桓帝封赏梁冀万户食邑，给他的封赏远超过汉朝历代封侯的范围。

公元151年2月4日（元嘉元年正月初一），梁冀带剑入宫，尚书张陵呵斥让他出去，让羽林、虎贲夺梁冀的剑。梁冀连忙跪下认错，张陵不答应，仍然坚持弹劾梁冀，并请廷尉署论罪，有诏让罚一年俸禄。

汉桓帝在下诏罚梁冀一年的俸禄之后，又赋予梁冀更多特权：入朝不必趋行，允许佩剑着履，觐见时不必自称姓名；十天进宫一次，处理、评议尚书所奏的事务。

自从梁太后去世，汉桓帝就不再独宠皇后梁女莹。梁女莹宠爱渐衰，心生怨恨嫉妒。每当后宫有皇子出生，就被梁女莹杀害，就连皇子的母妃也很少能够得以保全。而汉桓帝畏惧大将军梁冀，不敢迁怒皇后梁女莹，只好越发冷落她。而梁女莹却"乘势忌恣"，恣意猜忌汉桓帝身边的宦官并鸩杀之，然而"上下钳口"，无人敢言。汉桓帝受到压力而畏惧许久，常常心怀不平，但又害怕自己说的话被泄露到梁女莹耳中，不敢图谋。

公元158年，天上出现了日食，太史令陈授说日食之因在于大将军梁冀。梁冀知道后，让洛阳令将陈授收治狱中，严刑拷打致死。

太史令是皇帝的近臣，梁冀竟不问汉桓帝就随意将太史令处死，这让汉桓帝非常愤怒。此事之后，汉桓帝产生了除掉梁冀的想法。这年秋，皇后梁女莹去世，贵人邓猛宠爱方盛。梁冀"嫉其宠"，便派遣刺客夜闯邓猛的家，欲刺杀邓猛的母亲。邓猛母亲的邻居中常侍袁赦察觉到此事，便击鼓聚众以警告邓猛的母亲。邓猛的母亲入宫向汉桓帝告发梁冀的罪行。汉桓帝大怒，于是密谋诛杀梁冀。

公元159年，汉桓帝用牙咬破了单超的手臂，与徐璜、具瑷、左悺、唐衡歃血为盟，共谋诛杀梁冀大计。

此时，已经有所察觉的梁冀，便让中黄门张恽入宫，以防止变故。具瑷让官吏将张恽逮捕，说他"从外而入，图谋不轨"。汉桓帝便驾临前殿，召各个尚书前来，准备发动政变，让具瑷率领左右厩驺、虎贲、羽林、都候剑戟士共一千多人，与司隶校尉张彪共同包围梁冀府，并收回梁冀的大将军印绶。梁冀夫妇即日皆自杀。梁氏宗族以及族外宗亲数十人都被处决。故吏、宾客被罢免的有三百多人，朝官几乎一空，梁氏外戚集团被一网打尽，灰飞烟灭。百姓莫不称庆。

公元159年秋，汉桓帝立邓猛为皇后，封其母宣为长安君。公元161年追赠邓猛之父邓香车骑将军与安阳侯印绶，又加封其母宣与侄子邓康大县，宣为昆阳君，邓康为沘阳侯，赏赐巨万计。又以邓康的弟弟邓统袭封昆阳侯，位居侍中；邓统的从兄邓会袭安阳侯，任虎贲中郎将；邓统之弟邓秉为淯阳侯。邓氏宗族皆列校、郎将。

在册封皇后邓猛后，刘志又下诏赏赐诛杀梁冀的有功之臣，宦官单超、左悺、徐璜、具瑷、唐衡五人因谋诛梁冀有功，被同日封侯，史称"五侯"。"五侯"及其亲属十分专横，为乱一时，不仅朝中正直官员反对，就连汉桓帝也开始担忧，并着手贬黜"五侯"。

公元165年，司隶校尉韩演上奏弹劾左悺等宦官之罪，于是左悺自杀。韩演又奏称具瑗之兄有罪，汉桓帝便将具瑗贬为都乡侯。宦官单超、徐璜、唐衡等也因此受牵连，纷纷遭贬。汉桓帝又顺手没收了五大宦官子弟所有封地，"五侯专权"彻底终结。

自从邓猛成为皇后以来，仰仗尊位，越发骄横霸道，肆无忌惮，与宠妃郭贵人等人相互谗毁攻讦。公元165年春，邓猛酗酒行凶，汉桓帝遂将其打入暴室，令其自杀。邓猛自杀后，经过与大臣商议，汉桓帝于公元165年冬册立出身世家的贵人窦妙为皇后。窦妙虽然当了皇后，但很少得到汉桓帝宠幸。

"五侯"被清算后，汉桓帝任用新一批宦官，如管霸、苏康、侯览、曹节、王甫。此时宦官集团以中常侍苏康、管霸为首，排挤陷害忠良，争相奉承汉桓帝。大司农刘祐、廷尉冯绲、河南尹李膺（110—169）皆受其陷害而被惩处。

公元166年，南阳太守成瑨逮捕了与宦官关系很好的当地富商张汜，结果正遇上汉桓帝大赦天下。而成瑨为打击宦官，竟置朝廷法律于不顾，不仅杀了张汜本人，还杀了张的宗族以及宾客二百多人，然后成瑨才向汉桓帝上奏。同一时期，汝南太守刘质也在逮捕了小黄门赵津之后，不顾朝廷赦令，先将赵津打死，然后才向朝廷上报。宦官纷纷向汉桓帝提出申诉，同时又鼓动张汜的妻子上诉。汉桓帝闻知此事，当即下诏，将成瑨、刘质一并逮捕，按律处斩。

同年，宦官唆使方士张成的弟子牢修诬告李膺等人蓄养太学生和游士，交结各郡的生员，互相标榜，结成群党，诽谤朝廷，败坏风俗。汉桓帝大怒，诏令全国，逮捕李膺、陈寔（104—187）等两百多名"党人"。有党人逃走，汉桓帝就悬金购赏。一时间，使者四出，相望于道，反宦官的斗争遭到严重挫折。公元167年，尚书霍谞、城门校尉窦武共同上表为党人求情，汉桓帝的怒气才稍稍缓解，下诏释放党人回家，但仍对其实施终生禁锢，并且将党人的名字记录在案。这就是著名的"党锢之祸"，也被称为"第一次党锢之祸"。

汉桓帝生活奢侈，再加上国家内耗很大，造成朝廷财政紧张，入不敷出。汉桓帝一方面向农户加税，另一方面通过卖官鬻爵来筹集资金。当时他下诏减发公卿百官的俸禄，借贷王、侯的一半租税，同时下令以不同价钱卖关内侯、虎贲郎、羽林郎、缇骑营士和五大夫等官爵。豪强勋贵出钱购买这种官爵，到任后就要变本加厉地捞回来。于是东汉政坛出现了大面积的吏治糜烂和贪污腐败，地方上的豪强门阀也因此而坐大，走向了割据的态势。

宦官专权、党锢之祸和卖官鬻爵是汉桓帝在政治上昏聩无能的表现，而他私人生活上贪婪奢侈和荒淫无度更加令人侧目。汉桓帝后宫宫女的数量就过万人，供他享乐。

公元167年冬，卧病在床的汉桓帝下诏晋升九位嫔妃的位次至仅次于皇后的贵人。此举激怒了皇后窦妙。公元168年1月25日（永康元年腊月二十八），汉桓帝无嗣而崩。

客观来说，汉桓帝刘志具备了很多成功政治家所必需的素养，隐忍、韬晦、果敢。但也不得不承认，东汉确实衰败于汉桓帝之手。由于外戚宦官交替专权，朝政日益荒废，加之自然灾害频发，整个东汉帝国民不聊生。在这种情况下，各地农民起义就像雨后春笋一般，纷纷冒了出来，乱世由此开始。

二、汉灵帝禽兽食禄

汉桓帝刘志死后，皇后窦妙临朝听政，窦妙之父窦武召见出身河间国宗室的侍御史刘儵。问河间国宗室中谁比较贤明，刘儵推荐了汉章帝刘炟的玄孙、河间孝王刘开的曾孙、解渎亭侯刘苌之子刘宏。

窦武遂入宫禀告窦妙，窦妙派人前往河间国迎接刘宏登基。公元168年2月16日，刘宏随迎驾队伍抵达洛阳城外夏门万寿亭，由窦武率文武百官迎接。次日，汉灵帝刘宏即位，以太傅陈蕃、大将军窦武及司徒胡广三人共参录尚书事。

汉灵帝即位之初，由太后窦妙摄政。窦妙采纳陈蕃、窦武的建议，处死了在汉桓帝时期挑起第一次党锢之祸的宦官苏康、管霸，于是"天地清明，人鬼欢喜"。同时，由于窦太后当初能被立为皇后，陈蕃出力很多，于是窦妙委任陈蕃辅政，与父亲窦武勠力同心，匡扶汉室，广征天下名贤列于朝廷，其中不乏李膺、杜密、尹勋、刘瑜等在第一次党锢之祸中遭到处罚的士人，于是天下之士，无不向往太平。

窦武与陈蕃密谋铲除宦官。公元168年秋，窦武指使尚书令尹勋等弹劾并逮捕黄门令魏彪，为进一步弹劾宦官罗列罪名。10月25日，尹勋秘密写给窦武的奏章被长乐五官史朱瑀获得。朱瑀将此事通知宦官王甫、曹节等，众宦官歃血为盟，当晚发动政变。至次日清晨，宦官取得政变全面胜利，窦武、陈蕃等人均被灭族，未被处死的族人则流放到交州。窦太后则被迁徙到南宫云台居住。汉灵帝亲政。

汉灵帝亲政后，诛杀权宦侯览、王甫，刻印"熹平石经"，为儒经提供定型文本，推动印刷术的雏形"拓印"问世；又创办世界第一所文艺专科学校"鸿都门学"，推动文学艺术发展，开辟了世界教育史的新纪元。科技上，引进"胡床"（凳子），改变了汉人跪坐习惯；又任用毕岚发明引水洒路装置"渴乌"，降低了道路的扬尘率。

但是，汉灵帝刘宏信用宦官十常侍，兴起第二次"党锢之祸"。为了大修宫室，公开标价卖官鬻爵。

公元169年，山阳郡督邮张俭（115—198）弹劾中常侍侯览回乡为母亲扫墓时铺张扰民，并拆毁了侯览的房屋和祖坟。被惹怒的侯览指使同乡人朱并上书弹劾张俭等二十四位山阳名士结党，图谋不轨。汉灵帝刘宏见到奏章后，问计于宦官曹节，曹节借题发挥，说党人危害社稷，要求扩大到全国范围清剿党人。刘宏准奏。最终这场政治灾难造成大量士人逃亡，被迫害致死的达六七百人。史称"第二次党锢之祸"。

公元178年，汉灵帝在其母亲董太后和常侍的教唆下，尝试卖官。朝廷公开宣布可花钱买到关内侯、虎贲、羽林等部门职位。卖官的规定是：地方官比朝官价格高一倍，县官则价格不一；官吏的升迁也必须按价纳钱。求官的人可以估价投标，出价最高的人就可中标上任。除固定的价格外，还根据求官人的身价和拥有的财产随时增减。一般来说，官位的标价是以官吏的年俸计算的，如年俸二千石的官位标价是二千万钱，年俸四百石的官位标价是四百万钱，也就是说官位的价格是官吏年收入的一万倍。曹嵩是宦官曹腾的养子，就是靠花钱买来了三公的职务。及至后来，更变本加厉，以后官吏的调迁、晋升或新官上任都必须支付三分之一或四分之一的官位标价，也就是说，官员上任要先支付相当于他二十五年以上的合法收入。许多官吏都因无法交纳如此高额的"做官费"而吓得弃官而走。

汉灵帝将卖官所得收入用于供自己享乐的西园建设。

汉灵帝曾在西园遛狗，别出心裁，将狗打扮一番，戴进贤冠、佩绶带。宫中无驴，一善于逢迎的小黄门从外地精心选了四匹驴进宫。汉灵帝如获至宝，每天驾一小车在宫内游玩。起初，汉灵帝还找一驭者驾车，几天后，索性亲自操持。皇帝驾驴车的消息传出内宫，京城许多官僚士大夫竞相模仿，以为时尚。

公元181年，汉灵帝在后宫仿造街市、市场和摊贩，让宫女嫔妃一部分扮成商人在叫卖，另一部分扮成买东西的客人，还有的扮成卖唱的、耍猴的等。而汉灵帝亲自穿上商人的衣服，装成是卖货物的商人，在这人造的集市上走来走去，或在酒店中饮酒作乐，或与店主、顾客吵嘴、打架、厮斗，好不热闹。汉灵帝混迹于此，玩得不亦乐乎。肆中的货物都是搜刮来的奇珍异宝，被贪心的宫女嫔妃陆续偷窃而去，她们甚至为了谁偷得多而暗地里争斗不休。

公元184年，张角发动黄巾起义，天下八州太平道教徒揭竿而起，州郡失守，朝廷震动。汉灵帝在北地郡太守皇甫嵩（？—195）及中常侍吕强的建议下，宣布解除党锢，组织官军平定叛乱。至年底，由皇甫嵩、朱儁（？—195）等人率领的政府军镇压各地黄巾军。但同时，凉州的北宫伯玉、李文侯、韩遂（？—215）、边章等人又起兵叛乱。公元187年，凉州沦陷。同年，渔阳郡人张纯、张举联合乌桓在幽州发动叛乱，斩杀护乌桓校尉箕稠、右北平太守刘政、辽东太守阳终。

统治集团内部也是暗潮涌动，如王芬试图拥立合肥侯、阎忠说服皇甫嵩自立等，但都无果而终。

天下此起彼伏的叛乱，让汉灵帝逐渐从西园享乐中走出来。为了镇压黄巾起义，汉灵帝废史立牧，导致各地割据军阀形成。公元189年，汉灵帝病逝，终年三十四岁。

"乱而不损曰灵。""灵"是一个"恶谥"，代表其当政期间的朝政败坏和荒唐。历史上，谥号"灵"的君主的名声都很差，比如晋灵公（训狗杀大臣，最终反被杀）、楚灵王（好细腰，建章华台，最后自缢而亡）、齐灵公（随意废立，引发内乱）、蔡灵侯（弑父，最终被诱杀）等。而汉灵帝刘宏的这个"灵"字，代表的就是他当政期间的卖官鬻爵、宠信宦官、淫乱宫廷等荒唐行为。不得不说，这个"灵"字谥号，和他还是很般配的。

纵观桓、灵二帝，有诛杀贵戚、宦官的勇猛果决，也有执掌王朝的难逢良机，但二人一次次作死，让本就摇摇欲坠的东汉政权，终究坍塌到片瓦不留。面对后人的叹息，桓、灵二帝实在是无从辩解！

第五章

五侯与十常侍：弄权乱国，敲响东汉灭亡的丧钟

外戚梁氏被铲除殆尽，宦官又乘机上位，桓、灵二帝在位时期，先后有十七个宦官得宠，他们便是汉桓帝刘志在位期间的单超、徐璜、具瑗、左悺、唐衡"五侯"和汉灵帝刘宏在位期间的十二个宦官——张让、赵忠、夏恽、郭胜、段珪、孙璋、毕岚、栗嵩、高望、张恭、韩悝、宋典。先来介绍一下"五侯"。

一、轻烟散入五侯家

自从公元159年梁氏二后先后去世，"跋扈将军"梁冀便失去了在朝中最大的靠山。汉桓帝刘志抓住机会，联合宦官中常侍单超、左悺、唐衡和小黄门史徐璜、具瑗，小黄门刘普、赵忠，以及大臣尹勋等人发动政变，收捕梁氏党羽，铲除了梁冀势力集团。

事成之后，因五人功最大，汉桓帝刘志封单超为新丰侯，邑二万户，赐钱一千五百万；封徐璜为武原侯，邑一万五千户，赐钱一千五百万；封具瑗为东武阳侯，邑一万五千户，赐钱一千五百万；左悺升任中常侍，封上蔡侯，邑一万三千户，赐钱一千三百万；唐衡升任中常侍，封汝阳侯，邑一万三千户，赐钱一千三百万。同日受封的五人被称为"宦官五侯"。

此时，"宦官五侯"的领袖单超对汉桓帝刘志说："小黄门刘普、赵忠等也有功劳，应当封赏。"刘志很慷慨，就又封了八个宦官为乡侯，其中就有

后来成为"十常侍"之首的张让和赵忠。

从此以后，"五侯"等宦官集团再度得势，权势日盛，恃宠放纵，其亲属党羽也鸡犬升天，狐假虎威。单超后来甚至升为车骑将军，宦官势力取代外戚，擅权贪腐，东汉自此进入宦官长期专权时期。

"五侯"擅权是东汉末年宦官干政的一个典型事例。唐代诗人韩翃《寒食》诗"春城无处不飞花，寒食东风御柳斜。日暮汉宫传蜡烛，轻烟散入五侯家"，就是描写东汉五侯奢侈糜烂的生活。

单超等人诛灭外戚集团、为民除害，客观上做了一件好事，但他们没有治理国家的才能。究其主要原因，在于宦官出身社会底层，既不像封建士大夫阶层受过系统教育，也不像外戚有着健全的躯体。这种心理与身体双重缺陷的人，往往会走极端，采取竭泽而渔的剥削方式，手段极其残忍。其结果自然是他们的权力越大，对社会犯下的罪恶也就越多，最终导致害人害己的可悲下场。

独揽朝纲的六年中，"五侯"迫害朝臣，荼毒百姓，搜刮民财，贪污腐败，穷凶极恶，正是这种冷酷险狠性格的反映。

"五侯"之中，单超权势最大，也最得皇帝的宠信。相对于其他四侯来说，单超为人比较谨慎，比较看重功名，做事更加隐秘，他生前最大的劣迹是谋害兖州刺史第五种。

是不是觉得"第五"这个姓氏很奇怪？第五姓是汉人的复姓之一，为战国七雄之一田齐王族之后。话说周武王伐纣灭商建周之后，封舜的后代妫满（约前1150—前1030）为陈侯。妫满史称陈胡公，其后代以国为姓产生了陈氏，以胡公谥号为氏产生了胡氏。春秋中期，陈国发生了争夺君位的内乱，陈厉公之子陈完逃往齐国避难，为避祸而改为田姓。陈完（田完）的后代田氏家族，在齐国逐渐发展，后掌握齐国国政。公元前386年，田完的后代田和，放逐齐康公于海上，自立为国君，仍以"齐"作为国号，这就是历史上著名的"田氏代齐",史称"田齐"。秦末天下纷争,起先为秦国所灭的六国,其王族后裔争先纠集人马反秦复国;而在汉高帝刘邦建立汉朝后,顾忌这些复国失败的旧王族势力,便将他们迁出原籍,另外择地安置。其中将田齐王族分为八支迁走,故而后人以第次为姓氏,第五氏就为其中一支。

再说单超的侄子单匡,凭借单超的力量做了济阴(今山东省菏泽市定陶区)太守,认为自己后台硬,贪污成性,横行霸道,作恶多端。兖州刺史第五种派卫羽清查单匡的财产,查出贪污钱财五六千万。第五种立即上奏朝廷,并借此弹劾单超。单匡一怒之下派刺客刺杀卫羽。卫羽发现了刺客,机智地将刺客待为上宾,刺客受到感动,如实说出了真相。卫羽从刺客口中掌握了更多单匡贪污的事实,将之公布于世,引起朝野震惊。

单超从此对第五种恨之入骨,一心找借口陷害他,以第五种不能讨平兖州境内"盗贼"为名,先免去了第五种的官职,然后又将第五种流放到朔方郡,想在以后由他任朔方太守的外孙董援将第五种置于死地。第五种的门客得知消息,追赶到太原,杀死押送的官吏,救出第五种。第五种被迫隐姓埋名,直至遇到大赦,才敢面世生活。

单超死前被授任车骑将军,汉桓帝刘志对其予以厚葬,极尽哀荣。单超晚年的荣耀,使其他四侯变得更加骄横跋扈。世人编顺口溜道:"左回天,具独坐,徐卧虎,唐两堕。"意思是说,左悺权势熏天,具瑗骄横无比,徐璜是只老虎,唐衡见风使舵两边倒。肆无忌惮的四人极尽奢靡,大建亭台楼阁,搜刮美女和民脂民膏,收养宗人甚至奴仆做养子,比起梁冀的腐朽有过之而无不及。其家人都担任州郡长官,残害百姓,与盗贼无异。但汉桓帝刘志对他们极为袒护。东海相黄浮依法处死徐璜的侄子徐宣,徐璜反而向汉桓帝刘志诉冤,结果黄浮被处以髡刑并被罚充苦役。唐衡死后,也被追赠车骑将军,如同单超前例。徐璜死,也被赠予钱币布帛,赐给坟地。

直到公元165年,司隶校尉韩演举奏左悺及其兄太仆南乡侯左称的罪恶,兄弟二人被迫自杀。韩演又奏具瑗的哥哥具恭犯贪污罪，具瑗被迫前往监狱谢罪，上交东武阳侯印绶，贬爵都乡侯，随后死在家中。单超、徐璜、唐衡的继嗣者都被降为乡侯。至此，一场历时六年的东汉五侯干政的历史宣告结束。

二、牛气冲天十常侍

如果说"跋扈将军"梁冀与"五侯"之间的冲突算是外戚与宦官之间的第四次大较量，那么，"十常侍"的崛起便是东汉时期外戚与宦官之间的最后一次大较量。

所谓"十常侍"，其实是汉灵帝刘宏时期的十二个宦官张让、赵忠、夏恽、郭胜、段珪、孙璋、毕岚、栗嵩、高望、张恭、韩悝、宋典的合称。这十二个宦官因曾担任中常侍而得名，尽管实际上有十二人，但通常被统称为"十常侍"。这当然是受到了小说《三国演义》的影响。《三国演义》中的"十常侍"，指的是张让、赵忠、夏恽、郭胜、段珪、封谞、曹节、侯览、蹇硕、程旷十个宦官。

西汉后期，皇帝近臣中常侍主要负责传达皇帝诏令、掌管文书，并作为皇帝的顾问应对各种事务。东汉时期，中常侍成为有具体职掌的官职，其官秩为千石，后来增至比二千石（次于二千石，银印青绶），多由宦者担任。汉安帝刘祜即位后，中常侍全部由宦官担任，负责传达诏令和掌理文书，权力极大，中常侍的员数也从四人增加到十人，东汉末年更是增加到十二人。

公元168年1月25日，汉桓帝刘志去世，汉灵帝刘宏即位，窦太后临朝听政。她听政期间，委任陈蕃与父亲窦武共同辅政。鉴于宦官势力猖獗，祸乱朝政，大将军窦武"既辅朝政，常有诛翦宦官之意"，计划"斥罢宦官""悉诛废，以清朝廷"（《后汉书》）。在窦太后的支持下，窦武联合太傅陈蕃等正直朝臣，首先诛除了"颇具才略，专制省内"的宦官管霸和苏康，之后打算继续诛除宦官头目曹节、王甫。不料消息走漏，宦官集团抢先下手，劫持了汉灵帝和窦太后，然后假传诏令，捕杀窦武、陈蕃等朝臣。最终，陈蕃被处死，窦武兵败自杀。外戚窦氏及参与谋除宦官行动的朝官"皆夷其族"。而以曹节为首的一大批宦官则封侯受赏。

汉灵帝执政早期，中常侍王甫、曹节深受信任，张让与赵忠也逐渐迈入宦官集团的核心。到后来，王甫被杀，曹节去世，张让与赵忠便成为十常侍的首领。

成为首领之后的张让与赵忠，可谓是牛气冲天。当时，孟达的父亲孟佗与张让的监奴结为朋友，将自己所爱之物全部相送。监奴很感动，就问他有什么需求，孟佗就说只想你们为我一拜而已。后来孟佗到张让府上，监奴就率领奴仆在路上迎拜孟佗，并且共同抬着他的车子进门。那些拜访张让的宾客以为这是什么大人物，纷纷向他送礼巴结，可见张让是如何位高权重。孟佗最终得任凉州刺史。

黄巾起义爆发，侍中张钧上书直言斩杀"十常侍"，"县头南郊，以谢百姓，又遣使者布告天下，可不须师旅，而大寇自消"。宦官们惶惶不安，以退为进，脱掉帽子、靴子叩头请罪，还表示愿被关进大牢之中。汉灵帝果然心软了，没有处置张让等人。相反，说出一番肺腑之言的张钧就遭难了，被诬陷与黄巾道有勾结，直接拷打至死。就连力战张角的卢植也因为没有贿赂小黄门左丰而银铛入狱，若非皇甫嵩救助，一代名将或将憋屈地死于宦官之手。

汉灵帝为什么如此信任宦官？一是掌权的宦官伴随着他长大，在刻意培养下，汉灵帝自然要更加亲近他们；二是宦官知道汉灵帝喜好享乐，便拼命搜刮民膏来讨皇帝的欢心。为了供皇帝玩乐，也为了方便自己敛财，宦官怂恿汉灵帝大肆修建宫殿，甚至不惜为此抬高赋税。

外戚、宦官专政时期，东汉政治日益腐朽。外戚、宦官以及他们的党羽，都公行贿赂，搜刮财货，兼并土地。外戚梁冀被诛，抄没的家财竟达三十余亿钱，抵上东汉全年租税之半。宦官集团利用手中的权势，也公然受贿。宦官聚积了无可估量的财富，尽情过着腐朽糜烂的生活。

外戚、宦官交替专权，是封建统治集团的内部矛盾在专制制度下的尖锐表现。豪族政治势力的发展以外戚专权的形式出现，从而架空了皇权。而皇帝为了保持自己的权力，不得不求助于宦官，因而宦官能够专权。在东汉后期的戚宦纷争中，外戚利用皇帝幼弱，得以专擅朝政，宦官也力图拥立幼主，以便于自己操纵。他们又都趁权力在手时排除异己，大肆搜刮，竭泽而渔。总之，双方都力图挟持皇帝，排除异己。戚宦交替专权、乱政，造成了极其恶劣的后果。

一是导致政治腐败：戚宦相互倾轧，使政局动荡，朝纲不振。无论是外戚或宦官，大都排除异己，任人唯亲，卖官鬻爵，广收贿赂。

二是引起党锢之祸：戚宦乱政引起大臣和士人不满，他们多支持外戚而攻击宦官，宦官便利用权力大加迫害，于是酿成桓、灵之世的两次党锢之祸。

三是造成起义四起：政治日趋黑暗，东汉王室、贪官污吏及地方豪绅的敲诈勒索愈益加剧，百姓无法生活，便到处流浪和暴动，最终引发大规模的起义。

第六章

东汉最有权势的小黄门蹇硕和西园八校尉的崛起

宦官干政之祸,以东汉、唐、明三朝为甚。就东汉而论,宦官不仅肆意干涉朝政,甚至开始掌握兵权,进而获得废立皇帝的权力,俨然成为帝国的"太上皇"。汉灵帝刘宏时期的小黄门蹇硕,无疑是其中的典型代表。蹇硕能从一介小黄门跃升为军队实际上的最高统帅,连日后叱咤风云的袁绍(? —202)、曹操都要听命于他,是因为黄巾起义。

一、东汉的军事制度

东汉建立之初,曾有一套完善的军事制度,其特点便是"强干弱枝固边":最优秀的军队驻扎在洛阳周边,其中南军和北军是规模最大的两支正规军,南军主要负责守卫皇宫,而北军则驻扎在洛阳周围的军营,护卫着洛阳周边的安全。

此外,洛阳还有多支强大的非正规军。城门守卫军负责管理东汉京城的城门,执金吾下辖的缇骑则负责维护京城治安。至于虎贲军和羽林军,则专门承担着保护皇帝安全的职责。光禄勋下辖的三署郎曾是最精锐的骑兵部队,而后逐渐演变成了仪仗队。

洛阳还设立了一个名为"武库"的机构,专门用来管理军队的武器和军用物资。因此,通常情况下,军队的士兵和武器是分开管理的,除非他们执行任务。这种管理方式进一步减少了军队发生叛乱的可能性。

　　所有上述这些军队联合起来，形成了东汉时期的"京师兵"。他们的组织结构一直存在，并各自承担着不同的任务。在大部分时间里，京师兵在名义上通常代表着最强的战斗力。

　　而边军的规模实际上是根据所面对敌人的强弱而定的，并不是固定不变的。

　　东汉前期，东汉最强大的边防军队就是北线边军，他们驻扎在北方，主要用来抵御匈奴的入侵。然而，当窦宪成功勒石燕然之后，匈奴被削弱了，因此北线边军的作战能力也开始急剧下降。东汉后期，凉州边军成为最强大的边防力量，因为当时东汉长期受到西羌的侵扰。

　　东汉虽然没有地方军队，但设有专门负责军事事务的武官。郡一级被称为司马，诸侯国领兵的官员被称为中尉，县一级则被称为县尉。他们的主要职责是维护当地治安，并在中央需要时进行征兵工作。战争时期，通常会向当地武官颁发招兵的任务，让他们在本地招募士兵。随后，他们将率领这些招募来的士兵，与边军一起投入战斗。一旦战斗结束，这些士兵几乎都会返回自己的家乡，恢复他们的日常生活。

　　到了东汉后期，这一套非常高效的军事制度因土地兼并而逐渐瓦解崩溃。

　　在地方郡县上，世家大族拥有绝大多数的土地，绝大多数普通人因为没有自己的土地只能沦为佃农，为那些拥有土地的世家大族打工。对于普通百姓来说，如果他们响应政府的征兵号召，前往参加战斗，那么接下来，他们全家都可能直接面临饥荒的风险。佃农全家勤劳努力的收获，可能只够维持生计。在这种情况下，一旦家中的主要劳动力参军，其他家庭成员就无法解决温饱。服役于军队，政府会向其支付一定数额的军饷，但这些军饷并不足以支撑整个家庭的开销，无法维持家人的生活。因此，到了东汉后期，许多地方的普通百姓开始逃避应征入伍。

　　为了解决征兵问题，当地的武官开始与当地的世家大族商议。通常情况下，世家大族会凑集人手，派遣自家的佃农参军，并承诺照顾好他们的家人，以此来凑足足够的士兵。一旦发生这种情况，就会出现一些职业"应征者"。

这些应征者基本上已不再从事种植等生产工作，而是专门从事军事招募。但这里又有一个问题：这些已成为职业士兵的人，并不受国家管辖，而是由当地的权势家族控制。因此，到了东汉中后期，这些地方的世家大族逐渐开始拥有自己的军队。尽管这些军人在名义上仍然是农民，但实际上他们已经专职从事军事工作了。地方世家大族逐渐拥有武装力量，东汉政府对地方的控制能力开始逐渐下降。这些世家大族本来就控制当地的经济和生产，如今又拥有了半独立的军队，已经成为独立的"小王国"。在东汉末期，中央政府逐渐丧失了对地方的控制权。

此外，桓、灵二帝在位时期，由于东汉边军不断对西羌进行战事，导致许多凉州派系的武将开始建立起自己的独立武装力量。这些凉州武将不仅能够自主指挥军队，独立于国家控制之外，还在当地拥有大片屯田土地。

为了平息各地的黄巾起义，汉灵帝在黄巾起义爆发后不得不发布诏令，容许地方武官在各自管辖的区域内自行征募少量军队，以"清剿"当地的黄巾军势力。黄巾起义虽然只持续了不到八个月便被东汉官军镇压，但之后仍有零星的黄巾势力在各地存在。

东汉早期的地方军事体系至此完全瘫痪。汉灵帝很难有效指挥地方军队，尤其是地方世家大族手下的军队。另外，由于需要维护镇压黄巾军的名义，汉灵帝也完全没有可能下令解散这些军队。

更为严重的是，就在黄巾起义被平定后不久，凉州的武将纷纷背叛，北宫伯玉、边章、韩遂等人率领凉州武将，直接展开了大规模的叛乱。

这些反叛的凉州兵团，与之前的黄巾起义军相比，更加难以对付。

需说明的是，之前这些凉州兵团原本就是汉朝顶尖的边防军队，他们的作战实力不容小觑。如今东汉刚刚度过了一场黄巾之乱，元气受损严重，还需要镇压各地的豪强。因此，要解决凉州的问题就更加艰难了。

在接下来的几年里，汉灵帝调遣将领皇甫嵩前往平叛，不但没能彻底解决凉州叛军的问题，反而在凉州叛军的反扑之下节节败退。一年后，凉州全境彻底沦陷。

在西凉兵团发起叛乱的同时，河北地区的黄巾军余部再次卷土重来，这些余部后来被称为黑山军，实力强大。为了对付黑山军，汉灵帝刘宏不得不派遣汉末三杰之一朱儁前去处理，集结了大量北方边军，才勉强稳定了局势。

总的来说，当时汉朝最精锐的两支边军，汉灵帝都无法利用。西凉兵团在西部发动了直接的叛乱，而北线边军主要被用于对抗黑山军。各州郡的地方部队也完全不受汉灵帝控制，随时存在发生叛乱的可能性。

二、京师西园八校尉

此时的汉灵帝似乎只有京城的"京师兵"可以调动了，但京师兵的情况也不容乐观。

总的来说，为了平定黄巾起义，汉灵帝不得不调集大量驻守京师的军队，并委托给自己的大舅哥何进（？—189）统领。随着对黄巾军的暂时平定，京城的危机虽然得到暂时解除，但军权逐渐落入何进的掌控之中。此时，汉灵帝陷入了进退两难的境地。假若当时汉灵帝剥夺何进的军权，必然会导致高层势力的重新组合。宦官和士族方面会立即对外戚集团展开攻击。届时，就连汉灵帝本人也将无法掌控局势。如果让何进完全掌握军队，那么京城的守卫和汉灵帝本人的安全都将由何进一人控制。

更为糟糕的是，洛阳大部分的精锐军队，之前已经被派出去，主要是为了压制黄巾军。而北军的精锐力量，则在卢植率领下前往河北，对付张角。

张角的黄巾军被消灭后，这些北军士兵还未来得及被召回，就发现黑山军又发动叛乱。短时间内他们肯定无法被调回来。而南军和京师其他部队的精英被派往颍川和南阳地区，以对付颍川地区的黄巾军主力。尽管当地的黄巾军暂时被平定，但这支精锐部队被牢牢困在当地。一旦他们撤离，当地很容易再次陷入叛乱，类似河北地区黑山军的情况可能再次发生。如此，京师兵的大部分精锐都被调走了，只有少部分军队留下来保护汉灵帝的安全，并且这些军队都在何进手中，导致汉灵帝居然无法直接解除何进的军权。

因此，在这个庞大的东汉王朝，汉灵帝居然找不到一支可以自己随时调动的军队。在这种大背景下，汉灵帝最终下令重新征召洛阳地区的青壮年士兵，以组建一支崭新的军队。

在整个洛阳城内，目前可用于这支军队驻扎的空地相当稀缺。最终，汉灵帝决定将驻扎地点选定在皇宫附近的"西园"。西园是东汉皇宫周围的后花园，曾是汉灵帝享乐的去处。这里的空间相当宽敞，足以容纳军队驻扎。

地方问题解决后，经费问题就显得尤为突出。虽然汉灵帝是皇帝，却无法凭空创造一支军队，需要耗费大量资金来招募士兵并购置各种武器装备。

东汉政府早已面临财政困难，国家陷入了严重的财政赤字。在这种情况下，要筹集用于募兵的资金，应该从何处着手呢？

无法改变这种情况，只好持续进行官职与爵位的买卖。

在整个汉灵帝执政期间，贿赂购买官职已经成为一种常态。根据汉灵帝早前设定的规定，官员在上任之前需要缴纳相当于二十五年俸禄的金额来买官位。为了招募这支西园军，汉灵帝这一次抛开了绝大多数官职和爵位的限制，公开标价出售，甚至三公级别的官职也可以进行买卖。在这场买官卖爵的风潮中，最引人注目的一个便是太尉这个职位。而当时担任这个职位的，正是曹操的父亲曹嵩。据历史记载，汉灵帝公开出售官职后，曹嵩不惜一切代价，筹集了一亿钱，用于购买太尉之职。就这样，借助这一笔天文数字的费用，曹嵩成为当时东汉的太尉。而汉灵帝终于筹集到了足够的经费，得以顺利征召这支西园军。

汉灵帝此时面临着新的问题：如何管理这支新征召的军队呢？

汉灵帝本人希望能够完全控制这支军队，方便自己随意调度，但作为皇帝，他无法亲自率领军队，必须委派他人代替。无论汉灵帝信任与否，这个被委派的人将直接影响东汉政局的走向。

汉灵帝决定将领导军队的校尉职位平均分配给各个势力，这样一来，各方势力之间将相互制衡，不会有任何一方能够在军队中占据主导地位。汉灵帝信任的宦官成为这些校尉中最重要的领导者，这样一来，汉灵帝可以轻松地统领军队，也不必担心其他人会夺走指挥的权力。就在这样的安排下，历史上著名的"西园八校尉"正式登上历史舞台。

蹇硕、袁绍、鲍鸿、曹操、赵融、冯芳、夏牟、淳于琼，这八人分别是西园的校尉。在这几位人物当中，蹇硕是汉灵帝最信赖的宦官之一，代表了宦官集团；袁绍家世显赫，代表着士族势力；鲍鸿出身军方，曾领兵讨伐凉州叛军，代表了军事势力；曹操的父亲曹嵩是朝中太尉，代表了朝廷权力；至于赵融、冯芳和夏牟，尽管史书记载不多，但在当时也都是非常重要的官员。关于淳于琼，在他成为西园八校尉之前的经历，史书上并未有详细记载。然而，他后来的经历为人熟知。当袁绍和曹操在官渡展开战役时，淳于琼镇守着袁绍的粮仓乌巢。他在这次战役中败给了曹操并且烧毁了乌巢，最终导致袁绍在官渡之战中失败。

当西园军刚刚集结之时，八校尉各自代表不同的政治力量，这就意味着汉灵帝可以不用担心其他势力会夺走这支军队。此外，八校尉之间的关系可能也不太和睦，比如蹇硕和曹操，虽然名义上是上下级，但事实上曹操曾经杀死蹇硕的叔叔，两人之间存在深仇大恨。这样一来，汉灵帝对这支军队的控制就会更加牢固，因为这几个校尉根本无法联合起来割据西园军，只能服从汉灵帝的指挥。

客观而言，汉灵帝的这一安排是相当合理的。而且，若这支西园军能够充分发挥其作用，至少在洛阳地区，汉灵帝就无须再为安全问题忧心了。因为凭借这支西园军的实力，完全可以轻松地保护整个洛阳周边的安全。

然而，汉灵帝虽然经过反复推算，却始终忽略了一个重要因素，那就是他本人的寿命。

公元189年，汉灵帝在病重时将皇子刘协托给宦官蹇硕。汉灵帝去世后，蹇硕想先杀外戚何进再立刘协为天子，但因手下司马潘隐与何进有旧，对何进使眼色示意而失败。十七岁的汉少帝刘辩即位后，何太后临朝称制，舅舅大将军何进与太傅袁隗录尚书事，辅弼朝政。不久，何进便派黄门令逮捕蹇硕，将他下狱诛杀。

蹇硕怎么也不会想到，一着不慎，非但没杀掉何进，还让自己送了命。蹇硕更想不到的是，因为他和何进的较量，会引发外戚和"十常侍"宦官集团的又一轮互相残杀，最终双方两败俱伤，数千宦官丧命，还给了董卓可乘之机，最终导致东汉灭亡。

第七章

"大贤良师"张角：撼动四百年大汉根基

东汉中期以后，太子多年幼继位，围绕皇权的争夺，出现了外戚、宦官交替专权的局面。到了东汉末年，东汉政权早已是千疮百孔，然而揭开这乱世序章的，一不是外戚，二不是宦官，三不是边疆民族，却是一个道士——黄巾起义的领导者张角。

张角凭什么能撼动四百年大汉根基？三国的乱世又凭什么因他而起？

在介绍张角之前，先来理顺一下儒家思想和道教的关系。

儒家的创始人孔子虽然不怎么谈鬼神，"子不语怪力乱神"，但并没有否认鬼神的存在。到西汉董仲舒时，儒家糅合了道家、阴阳家的思想，认为上天是有意志的，人君为政应"法天"，行"德政"，"为政而宜于民"；否则，"天"就会降下种种"灾异"以"谴告"人君，如果不知悔改，"天"就使人君失去天下。当西汉末年，政治每况愈下、难以挽救之时，越来越多的人认为汉朝皇帝应当退位让贤，以儒学宗师刘歆为首，大家认定这个"贤"就是外戚王莽。于是王莽代汉称帝，立志建造儒教教义描述的理想世界，却因施政脱离实际，引发天下大乱，身死国灭。东汉中后期，外戚、宦官交替专权，儒学士大夫的作用很难发挥。在这种背景下，道教便登场了。

道教是中国本土宗教，承袭了上古的巫术传统、老庄的道家思想、燕齐两地（河北、山东）的方术与民间天神信仰等大部分宗教观念和修持方法，逐步形成了以"道"为最高信仰的崇拜诸多神明的多神教，主要宗旨是追求长生不死、得道成仙、济世救人。早期原始道教与儒家思想的共通之处很多，也有浓重的救世情结。自汉武帝独尊儒术之后，儒学逐渐成为主流，道教徒日益被边缘化，东汉以后甚至被禁止做官。所以，道教徒越来越不满意。早在东汉之初，原始道教徒与儒家学派之间就已经爆发过多次冲突。到了东汉中后期，随着政治日坏，原始道教徒起事更是一浪高于一浪。这就说到张角了。

一、张角的师傅于吉

介绍张角之前，还得先介绍一下张角的师傅于吉和一本名为《太平清领书》的著作。

于吉，东汉道士，是《太平清领书》即张角所得《太平经》的第一位拥有者。史书第一次记载于吉为汉顺帝刘保时。而到汉献帝刘协在位时，于吉被孙策斩杀，其岁数已过百。所以有学者认为前者为真于吉，后者为假于吉。当然，也有可能这两个于吉就是同一个人。

传说于吉在东海曲阳泉（今江苏省东海县）上得到一本一百七十卷的神仙书，即《太平清领书》。到了汉顺帝在位时，于吉的弟子宫崇曾带"神书"觐见，因其涉及阴阳五行学说，汉顺帝并未重视。后来于吉在吴郡、会稽山一带隐居，用符水神法给人们治病，在当地颇有名望。孙策在吴郡城门楼上与诸位将领和宾客集会，恰逢此时于吉拄杖盛装出行，百姓皆跟在其身后跪拜喊叫，排成了一条长龙。于吉走到城门楼下时，将领和宾客纷纷起身下楼前去跪拜，一时间集会乱成一锅粥。孙策向周围的人打听，都说于吉是仙人转世，能用符水救人。孙策一听，顿觉此人为"神棍"，下令将其抓捕，并且拒绝众人求情，将其斩杀于市。也有一说法是于吉曾评价孙策"伯符将军，名而虚之"，孙策一生气便将于吉斩杀，而他的身体化作一朵云飘散而去。后来孙策在战斗中被人用箭暗算而死，便有人说他是因此遭到报应。这都是迷信的说法。

《太平经》，又名《太平清领书》，相传是由神人授予方士于吉的东汉道教太平道典籍，成书于东汉中晚期，共一百七十卷。其内容博大，涉及天地、阴阳、五行、十支、灾异、神仙等。

《太平经》的经义，大致可分为以下四个方面。

一是构筑了早期道教的神学思想及体系，提出了神仙不死、身中神、求长生等观念；二是为帝王治太平提出的一套统治术，以阴阳五行学说为理论基础，以"无为而无不为"的黄老学说为治国方针；三是关于教徒的修养方法，提出了辟谷、食气、服药、养性、返神、房中、针灸、占卜、堪舆、禁忌等诸般方术；四是劝善思想，认为先人犯有过失，积累日多，由后辈子孙负其过。

总的来说，《太平经》包容了古代道家、方仙道、黄老道思想，是这些学术思想向宗教信仰转化的产物。其思想并无创新之处，都是传统的固有观念，却能整合各种道教思想与神仙方术，开创一套更有系统的神仙理论，被太平道奉为主要典籍。

二、张角撼动汉根基

东汉巨鹿（今河北省宁晋县）人张角，家世不可考，生年也不详。但凭其在起事之前就布道传教、架构政权、约期并举等事看，应出身富甲一方的世家大族。据说张角和他的两个兄弟张宝和张梁，得道士于吉传授《太平经》，受其影响，配合当时非常流行的黄老思想，开始走上自己的传教之路。

先在哪里传教呢？自然是哪里有机会就选择哪里。当时的冀州灾情严重，正是可以让张角大展身手的地方。张角传教的方式也很有意思，他手持九节杖，在民间传统医术的基础上，加以符水、咒语，为人治病。张角以为人行医治病为掩护，广泛宣传《太平经》中关于反对剥削、敛财，主张平等互爱的学说、观点，深得穷苦大众的拥护。

"符水"这个东西，真的有疗效吗？可能真的有。只不过其功效不在药理上，而是心理上，"符水"其实是一种心理疗法。在当时那样一个文化水平不高的时代，张角通过让人们信任"符水"，进而对他们自己的病情康复有了信心，以此达成一个良性循环，最终起到功效。这之后，自然会成为太平道的狂热信徒。

张角在社会底层传道，自然是一呼百应。千疮百孔、日益腐败的东汉朝廷，整天忙于戚宦之争，根本就没有时间和精力认真观察张角的所作所为。

接着，张角又派出弟子八人，到处去宣传他的事迹和太平道的理念，发展教众，"以善道教化天下"。在十余年间，汉末十三州已有八个州被张角的太平道影响，而教众已达几十万人之多，更有不少官员甚至宦官加入。

张角又将教徒划分为三十六方，大方万余人，小方六七千人，每方设渠帅负责。至此，经过十余年的传教，一个教徒众多、有组织有纪律的道教组织——太平教就诞生了。

在东汉朝廷被外戚、宦官搅成一团乱麻之时，张角这位不起眼的道士，已经拥有了撼动东汉帝国的实力。

自古以来，打仗必须得师出有名。张角先是仔细研究了《太平经》，按照五行相生相克的理论，选定于甲子年甲子月甲子日，即中平元年（184）三月初五这一天举行起义。接着张角还提出"苍天已死，黄天当立；岁在甲子，天下大吉"的响亮口号。"苍天已死，黄天当立"，这句话简单明了，告诉人们，代表"苍天"的东汉朝廷已经要灭亡了，而代表我们穷苦百姓的"黄天"应当建立。苍天，黄天，既有颜色的对比，更有政治内涵的不同。"岁在甲子，天下大吉"，是相约全国各地的太平道教众都在甲子年发动起义。古代交通不便，要想在各地同时举事，不可能临时通知，于是张角苦心设计，甲子年既是老百姓认为六十年一甲子的第一年，又象征除旧布新；天下大吉，既是说甲子年是个好年头，又是说甲子年我们同时起义。参与起义的百姓基本上没有文化，口号通俗易懂，便于落实。

张角让参与起事者在门上写上"甲子"二字，既不会引起官府注意，又可以让组织内部的人知道。交战时以黄巾裹头，免得误伤。

和陈胜吴广被逼无奈在大泽乡起义不同，张角领导的黄巾起义筹划已久，连朝廷里汉灵帝刘宏最为信任的十大宦官之一封谞，都被张角收买了。

常言道，"计划总是赶不上变化"。张角以为一切已经准备就绪，意外却悄然而至。大约在预定起义日期的前十天，张角本来是派弟子唐周去联络宫内的宦官封谞。但唐周胆小，直接跑到朝廷告发了师父和封谞密谋造反。封谞立刻被捕入狱。

东汉朝廷紧急动员各种力量，捕捉诛杀张角信徒一千余人；又通知冀州州府捕捉张角及其家人。张角等人发现事已败露，立即用各种方法星夜通知各方，立即起义。起义时，张角自称"天公将军"，张角弟弟张宝自称"地公将军"，另一个弟弟张梁自称"人公将军"。

天公、地公、人公，对于老百姓来说，更具有神秘色彩。起义军首先将抓获的贪官杀了祭天，军中士卒皆头裹黄巾，时人称之"黄巾军"。一个月内，全国七州二十八郡都发生战事，黄巾军势如破竹、州郡失守、吏士逃亡，震动京师。

三、三国乱世由此起

汉灵帝刘宏连忙以何进为大将军，率左右羽林五营士屯于都亭，整点武器，镇守京师；又自函谷关、大谷、广城、伊阙、辕辕、旋门、孟津、小平津等各京都关口，设置都尉驻防；下诏各地严防，命各州郡准备作战、训练士兵、整点武器、召集义军。刘备就受到商人张世平、苏双资助，组织义军投靠校尉邹靖。

皇甫嵩上谏要求拿出皇宫钱财及西园良马赠给军士，提升士气。汉灵帝接纳提案，要求各公卿捐出马、弩，推举众将领的子孙及民间有深明战略的人到公车署接受面试。汉灵帝又发精兵镇压各地乱事：卢植领副将宗员率北军五校士负责北方战线，与张角主力周旋；皇甫嵩及朱儁各领一军，控制五校、三河骑士及刚募来的精兵勇士共四万多人，讨伐颍川一带的黄巾军。朱儁又上表招募下邳的孙坚为佐军司马，带同乡里少年及募得各商旅和淮水、泗水精兵，共千余人出发与朱儁军联军。

起义之初，黄巾军的主力分散在巨鹿、颍川、南阳等地，攻城夺邑，焚烧官府，取得了很大胜利。与此同时，各地还出现了许多独立的农民武装。但黄巾军各自为战，缺乏战斗经验，以致东汉王朝能集中兵力各个击破。颍川、南阳的黄巾军相继失败。冀州黄巾军在张角病死后，由张梁统率固守广宗（今河北省邢台市广宗县）。当年冬，皇甫嵩率官军偷袭黄巾军营，张梁阵亡。三万多名黄巾军惨遭杀害，五万多人投河而死，张角被剖棺戮尸。张宝也随即于下曲阳（今河北省晋州市）兵败阵亡，十余万黄巾军被杀害。

张角领导的黄巾起义虽然没能直接推翻东汉政权，却沉重打击了东汉王朝的统治秩序，使得宦官和士大夫集团矛盾进一步激化，让本就腐败的东汉政治越发黑暗。同时由于黄巾起义在攻陷州郡过程中，着重对豪强地主进行打击，使得战后北方出现大量荒地，这极大缓和了东汉以来土地的恶性兼并。黄巾起义还开创了中国农民起义运动借助宗教名义开展的先河。

张角领导的黄巾起义虽然被镇压了，但各地又陆续发生一些小规模的叛乱，产生许多分散的势力，大的有二三万人，小的也有六七千人。而由张燕率领的黑山军，甚至号称百万。

公元188年，黄巾余部再度发动起义。这年春，郭泰（128—169）等于西河白波谷起事，攻略太原郡、河东郡等地。这年夏，汝南郡葛陂黄巾军再起。这年冬，青州、徐州黄巾又起。东汉政府被迫派遣鲍鸿进讨声势最大的葛陂黄巾，双方大战于葛陂，鲍鸿军败。黄巾各部此起彼伏，声势虽然没有第一次黄巾起义那般强盛，却令朝廷十分头疼。

此时的东汉朝廷怎么办呢？先来了解一个词：刺史。秦始皇在统一六国以后，建立了一套地方监察制度——监御史制度。在地方上，"分天下以为三十六郡，郡置守、尉、监"。监，亦称"监公"，或称监御史、监郡御史、郡监等。监御史的地位可以和郡守、郡尉并称，其主要职责是"掌监郡"，即负责监察郡守等人的行政事务。汉武帝把全国划分为十三州部，每州为一个监察区，设置刺史一人，负责监察所在州部的郡国。"刺"是检核问事的意思，即监察之职。"史"为"御史"之义。

为了有效镇压起义，公元188年春，汉灵帝刘宏接受太常刘焉（？—194）的建议，将部分刺史改为州牧，由宗室或重臣担任，让其拥有地方军、政之权，以便加强地方政权的实力，更易控制地方，有效"进剿"黄巾残部。为了尽快平定战事，中央下放军权至地方，虽然可以使起义的浪潮无法快速蔓延至全国，减缓东汉覆亡的危机，却造成了地方轻视中央，那些具有野心的将领或官员借着镇压黄巾起义各自拥兵割据地方，为东汉末年军阀混战揭开了序幕，更为三国分立种下远因。在黄巾起义的打击下，腐朽的东汉王朝名存实亡，并最终走向了覆灭。

张角领导的黄巾起义，撼动了东汉王朝的根基，直接导致东汉末年军阀割据、混战，进而演变为三足鼎立的局面。

第八章

"黑山军"与"青州军"：黄巾起义的余波

黄巾起义的主力被镇压下去之后，各地的世家大族开始对黄巾余部进行疯狂的反扑镇压。唯独常山、赵郡、中山、上党等地的黄巾军仍然活跃。主要原因在于，这几个郡位于太行山脉两侧，其东南和西北方向均为产粮丰富的河北平原和山西，凭借着山区之中陉道的连接，黄巾军可以互通有无，甚至协同作战，灵活进行战略潜伏和转移。

当时的太行山脉分布有数十支黄巾军，人数从数千到数万不等。这其中又以张燕的黑山军最为强大，虽然并没有完全兼并其他部众，但也算得上是继张角之后黄巾军的名义领袖。

一、黄巾余波黑山军

张燕本是常山真定（今河北省正定县）人，和常山赵子龙是老乡。可见常山一带盛产名将。张燕本姓褚，因敏捷过人，被称作"飞燕"。因此，在《三国群英传》等三国游戏中出现的"褚飞燕"和"张燕"其实是同一个人。

公元185年，张牛角趁着黄巾军起事的时候也聚众起事，依托黑山一带险峻的茂林山区为基地，袭扰乡县、劫掠民财，被当地人称为"黑山贼"。这里所说的黑山，并不是一座孤零零的山峰，而是当时横贯邺城、河内、汲郡、中山等地的一条山系。该山系地形险要、易守难攻，同一时期崛起的大小势力连成了一片，其中以张牛角的势力最大、资历最老。所以，经过众人的推举，张牛角成了众多势力中的大首领，也是"黑山军"的首位领袖。在率部攻打瘿陶（今河北省宁晋县）时，张牛角被流箭射中，身受重伤，临死之前，他命令部下尊奉褚燕为首领。张牛角死后，众人一起拥戴褚燕为首领，于是褚燕改姓张，唤作张燕。

张燕所率领的这支"黑山军"将近百万之众。据《中国人口通史（上）》研究，东汉人口巅峰时期高达六千万人，其中人口最稠密的地区就包括"黑山军"所在的河北一带。当然，这里所说的百万之众不是军队百万，还包括男女老弱，流亡百姓。

东汉朝廷在平定了黄巾起义后，便把目光盯在了"黑山军"身上。但由于"黑山军"势力过于庞大，朝廷屡派重兵征讨都没有收到明显的效果。于是，朝廷改"征剿"为招抚，任命张燕为平南中郎将，以朝中官员的身份统领黑山集团中的多股势力。自此，"黑山军"与东汉末年的众多割据势力并驾齐驱，而张燕也成了东汉末年的一方诸侯。

后来张燕与众多诸侯交际、联盟，甚至跟袁绍还有过一段非常短暂的合作。不过，二人的合作很快就由于双方各自势力的发展，演变成了敌对关系。

而"黑山军"只是一个名义上的联盟，张燕对于手下人的制约力是很弱的，内部派系众多。

公元190年，"黑山军"大将于毒联合白绕、眭固两部大将率军到袁绍的地盘魏郡和东郡进行抢劫。袁绍立即派曹操进行讨伐。而曹操也正是在这一战中顺利守护了东郡，并且得到此地，使其成为自己的封地。于毒吃亏以后并没有停止，反而准备趁曹操出兵的时候再度侵犯东郡，结果又一次被曹操杀得大败。这几次交火，使得"黑山军"中有相当一部分首领与袁绍、曹操等人结仇，转投到了李傕（？—198）一方。

这时董卓已死，李傕掌握朝廷，不承认袁绍等诸侯在各地的统治权。于是，李傕就派出了壶寿担任冀州牧，以东汉朝廷的名义，要从袁绍手中接管冀州。壶寿考虑到袁绍肯定不会就此放弃权力，便联合了黑山军内十几部人马，准备攻打袁绍的地盘。在经过长达五天的高强度对战之后，壶寿和于毒先后死在乱军之中，"黑山军"实力大损。公元193年，袁绍、吕布联军在常山与张燕的主力部队爆发了决战，一连持续了十几天，最终双方均损伤惨重，各自撤退。

在经过与袁绍的大战以后，张燕便选择与东郡太守臧洪、前将军公孙瓒联盟，共同抵抗袁绍。公元195年，袁绍大军对臧洪发起进攻，张燕虽发兵试图呼应，但最终臧洪还是被围在东武阳城（今山东省莘县）足足一年的时间。最终全城七八千人全部饿死，东武阳城破，袁绍抓住已经饿得皮包骨头的臧洪，将其处斩。

而另一面的公孙瓒屯兵易京（今河北省雄县），修筑高墙，囤积粮食，准备打持久战。在袁绍大军包围易京时，公孙瓒曾经派自己的儿子向张燕求援，张燕欣然同意，双方约定在夜晚举火把为号，攻杀袁绍。只不过，他们的计划最终被袁绍得知，在当天夜里，袁绍趁着张燕大军未到，先行举火把骗取公孙瓒出城，等到张燕大军赶到，为时已晚，而张燕的军队也被袁绍杀得惨败。

此后不久，曹操发动了官渡之战，随后几年袁绍陷入了与曹操的争锋之中，再无空闲歼灭张燕。张燕与曹操结成联盟。公元204年，曹操平定了冀州之后，张燕归附曹魏集团，成了曹操帐下的平北将军、安国亭侯。自此，"黑山军"的历史也宣告结束。

二、最强悍的青州军

很多人认为曹操的崛起是非常容易的，其实并非如此。曹操能从一个中等实力的军阀，最终完成削平诸侯、统一中原的大事业，靠的就是"足食足兵"的原则，而"足兵"的要义，便是要建立强大的军队。属于曹操的军队有很多支，其中有一支生力军足以打遍天下无敌手，堪称东汉末年最强悍的军队，此即赫赫有名的青州军。可以说，没有青州军就没有曹操后来的霸业，那么曹操是怎么建立起青州军，又是怎么获得他们的无限信任的呢？其实也是机缘巧合。

公元184年，百万黄巾军同时起义，声势浩大，很快席卷全国，但由于其组织松散、缺乏训练，幽、冀、荆、扬、豫、兖六州黄巾被东汉政府残酷镇压后陆续失败，只有青、徐二州黄巾坚持战斗了近十年，直到汉献帝即位之后，除徐州部分黄巾被陶谦镇压而被臧霸武装收编外，其余各部全都转入青州。青州由此成为黄巾集结地，加上随军家属与后勤人员聚众达百余万。

各州黄巾残部为何都往青州跑呢？原来，迷信巫术又优柔寡断的青州刺史焦和，乃一懦弱无能之辈，北海相孔融也是一个只会空谈的书生，碰到黄巾后，往往败逃无踪，导致黄巾一日日发展壮大，所过之处抢掠殆尽、寸草不生。

吃光了青州，黄巾百万张嘴仍未满足，为填饱肚子他们又向南流窜进入兖州。黄巾如此猖獗，兖州刺史刘岱兵败被杀。刘岱一死，兖州顿时乱作一团。

此时，济北相鲍信、张邈等地方实权派拥护曹操做兖州牧，鲍信本人还亲自到东郡来迎接曹操合力"围剿"黄巾军。

经过大小数场战斗，最终取得胜利。公元192年，黄巾军投降曹操，青兖两州的战乱得以平定。《三国志》记载："追黄巾至济北。乞降。冬，受降卒三十余万，男女百余万口，收其精锐者，号为青州兵。"这就是"青州军"的由来，也被称为"青州兵"。

从史书记载来看，"青州军"卒有三十多万。"青州军"是从投降的三十万中选出的精锐，至少也是十万级别的。这支军队属于曹操的私人力量，只听从曹操一个人，此后的曹操才真正成为军阀，而"青州军"在后续与陶谦、刘备、袁术（？—199）、袁绍的战斗中屡立奇功，成为曹操仰仗的强有力的力量。

对于没有被编入军队之人，曹操则下令分给他们耕地、耕牛与农具，让他们从事农垦屯田工作，每年将收成的五到六成上缴官家，并由典农中郎将、典农都尉等专司其事。

经此一战，曹操不仅收获数万最精锐的部队，还变流民为佃农，为军队解决军粮来源问题，由此具备争霸天下的资本。清代大学者何焯在校订《三国志》时，称此事件是曹操人生的转折点，是其强盛的开端。

"青州军"在曹操的手下存在了二十八年，尽管规模庞大、功劳甚伟，但没有诞生过一位名将。在曹操去世以后，"青州军"认为失去了效忠的首领，于是击鼓要求散去，当时曹丕（187—226）也不知道怎么办，幸好曹魏大臣贾逵（174/175—228）建议曹丕给这些士兵回家的路费和粮食，以作安抚，于是"青州军"就这样自行解散。

第九章

许劭:"累世公卿"之汉末评论家与"月旦评"

中国一直流传着"乱世出英雄"的说法,也时常会出现英雄造时势还是时势造英雄的讨论。汉末三国时期,是英雄辈出的年代,但如何对这些人物进行一个恰当的评价,以及这种评价是否能被各方接受,则是关键性问题。放在千百年前,人们在缺乏现代通信方式的情况下,如何了解英雄,以及如何参与点评他们呢?"月旦评"的应运而生,便迎合了大多数人的参与热情。

一、"月旦评"何以诞生

说到"月旦评"的诞生,还得先了解一下东汉的选举制度。

东汉的选举制度,是郡国太守和朝廷高官挑选有才德的人为茂才、孝廉,充当自己的僚属,前者为察举,后者为征辟。东汉后期,宦官专政不仅使政治黑暗,也垄断了仕途。察举也好,征辟也罢,都成了宦官党同伐异的手段,只要能为我所用就好,至于被选调上来的这些人的道德水准和学术水平,统统都是无所谓的。

这就严重地侵夺了士人的上进之路。这一时期,太学(汉代设在京师的全国最高教育机构)生已发展到三万余人,各郡县的儒生也很多,他们上进无门,就与官僚士大夫结合,在朝野形成一个庞大的官僚士大夫反宦官专权的社会政治力量。他们"激扬名声,互相题拂;品核公卿,裁量执政"。这就是所谓的"清议"。

所谓"激扬名声，互相题拂"，主要是比较廉正的官吏、士人、太学生等互相标榜。所谓"品核公卿，裁量执政"，主要是批评宦官专权乱政。

这些官僚士大夫认为自己是清流、名士，与作为宦官党羽的浊流豪族区别开来。士人通过清议品评人物，得到清议赞赏的人，身价倍增，仕途平步青云，被清议鄙视的人则寸步难行，无法仕进。可以说，清议评价已经成为汉末人士身上的招牌。

这就说到"累世公卿"之"月旦评"的组织者汝南许劭（150—195）。

顾名思义，"月旦"就是每个月的初一，"月旦评"就是每个月初一这一天，文人士子聚集在一起，共同品评人物，而且每月还会更换主题，社会名流各抒己见，好不热闹。

历史在大趋势上有必然性，而在具体问题上则充满了许多偶然性。"月旦评"出现在汝南，而不是洛阳、长安，这与汝南这个神奇的地方有关。

曹操曾与荀彧说过一段话，称赞"汝颍固多奇士"。汝是汝南郡，颍是颍川郡。

东汉汝南郡治平舆县（今河南省平舆县），领三十七县，辖境相当于今河南省颍河、淮河之间，京广铁路西侧一线以东，安徽省茨河、西淝河以西、淮河以北地区。东汉颍川郡治阳翟（今河南省禹州市），领三十七县，辖境包括今河南登封市、宝丰以东，尉氏、鄢城以西，新密市以南，叶县、舞阳以北。

东汉时期，汝南、颍川二郡南北相连，人杰地灵，水土丰沃，自先秦以来就是文化昌盛、经济发达、人口稠密之地，三国时汝南、颍川出现了大批名士。当汉末军阀混战之际，汝颍一带迭经战乱，士族人物不断向各地逃亡流寓，为各大实力派输送了不少人才。例如，袁绍集团中有郭图、郭嘉、荀彧、荀谌、辛评、辛毗、胡昭、应劭等，刘表集团中有荀攸、司马徽、杜袭、王儁、和洽、徐庶、石韬、孟建等，远在江东的孙吴集团中有吕蒙、吕范、程秉等。"月旦评"的两个主持者之一许靖，后来也辗转流寓到蜀中，成为刘璋（162—220）集团中的一员。

汝颖二郡士人极多，同气相投，才高互钦，互相拜访交游就成了极为自然之事。他们逐渐成为集儒士、地主和预备官员等身份为一体的世家大族的雏形。

"月旦评"的实际主持者许劭的从祖（祖父的兄弟或堂兄弟）许敬，以及许敬的儿子许训、孙子许相都位至三公。许氏"三世三公"，相比于汝南袁氏、弘农杨氏这类"四世三公"的大家族，可谓不遑多让。这些崛起中的世家大族，非常注重互相支持配合，形成抱团儿求生的势力派系。

而许劭恰好是这个群体中最善于发声的人，他所评论的也是世人最感兴趣的领域。

二、"月旦评"主将许劭

许劭，字子将，汝南平舆（今河南省平舆县射桥镇）人。

名士谢甄见到十八岁的许劭，赞叹道："这是稀世出众的伟人啊！"许劭年轻时喜欢读书，重视名声，有节操，喜欢品评人物，赏识不少人。如樊子昭本是卖帻小贩，虞永贤本是放牧小童，李淑才本是乡间之人，郭子瑜本是鞍马之吏，他们都得到了许劭的赏识而成名；许劭又引荐杨孝祖、和洽，这六个人最终都成为名扬当世的贤士。受到许劭拔育，最终显赫之人不可胜记。人们在谈到评价士人时，一致认为许劭有识人的眼光。

广陵人徐璆为汝南太守，听说许劭的大名，能揭察虚伪之事、贬损虚名之徒，就请他担任功曹。徐璆也是当世的名士，许劭便接受任命。府里听说许劭为功曹，没有不改变操守，谨饰言行的。许劭所称赞的人如龙一般高升，所贬低的人则如坠入深渊；他的评论公正盛行，又能以道德文教感化他人，众人都很信服他。

许劭对人才的评价，超出以往只论道德而不及实务的范畴，更偏重对人物实际能力的评价。《汝南先贤传》说，许劭"探摘伪行，抑损虚名，则周之单襄，无以尚也"。许劭的品评或许与其性格有关，例如他看不上族弟许相依附宦官而不与其来往，看不上族兄许靖而刻意排挤打击，即使对当世名流也敢出言品评。但他对人才的评价因而更加真实可信，得到了世人的认可。

因"月旦评"享有盛誉，只要在"月旦评"中被许劭给予好评，此人便身价百倍。后人视"月旦评"为天下第一评，被"月旦评"肯定者，在朝堂其风采和影响力甚至能超越公卿大臣。这种说法虽不无夸张，但也足见"月旦评"在历史上影响之深远。

名臣桥玄（110—184）一向以举贤任能闻名，他见到曹操后，一眼就看出此人前途不可估量，对其大加赞赏，还想在百年之后将妻儿托付给曹操照顾，两人遂结为忘年交。得到桥玄的肯定，曹操很高兴。但是桥玄认为，这样还不够，如此才华出众的青年才俊，应该让世人皆知。于是，桥玄要求曹操去请许劭评价自己，希望能得到许劭的认可，以扭转世人对曹操的负面评价。

没想到的是，曹操多次备厚礼去拜访，许劭却不愿做出评价。一是相对于书香门第，曹操父亲被过继给宦官做养子，而后跻身仕官之列，曹操也因此被人称为"赘阉遗丑"，口碑不佳。二是当时宦官当权，士人与宦官处于对立状态，在名士云集的汝南郡，曹操这样的身份自然是很尴尬且不受欢迎的。

曹操对许劭死缠烂打，外加威胁恐吓，许劭被折腾得没了脾气，只好给了他一句评语："清平之奸贼，乱世之英雄。"这句话在《资治通鉴》还有另一个版本："治世之能臣，乱世之奸雄。"曹操听了之后很高兴，满意而归。

在得到许劭的评价后，曹操由此声名鹊起。后来曹操挟天子以令诸侯，征讨四方，足以说明许劭对曹操的评价极具洞察力和前瞻性。

值得一提的是，许劭对曹操评价一事触动了后来的魏文帝曹丕，他认为不应寄雌黄于一人之口，而是应该创造一套属于自己的评价体系，便在陈群的建议下，创立了九品中正制，将评定人物的职能收归朝廷。可以说，"月旦评"开启了九品中正制的先河。

许劭出任汝南郡功曹期间，郡内大小官吏对他都很畏惧，纷纷检点自己的言行举止，害怕被他盯上，成为"月旦评"的话题。

袁绍出生于"四世三公"的汝南袁氏，家世显赫。只不过袁绍不是嫡出，他的母亲是一个侍婢。而作为袁氏嫡出的袁术，甚至称袁绍为家奴。袁绍对自己的这个弱点自然也有深刻的理解，他一方面为自己制造好的名声，另一方面竭力避免自己的负面舆论。

袁绍对同郡老乡许劭、许靖两人主持的"月旦评"久仰大名，非常忌惮，生怕在许氏兄弟那儿留下坏名声，得到许氏兄弟不好的评价。

一次，袁绍从濮阳令卸任，准备回老家。一路上随从众多，车马聚集。差不多快要行至汝南地界时，袁绍心想，这么豪华的阵仗要是让许劭他们见到，那我不就落了个坏名声？于是他便对身边的人说："吾舆服岂可使许子将见。"（《后汉书》）接着赶紧把车马遣散，自己独自乘一辆车回家去了。

那如何制造一个好的名声呢？《三国志》载："遭母丧，服竟，又追行父服，凡在冢庐六年。"

古代父母逝去而子女不前去守孝，最后身败名裂的例子数不胜数，汉代更是盛行以孝治天下。一般来说，因为母亲哺育孩子的时间是二十七个月，所以古代的子女为了报答母亲的恩情，也需要守孝二十七个月，只是时间跨度超过了两年，才有守孝三年之称。

袁绍为母亲服丧完毕，又接着为父亲守孝，共计六年，使自身的名望和号召力获得了极大的提升，对他以后招揽英雄豪杰起到了不可或缺的作用。

三、"月旦评"因何衰亡

许靖年轻时的名气比堂弟许劭稍差些，但也是誉满天下。然而，一山不容二虎，"月旦评"的这两位创始人，发展到后来，也走上了不和睦的道路。

主要责任在许劭，许劭做汝南功曹时，把许靖排斥在外，不给他从政的门路，许靖落魄到只能靠赶马拉磨来养活自己。直到汝南改换太守，许靖才得了计吏这个差事。

也正是因为兄弟俩窝里斗，无心经营，"月旦评"逐渐日落西山，不复当年。

许劭有识人之能，也有先见之明。东汉末年，天下大乱，汉室倾颓，许劭拒绝了来自朝廷的邀约，携一家老小前往徐州避难。

许劭到了徐州，徐州刺史陶谦以礼相待。许劭却认为"陶恭祖外慕名声，内非真正，待吾虽厚，其势必薄"（《后汉书》）。许劭就收拾行李走了。不久，陶谦果然对寄居在徐州的士大夫下手，把没来得及走的人逮捕入狱，许劭于是逃过一劫。

许靖和许劭想法不同，董卓进京，许靖想借此机会飞黄腾达。许靖因有识鉴人才之能，被董卓提拔，负责选拔人才，与尚书周毖一同举荐韩馥为冀州牧。刘岱为兖州刺史，孔伷为豫州刺史，张邈为陈留太守。然而，万万没想到的是，这些人到任后，第二年全反了，都加入关东联军讨伐董卓。许靖因此得罪了董卓，只好逃离洛阳。

智者千虑，必有一失，而许劭也有看走眼的时候。在离开陶谦之后，许劭投奔的对象是汉室宗亲，时任扬州刺史的刘繇。

公元195年，孙策带兵东渡，意图占据江东，并脱离袁术控制。刘繇发岌可危, 有部下推荐以太史慈为大将, 带兵退敌。然而, 许劭对太史慈的评价不高。刘繇便没有任太史慈为大将, 反倒将侦察这样的简单任务交给他。正巧, 太史慈与手下一名骑卒在查探军情的过程中, 遇到了孙策及其部下十三骑, 双方在神亭短兵相接, 直到兵马赶到, 两人才得以分开。

刘繇用人不当, 将太史慈大材小用, 成就了孙策与太史慈的神亭酣战, 自己却很快丢了地盘。太史慈则得遇明主, 归了孙策。对太史慈的偏见, 或许是许劭人生最后一次评价人物, 只可惜这一次, 他看错了人。在东汉末年, 太史慈是可以和关羽、赵云、马超等人相提并论的猛将。因此, 太史慈的离开, 自然是刘繇的一大损失。

面对咄咄逼人的孙策, 许劭跟随战败的刘繇逃往豫章投靠刘表, 不久因病去世, 终年四十六岁。自此, "月旦评"彻底消失于历史的尘烟之中。

表面上看, "月旦评"是一种简单的点评时人的方式, 却发挥着重要的针砭时弊的作用。许劭借此来品评时代人物, 并以此为契机弘扬真善美与儒家文化, 希望能够达到维护朝野与社会秩序的目的。尽管"月旦评"在社会上并没有持续太长时间, 但它给时人以及后人留下的, 却是一笔永久的财富。

第十章

马融与郑玄:"累世经学"之汉末大儒师徒

《三国演义》的开篇,是以张角领导的黄巾起义作为大背景开始叙述的。正是因为有了黄巾起义,才有了刘关张桃园三结义和刘备的崛起。而要说到刘备的崛起,就必须要说到同样出现在《三国演义》第一回中的刘备拜过师的卢植的恩师马融和卢植的同学郑玄(127—200)。

一、海内大儒说马融

马融,字季长,伏波将军马援的从孙,扶风茂陵(今陕西省兴平市)人。

马融长相奇伟,善于言辞,少时随隐居终南山的关西大儒挚恂学习。挚恂喜爱马融的才华,将女儿嫁与马融为妻。公元108年,大将军邓骘想请他为舍人,马融不愿折节侍奉权贵,借故西走凉州,客居于凉州的武都(今甘肃省成县)、汉阳(今甘肃省甘谷县)二郡间。不久,羌人作乱,西陲陇亩荒芜,粮价猛涨,哀鸿遍野,饿殍遍地,马融困于饥饿,被迫投奔邓骘。公元112年,经邓骘推荐,马融被拜为校书郎中,负责校典秘书。

此时,邓太后临朝,邓骘兄弟得势,一些缺乏卓识远见的文人宣扬"文德可兴,武功宜废"。于是,朝廷便下令停止了渔猎与军事演习。马融认为,这种偏文废武的做法势必削弱国防力量,造成外敌侵入和内乱,便以"文武之道,圣贤不坠,五才之用,国家不能偏废"为论点,写成了一篇名曰《广成颂》的策论,送汉安帝刘祜御览。

《广成颂》长达一千四百余言，深刻地论述了国家要想长治久安，必须施行仁政，努力发展生产，增强武力，以扬国威的道理。其中不仅把国家的军事建设当作巩固国防的一项措施来讲，还把军事演习提到了文化建设的高度。但它触及了邓太后及其同党的偏见，马融竟遭罢官受禁，直到邓太后去世，马融才复被用，任为河间王长史。

公元121年，马融受到汉安帝刘祜器重，补为郎中。公元133年，马融被补为武都太守。马融上任不久，又遇羌人作乱。征西将军马贤与护羌校尉胡畴征战不力。马融上表毛遂自荐，未被准许。后来，马贤、胡畴果然兵败西羌。

此后，马融又由武都太守迁任南郡（今湖北省江陵市）太守，因与大将军梁冀不和，梁冀诬奏马融有贪污行为。马融不仅被免官，还被处以削发流配之罪。后经马融自我辩白，才得赦免，仍授议郎之职，在朝校点著作。

马融之学，属于古文经学中的一种典型。在儒家经学的发展史上，马融开始了综合各家、遍注群经这种带有开创性的工作。他的经注成就，使古文经学达到成熟的境地，预示着汉代经学发展将步入新的时期。

马融长期在东观（东汉宫廷中贮藏档案、典籍和从事校书、著述的处所，位于洛阳南宫）校书著述，为他能综合各家之学，遍注古文经典，提供了十分有利的条件。马融善于汲取前人的学术研究成果，他曾经想注解《左氏春秋》，见了著名经学家贾逵（30—101）和郑众的注解，就说："贾君精而不博，郑君博而不精。有精有博，我没有什么说的了。"马融综合了贾、郑二家的优点，撰成《春秋三传异同说》，是"春秋学"集大成的一部专著。马融还曾与北地太守刘环讨论过"春秋学"的一些分歧问题。据考证，马融注《易》源于《费氏易》，又杂采子夏（前507—前400）之说以及孟氏、梁丘氏、京房氏诸家《易》学。注《尚书》，取郑氏父子和贾逵之说。注《诗》，除《毛氏诗》外，兼采《韩诗》。此外，马融还注《三礼》《孝经》《论语》

《老子》《淮南子》《离骚》《列女传》等。

马融才高，学识渊博，是当世的通儒。他教授门徒，常有千人之多。涿郡人卢植、北海人郑玄，都是他的学生。马融性格放达任性，不为儒者的小节所拘。他的房屋器用衣物，都崇尚奢侈，常常坐高堂，挂红纱帐，前面教授门徒，帐后设置女乐。他的弟子按顺序传授，很少有进入室内的。马融还擅长鼓琴，好吹笛，任性而为，"不拘儒者之节"。马融"前授生徒，后列女乐"的做法，对以后魏晋清谈家的破弃礼教产生了一定的影响。

唐代时，马融配享孔子；宋代时，马融被追封为扶风伯。

二、汉末之通儒郑玄

郑玄，字康成，北海高密（今山东省高密市）人。

汉代经学兴盛，有今文经学和古文经学之争。皇帝为了凸显儒学地位，在朝廷置博士官，用以专门研究与传承儒学。很多人毕生能够研究透一部经已经是硕学大儒了，所以有皓首穷经之说，也就是从幼童开始学习，到了晚年头发白了才能掌握一部经典。但郑玄兼通今文经学与古文经学，可以说是一位天才，因此有"经是郑学"的说法。他以毕生精力整理并遍注儒家经典，著有《天文七政论》《中侯》等书。贞观年间，郑玄位于"二十二先师"之列，配享太庙。

很多伟大的人物在幼年时往往有超出凡人的表现，郑玄也不例外。他从小就开始学习六书、九学之学，八九岁就能精通算术。十二三岁时，就能讲诵《诗》《书》《礼》《易》《春秋》五经了。当然，除了天赋之外，更多的还是后天的努力。

十一二岁的时候，郑玄曾随母亲到外祖家做客，在座的十多位客人都衣着华美，一个个言语清爽，侃侃而谈，显得很有地位和派头。郑玄却不以为然，觉得这些庸俗的场面"非我所志，不在所愿也"。郑玄十六岁时，不仅精通儒家经典与典章制度，就连谶纬方术之学也精熟。

郑玄虽然立志于潜心钻研经学，并已具有了一定的经学造诣，但由于家境贫寒，生活困苦，没有条件继续专门攻读。在十八岁那年，他不得不出仕，充任乡啬夫（古代主管役赋的乡吏）之职。

但郑玄不安于乡吏的工作，不愿为吏以谋生，一心向往研究学术。当时的名士杜密任泰山太守、北海相，到高密县巡视时见到郑玄，认为他是一个不可多得的人才，就把他升调到郡里任职，使他得到学习和深造的机会。到了北海郡不久，郑玄又辞去公职，入太学授业。他的老师第五元先，是当时京兆平陵（今陕西省西安市长安区）的大姓，曾任兖州刺史，是一位很有学问的经学博士。郑玄从师第五元先，先后学了《京氏易》《公羊春秋》《三统历》《九章算术》等，都达到了通晓的程度。

郑玄师事第五元先后，又从东郡张恭祖学习了《周官》《礼记》《左氏春秋》《韩诗》《古文尚书》等书，又从陈球（118—179）受业，学习了《律令》。郑玄的青年时代匆忙而充实，到了而立之年后，他的学问在山东（崤山或华山以东）已经可以说是首屈一指、无出其右了。

当他感到关东（函谷关以东）学者已经无人再可请教的时候，便通过友人卢植的关系，离开故国，千里迢迢西入关中，拜扶风人马融为师，以求进一步深造。

马融为人比较矜贵和讲究，虽然门徒众多，但他只亲自面授少数高材生，其余学生则由这些高材生转相授业。郑玄投学到马融门下后，三年不为马融所看重，甚至一直没能见到他的面，只能听其高足弟子的讲授。但郑玄并未因此而放松学习，毫无怠倦。有一次，马融和他的一些高足弟子在一起演算浑天问题，遇到了疑难而不能自解。有人说郑玄精于数学，于是就把他召去相见。郑玄当场很快就圆满地解决了问题，使马融与在场的弟子都惊服不已。自此以后，马融对郑玄十分看重。

郑玄在马融门下学习了七年，因父母年迈需要归养，就向马融告辞返回山东故里。马融此时已经感到郑玄是个了不起的人才，甚至会超过自己，他深有感慨地对弟子们说："郑生今去，吾道东矣！"意思是说，由他承传的儒家学术思想，一定会由于郑玄的传播而在关东（函谷关以东）发扬光大。

从马融那里学成回乡后，郑玄已经四十多岁了。这时他已成为全国精通今古文经学的大师了，百家之学无所不通，于是远近有数百上千人投到他的门下。当时他家里还很贫穷，便"客耕东莱"，一面种田维持生计，一面教授门徒。

黄巾起义爆发后，朝廷当政者对郑玄的大名已早有所闻，于是争相聘请他入朝担任要职。但郑玄求名而不求官，大多在家乡隐居，聚徒讲学，著书立说。他的学生常常超过千人，为一时之盛。

公元198年，汉献帝刘协征郑玄为大司农，位列九卿，给安车一乘，所过郡县长吏送迎。郑玄在家拜受后，便乘安车至许昌，但马上又借口有病，请求告老还乡。他虽然并未到任就职，但已经拜受此命，故世人称他为郑司农。

公元200年，郑玄已经七十四岁了，在自己颠沛流离、身体抱恙之时，也仍然在坚持注释《周易》一书。

第十一章

皇甫嵩与朱儁：并以上将之略，威声满天下

提起皇甫嵩与朱儁这两个黄巾起义的平定者，范晔《后汉书》有言："皇甫嵩、朱儁并以上将之略，受脤仓卒之时。及其功成师克，威声满天下。"他们二人本可在汉末三国的历史中扮演关键角色，开创一番新局面，最终却都以不同的方式无声离去，未能改变乾坤。众人或许仍会感慨英雄之命多舛，但这绝不意味着他们的故事就此湮灭。当拂去历史的尘埃，他们的光辉形象也就唤醒了我们自己的责任与使命。

《后汉书》记载："黄巾军共有大小三十六方军队，其中大方万余人，小方六七千人，势力遍及中原八州，先后有超过百万民众和士兵加入其中。"在此规模之下，东汉王朝只能借助于地方势力，最终才将黄巾军镇压。因此在后世眼中，黄巾军全是靠曹刘孙这样的各地豪杰平定的。但事实上，东汉朝廷中还有一员低调的猛将，曾以一己之力斩下黄巾军三大首领的头颅。此人便是有汉末第一良将之称的皇甫嵩。

一、皇甫嵩忧国扶民

皇甫嵩，字义真，安定朝那（今宁夏回族自治区彭阳县）人。

皇甫嵩的叔叔皇甫规（104—174）是"凉州三明"之一。东汉末期同属凉州的三位杰出的军事将领是皇甫规、张奂与段颎。皇甫规字威明，张奂字然明，段颎字纪明，因为三人的表字都有个"明"字，又都在治羌中立功扬

名，故而在当时被称为"凉州三明"。这三人，在对羌战争中都有过杰出的战绩，在羌人中也有很高威望。

皇甫嵩的父亲皇甫节曾任雁门郡太守，久为边将。皇甫嵩少年时便有文武志介，好诗书，熟习弓马。汉灵帝刘宏以公车征辟他为侍郎，迁任北地太守。

公元184年黄巾起义爆发后，东汉朝廷马上采取镇压措施。汉灵帝首先命各州郡在洛阳外围的八个关隘——函谷、太谷、广成、伊阙、轘辕、旋门、孟津、小平津设置都尉，布防护卫；接着，任命何进为大将军，率左、右羽林军屯驻都亭；朝廷还采纳了皇甫嵩和中常侍吕强的建议，解除党禁，赦免天下党人，拿出中藏钱和西园厩马赐给将士；另外，汉灵帝刘宏又起用卢植为北中郎将、皇甫嵩为左中郎将、朱儁为右中郎将，各持节，调发全国精兵分击黄巾军。其中，皇甫嵩平黄巾之乱厥功至伟。

皇甫嵩先是与朱儁调发五校（北军五校，为中央主要常备军，即屯骑、越骑、步兵、长水、射声五校尉所将宿卫兵）三河（河东、河内、河南）骑兵，同时招募精壮之士，共计四万多人。二人各率一部，共同镇压颍川黄巾军。

朱儁与黄巾军波才部作战失败后，皇甫嵩退守长社（今河南省长葛市），波才率军围城。当时城中兵少，众寡悬殊，军中震恐。皇甫嵩安慰部下说："用兵有奇变，而不在兵数量多少。现在贼人依草结营，容易因风起火。如果乘黑夜放火焚烧，他们一定惊恐散乱，我出兵攻击，四面合围，田单守即墨用火牛攻燕而获胜的功劳就可以实现。"天遂人愿，当晚大风骤起。皇甫嵩命令将士扎好火把登上城墙，先派精锐潜出围外，纵火大呼，然后城上点燃火把，与之呼应。皇甫嵩借此声势，鸣鼓冲出。黄巾军缺乏战斗经验，惊慌散乱，被迫后撤。这时，骑都尉曹操也奉命赶来，于是皇甫嵩、曹操、朱儁合兵再战，大破黄巾军，斩首数万级。皇甫嵩被封为都乡侯。

皇甫嵩随后又和朱儁一起乘胜镇压汝南和陈的黄巾军，并追击波才、进攻彭脱，都取得了胜利。黄巾军或降或散，三郡全部平定。

这年秋，皇甫嵩又在仓亭（今山东省阳谷县）击败黄巾卜已部，擒获卜已，斩首七千余级（一作万余级）。这时，张角占据广宗，控制河北腹地，此前卢植出征为宦官所诬，被召回，减死罪一等。继任的董卓也因攻黄巾不利而征回，减死罪一等。于是朝廷下诏命皇甫嵩率兵进击。

在这紧要关头，张角病死，其弟张梁继而守卫广宗。这年冬，皇甫嵩在广宗与张梁军大战，张梁的部队精勇，皇甫嵩不能攻克。第二日，皇甫嵩便闭营休士，以观其变。黄巾军稍微松懈。当夜，皇甫嵩整顿军队，在鸡鸣时分，率领汉军杀出，直杀向敌阵，双方大战至晡时（下午三时到五时），皇甫嵩大破黄巾军，斩杀张梁，斩首三万级，投河而死的有五万多人。皇甫嵩焚烧黄巾辎重车三万多辆，黄巾军的老弱妇幼全部被擒，皇甫嵩缴获甚多。皇甫嵩将张角的坟墓挖开，剖棺戮尸，将首级传送至京师。

随后，皇甫嵩又与巨鹿太守郭典攻克下曲阳（今河北省晋州市西北），杀死张角弟张宝，俘杀十余万人。皇甫嵩在城南将十万人的尸骨筑成了"京观"。朝廷任皇甫嵩为左车骑将军，领冀州牧，并晋封他为槐里侯，食槐里（今陕西省兴平市）、美阳（今陕西省扶风县）两县的租税，食邑共八千户。

平定黄巾主力之后，皇甫嵩奏请免除冀州一年田租，用来赡养饥民，灵帝听从他的建议。史载百姓作歌说："天下大乱兮市为墟，母不保子兮妻失夫，赖得皇甫兮复安居。"（《后汉书》）

公元188年，皇甫嵩又奉命解陈仓（今陕西省宝鸡市）之围。他以疲兵之计静待围城的凉州王国叛军困乏不堪。待王国于次年主动撤围时，皇甫嵩果断率军出击，连战连捷，斩杀叛军一万多人。

在皇甫嵩报捷之际，病重的汉灵帝任命董卓为并州牧，让他把部队交给皇甫嵩统领。董卓不肯奉命。皇甫嵩的侄子皇甫郦劝他对抗董卓，但皇甫嵩认为应该让朝廷来处理此事。于是，皇甫嵩将此事上奏，朝廷责备董卓，董卓对皇甫嵩更增怨恨。

公元190年，掌控了东汉朝廷的董卓征京兆尹盖勋（141—191）为议郎，皇甫嵩当时统精兵三万驻扎在右扶风（治槐里），盖勋秘密与皇甫嵩商议讨伐董卓。但董卓同时也召皇甫嵩为城门校尉，想寻找机会将他杀掉。皇甫嵩应召，盖勋因自己兵弱不能独立，也回到洛阳。皇甫嵩一到，主管官员便秉承董卓之意，上奏朝廷，将他交付审判，想把他杀掉。

皇甫嵩的儿子皇甫坚寿跟董卓有交情，从长安跑到洛阳，投奔董卓。董卓正摆设酒宴，大会宾朋，皇甫坚寿抢步向前，与他辩理，且责以大义，叩头落泪。在座的宾客深受感动，纷纷替皇甫嵩求情。董卓这才离席而起，拉皇甫坚寿和自己同坐，并派人释放皇甫嵩，任命皇甫嵩为议郎，后又升皇甫嵩为御史中丞。

两年后，董卓被杀，皇甫嵩被任命为征西将军，屠灭董卓全族，结束了与董卓的恩怨。然而，凉州军仍然强大，王允（137—192）拒绝了让皇甫嵩安抚凉州军的建议，导致朝廷更加动荡。最终，皇甫嵩在政治上未能发挥作用，于公元195年病逝。

二、朱儁威声满天下

朱儁，字公伟，会稽郡上虞县（今浙江省绍兴市上虞区）人。

朱儁少年时期，父亲就去世了，他的母亲曾经以贩缯为家业。朱儁好学，因孝养母亲而远近闻名，在县里担任门下书佐。他为人好义轻财，乡里都敬重他。

当时，同郡的周规因才华出众被征召。然而按照当时的规定，周规在上任之前需要先交一笔钱。这项规定实际上源自汉桓帝刘志。汉桓帝下令，要求所有官员在上任之前必须先交一笔钱，其金额可能相当于该官员在任期内十年至二十年的俸禄。周规家庭条件十分贫困，显然支付不起这笔款项。根据当时的规定，就算周规不愿前去，也无可避免，因为不去就等同于抗拒命令。而即便前去应召，他也无力交纳此费用。为此，当地政府制定了一项规定：若有人被朝廷征召却支付不起这笔费用，可先向官府借款，待日后领到俸禄后再偿还。后来当地官府或许陷入财政困境，竟突然要求周规立刻清偿债务。就在这关键时刻，周规得到了同乡朱儁的帮助。朱儁居然把自己母亲卖的丝织品偷出帮助周规还钱。朱儁母亲责备他，他却说："小损当大益，初贫后富，必然理也。"

此事之后，朱儁的名声迅速传播开来，并得到当地太守的赏识，被推荐到会稽郡任职。不久，会稽太守尹端晋升朱儁做了主簿。公元173年，尹端因为征剿贼寇许昭失利，被扬州刺史府参奏，按朝廷律令将会给尹太守定罪斩首弃市。朱儁偷偷跑到京师洛阳，拿出家中数百金贿赂主管地方奏章的官吏，才得以更改扬州刺史府的参奏，后来尹端仅仅是发配到左校署去做事。

不久，朱儁任兰陵县令。公元178年，朱儁官拜交州刺史，因为镇压叛乱有功，朝廷册封他做了都亭侯，并赐黄金五十斤，不久又征召他回京做了谏议大夫。

黄巾起义爆发后，汉灵帝刘宏任命朱儁做右中郎将，持天子符节。朱儁与左中郎将皇甫嵩一起征讨了颍川、汝南、陈等郡直接威胁洛阳的黄巾大军，并且很快将他们全部平定。皇甫嵩将所有的战事全部上表，并且把战功全部归到朱儁身上，朱儁因此被晋封为西乡侯，同时晋升为镇贼中郎将。

此时，恰逢南阳一带黄巾军张曼成聚众数万，起兵斩杀郡守褚贡，并屯兵宛城百余日，吓得汉灵帝惊慌不已。后来南阳太守秦颉击杀张曼成，可黄巾人马又推赵弘为大帅，人马更加众多，居然多达十余万，依旧占据宛城。汉灵帝只好召来朱儁前往对付。朱儁最终将赵弘斩于马下。

　　黄巾军残部大帅韩忠后来又占据宛城抗拒朱儁，朱儁兵少不敌，便筑起堡垒准备打消耗战，汉军筑起的土山全部对准了宛城，然后朱儁命汉军鸣鼓攻城西南，全城黄巾军全部冲往西南驰援。这时朱儁自率精兵五千从东北面发动突袭，一口气杀入了城中，韩忠带着手下出战突围，朱儁立马挥军进击，大破黄巾军，一口气乘胜追杀了数十里，斩首一万余级。黄巾余众又推孙夏做大帅，再次返回宛城据守顽抗，朱儁再次发兵急攻，孙夏逃走。汉军追至西鄂精山，又将其击败，斩杀了一万余人，黄巾军残部这才全部瓦解溃散。

　　第二年春，汉灵帝派来使者持天子符节任命朱儁为右车骑将军，并命他振旅班师。朱儁回到京师之后，汉灵帝任其为光禄大夫，增加食邑五千，又改封他为钱塘侯。不久，朱儁又被任命为将作大匠，后又转任少府、太仆等要职。

　　黄巾大军被平定之后，又有黑山、黄龙、白波、左校、郭大贤、于氐根、青牛角、张白骑、刘石、左髭丈八、平汉、大计、司隶、掾哉、雷公、浮云、飞燕、白雀、杨凤、于毒、五鹿、李大目、白绕、眭固等纷纷起事，使得东汉朝廷极为头疼。其中，常山人张燕带军逼近京师洛阳，汉灵帝派出朱儁前往河内做太守，朱儁带着自己的家将家兵迎击张燕，一口气将他击退。

　　董卓掌握了朝廷大权之后，非常忌惮朱儁这样的名臣宿将，表面对他非常亲近，内心却非常害怕。等袁绍带着关东诸侯大张旗鼓起兵勤王之时，董卓决定迁都长安躲避，而朱儁则坚决反对。董卓虽然厌恶朱儁与自己意见不合，却想借助他的威名来抬高自己，于是向汉献帝刘协上表晋升朱儁做太仆，来作为自己的副手。朱儁坚决不肯接受。董卓只好任命弘农人杨懿做河南府尹留守洛阳。

　　朱儁带兵回到洛阳，将杨懿赶走后，发檄文到天下各州郡，请天下勤王师共同讨伐董卓。徐州刺史陶谦立马派出精兵三千余，又向汉献帝上表朱儁为车骑大将军。董卓立马派出李傕、郭汜（？—197）等人带兵数万冲往河南对抗朱儁。朱儁挥兵逆击，结果却被西凉大军打得大败亏输，朱儁自知不敌西凉军，只得坚守本关不敢再往西进兵了。

董卓被杀之后，李傕、郭汜又打了起来。而此时朱儁还在中牟，陶谦认为朱儁是名臣，为朝廷立下了许多战功，可以成就大事，就与天下诸豪杰共推朱儁做太师，向天下发檄文，要大家一起受朱儁的带领共讨李傕等西凉叛将，然后奉迎天子回京。

此时，李傕居然采用了太尉周忠、尚书贾诩的计策，以汉献帝名义征召朱儁入朝去长安。朱儁麾下将吏都害怕入关西行，就想响应陶谦等关东诸侯与长安对抗。朱儁则说道："以君召臣，大义之下臣能不去吗？更何况是天子明诏！且李傕、郭汜不过是些小丑，樊稠也不过是个庸儿，并无远略，他们之间本就势力相敌，长安一定会发生大的变难，我过去之后，正好乘隙救驾，大事可济也！"于是，朱儁向陶谦辞行，然后起身西行就征，在长安再次做了太仆。

公元193年，朱儁做了太尉、录尚书事。第二年秋，因为天上出现了日食，三公要替天子挡灾，朱儁的太尉之职就被罢免了，而改任代理骠骑大将军，同时持天子符节出镇关东。朱儁还没有启程，李傕便斩杀了樊稠，又与郭汜发生了矛盾，双方展开了大战，长安大乱。朱儁没法前往洛阳，就留在长安，拜大司农一职。汉献帝刘协传诏朱儁与太尉杨彪（142—225）等十余位大臣前往劝说郭汜，令他与李傕讲和，郭汜却不肯接受，并且将朱儁留在自己军营作为人质。朱儁素来刚烈，当天就在郭汜军营中病发暴卒了。

皇甫嵩与朱儁立下大功后，不居功自傲，不拥兵自重，但进取不足，没有余力也无暇对地方军阀进行有力且有效的制裁，导致群雄割据的局面无可挽回地形成，东汉政权也只能苟延残喘，最终走向覆灭。

第十二章

引狼入室的大将军何进：屠户如何开启乱世

黄巾起义的领导者张角起事之初，汉灵帝刘宏忙以何进为大将军，负责镇压张角领导的黄巾起义。那何进是何许人？汉灵帝为何会如此信任他？他与三国乱世的形成又有什么关系呢？

一、屠户一变为将军

大将军在汉朝位列三公之上，权势很大，可以说一人之下万人之上，像西汉大败匈奴的卫青（？—前106）因为战功卓著而被封为大将军，可谓权势滔天。但在东汉末年，有一位宰羊出身的屠户，强力逆袭成为威武的大将军，权倾一时。他就是汉灵帝刘宏的大舅子何进。

何进究竟是如何从宰羊出身的屠户摇身一变成为大将军的呢？先说明一下，有文章说何进是杀猪的出身，《后汉书·何进传》明确写道："进自屠羊。"唐朝的章怀太子李贤（655—684）注曰"进本屠家子"。故而，何进是宰羊出身的屠户，这是有依据的。

何进乃南阳郡宛县人。东汉时期南阳郡属于荆州，是荆州最北边的一个郡，离都城也就是大约二百公里的路程。

何进所处的时代，社会等级是按士、农、工、商来划分的，屠户属于社会的最低等级。何进的父亲何真中年丧妻，给何进娶了个后妈。这个后妈是个寡妇，还带了个儿子，就是何进的弟弟何苗。后来，何进的后妈又给他生了两个妹妹，其中一个就是日后的何皇后，另一个成为"十常侍"之首张让的儿媳妇。后来，何进的父亲何真去世了，作为长子的何进就承担起了家庭的重担。虽然屠户的地位不高，但是相比普通百姓来说，还是比较有钱的。若干年过去，两个妹妹也长大了，天生丽质、楚楚动人。

恰逢汉灵帝刘宏选妃，何进重金贿赂前来诏选的宦官郭胜（与何进是同乡），何进的妹妹就被选进宫中。时隔不久，何进的妹妹为皇上生下了儿子刘辩。在刘辩之前，汉灵帝也有好几个皇子，但是大部分都夭折了。当何进的妹妹为汉灵帝诞下皇子之后，马上被封为贵人。何进也从此开始了他的发迹之路。

在此之前，何进已经进宫被封为郎中，没什么大的权力。这一次，因为有了何贵人吹枕边风，很快何进被任命为负责保卫皇帝安全的虎贲中郎将，并被派往颍川郡做太守。

颍川郡在河南许昌一带，当时的治所在阳翟，这里离洛阳不到一百五十公里，算是离都城洛阳最近的几个郡之一了。

由于地处中原，颍川郡自设立以来，一直是人口密集、商贾众多的繁华之地，经济文化非常繁荣，再加上交通便利、靠近都城洛阳等区位优势，东汉名士多聚集于此：荀彧、荀攸叔侄，郭嘉，陈群，戏志才，钟繇（151—230），徐庶，水镜先生司马徽，都出自颍川郡一带。由此可见，东汉末年出自颍川的著名人才，几乎占据了天下之半。

所以，颍川是当时的何贵人能为哥哥争取到的最好的地方了。

此时，恰逢汉灵帝的第一任皇后宋皇后被人陷害，而汉灵帝素来不喜欢宋皇后，正想找个借口废后，便顺水推舟将宋皇后打入冷宫，宋皇后的家人也全部被杀。两年之后，汉灵帝便立了何贵人为皇后。何进再度被召回宫中任侍中，升任将作大匠，出任河南尹。不但官职连升了好多级，更重要的是作为侍中离皇帝更近了。

将作大匠是个负责搞建设的肥差，修建宫殿、陵寝、宗庙这些都由将作大匠负责。何家刚开始发迹，缺钱不好办事，何皇后就给她哥哥谋了这么个有油水的职位。河南尹实际就是河南郡的太守，但因为河南郡有都城洛阳，而改称"尹"。这个职位是京师的一把手，管辖都城洛阳周围十余个县，这职位可是实打实的，也说明汉灵帝非常信任他这个大舅子。

俗话说，花无百日红。汉灵帝喜新厌旧，王美人进宫后颇为受宠，何皇后失宠。王美人也很争气，入宫不久便怀孕了，为了不让何皇后看出来，每次给皇后请安，她都勒紧腰带。但是纸包不住火，王美人怀孕的事最后还是被何皇后知道了。为了活命，王美人想要打掉胎儿，可谁能想到，喝了好几次堕胎药，胎儿仍然纹丝不动。王美人认为是天命，于是极力保护，生了胎儿。但是何皇后又怎会善罢甘休，在王美人生下皇子刘协后，她假意送药，把王美人毒死了。汉灵帝得知王美人的死讯，怒不可遏，下令要杀了何皇后给王美人报仇，这下何皇后才知道皇上动真格了，赶紧买通皇帝身边的宦官。最后在宦官的极力阻拦之下，何皇后才得以保命。虽然汉灵帝没有杀了何皇后，但是经过这件事，汉灵帝对何皇后也已经死心了。为保护他和王美人的孩子，汉灵帝把刘协交给自己的母亲董太后抚养。

不过，汉灵帝与何皇后之间的矛盾，丝毫没有影响到何进的远大前程。

黄巾起义时，何进被任命为大将军，统率全军，并亲自坐镇守卫京师。袁绍、曹操都是何进的手下。何进及时发现并逮捕了张角的弟子马元义，以及隐藏在皇帝身边的内应中常侍封谞、徐奉，从而打乱了张角的起义计划，一定意义上来说，黄巾起义能够很快被镇压，何进有很大的功劳。汉灵帝因此封他为慎侯。

公元187年，都城洛阳东百十来公里的荥阳又发生暴乱，何进的弟弟何苗（当时已是河南尹）领兵平乱，回师以后被封为车骑将军、济阳侯。此时，汉朝三大将军分别是大将军、骠骑将军、车骑将军，何家占了两个，加上何皇后，何家的势力达到了前所未有的强大。

二、引狼入室焚自身

东汉年间，作为重要的武官，校尉的权力达到鼎盛，其地位仅次于将军。校尉手下有自己统领的军队，而将军却不一定有自己的军队。

为分散外戚大将军何进兵权，汉灵帝于公元188年秋在京都洛阳西园招募壮丁设立了"西园八校尉"，任命小黄门蹇硕为上军校尉，虎贲中郎将袁绍担任中军校尉，屯骑校尉鲍鸿担任下军校尉，议郎曹操担任典军校尉，赵融担任助军左校尉，冯芳担任助军右校尉，谏议大夫夏牟担任左校尉，淳于琼担任右校尉，都由蹇硕统一指挥。

自黄巾军起义爆发后，汉灵帝开始留心军事。蹇硕身体壮健，又有武略，汉灵帝因此非常亲近信任他，以他为元帅，典护诸将，督司隶校尉以下，即便是大将军何进都统属于蹇硕。

蹇硕虽然在朝廷专掌兵权，但忌恨大将军何进兵强马壮，打算把何进调到外地，于是离间他和汉灵帝。蹇硕与诸常侍共同劝说汉灵帝，要他派何进西击边章、韩遂。汉灵帝听从，赏赐何进兵车百辆，虎贲斧钺。何进知道这是阴谋，于是上奏请派袁绍东发徐、兖二州兵，等袁绍返回来之后立即出兵，借此拖延时间。

时光荏苒，何皇后的儿子刘辩和小婴儿刘协渐渐长大，汉灵帝看着举止轻浮的刘辩，再看看小八岁但举止得体的刘协，不由得一阵心酸。他既心痛王美人惨死，又怜惜刘协小小年纪没了娘，就作了《追德赋》和《令仪颂》来悼念王美人。

孩子长到八九岁，朝臣开始上书，要求立太子。汉灵帝虽然当皇帝业绩很一般，但眼光还是很独到的。他一眼就看出刘辩举止轻佻，毫无威仪，觉得他不是做皇帝的料，从内心里就喜欢大方稳重的刘协，这就有了"废嫡立庶"的想法。当然，在那个时候，"废嫡立庶"这种做法是违反传统习惯的，不仅会引发朝臣的谏阻，还会招致全国舆论的广泛批评，所以汉灵帝迟迟不能落实。没承想，不久，汉灵帝一病而亡。

据历史文献记载，汉灵帝临终前，把后事托付给宦官小黄门蹇硕，嘱咐他设法拥立刘协为帝。但汉灵帝到底是因为蹇硕手握兵权，才把废嫡立庶的大事嘱托给他，还是因为蹇硕掌握军权后激发出了野心，于是诈称有汉灵帝遗命要废刘辩立刘协，因史料没有明说，所以后世已无法定论。

汉灵帝活着的时候不曾废嫡立庶，汉灵帝死后，一个宦官却跳出来要干此事，无论其动机如何，在法律上都是说不过去的，如果没有雄厚实力基本办不到。蹇硕虽然是名义上的八校尉之首，但其余七个校尉未必肯真心听其号令，更不要说唯其马首是瞻了。

况且八校尉设立不过一年，京师洛阳还有其他的兵马。朝廷其他军队归谁统辖呢？外戚何进是名义上的大将军，理论上天下的军队都该听其调遣。何进贵为国舅，是货真价实的皇亲国戚，在讲究门第出身的东汉很容易受人拥戴。宦官地位再高，在世俗的眼里也是个刑余之人，是微贱之辈，被大家鄙夷，无人肯接受其约束或甘愿听其号令的。

由此看来，宦官小黄门蹇硕要废刘辩立刘协，不仅名不正言不顺，而且在实力上也干不过"手握重兵"的大将军何进，若在明面上与何进斗，肯定死无葬身之地。所以，蹇硕只有用阴计把何进诱骗进宫后，再一举诛杀。在皇宫外是何进的势力范围，而宫里是宦官势力大，宫禁森严，敢攻皇宫就形同造反。因此，即便蹇硕杀了何进，也无人敢于冒造反的嫌疑而轻易进攻皇宫。

问题在于，蹇硕如果真的能把大将军何进诓骗进宫然后杀掉，那么他废嫡立庶的希望，真的能够实现吗？但是蹇硕却忘了好好盘查身边人的忠心程度。何进刚一入宫，早就跟何进勾搭的蹇硕的手下司马潘隐，一个眼色递给何进，何进立马落荒而逃，跑到自己的大营召集了几百士兵站岗，将自己府邸里三层外三层围个水泄不通，并派人出去说自己生病了，随后在府邸中蒙头大睡，闭门不出。

经过一番谋划，何进让袁绍先带领五千御林军，控制宫廷。等一切安妥之后，何进引何颙、荀攸、郑泰等大臣三十余员，相继而入，在汉灵帝灵柩前，扶立太子刘辩即皇帝位，何进与太傅袁隗辅政，兼宰相之职。蹇硕知事情败露，准备逃走，却为中常侍郭胜所杀，其所辖制的御林军则归顺何进。就在这时，袁绍向何进进言，建议趁机诛杀所有宦官，以绝后患。听了袁绍的建议，何进默许了。

得知消息后，"十常侍"之首张让跪求自己的儿媳，也就是何太后的妹妹，表明忠心和立场。何太后也需要培植效忠自己的势力，两人一拍即合。从这也可以看出，张让确实懂得审时度势。

随后，何太后宣何进进宫，表明态度：挑事的宦官蹇硕已伏诛，不必扩大事态。何进听明白了，并向众大臣说明，此事到此打住。袁绍苦劝无果。本以为这事就这么过去，没想到，事情又有了转机。

董太皇太后因怕何家独大，便伙同张让策划夺权。这事激起了何太后的杀心。何太后以"藩妃"不宜长久居住在宫中为由，强制把董太皇太后迁出，并由何进策划，在半路上鸩杀。张让见董家这一支已废，便拿重金贿赂何太后的弟弟何苗和其母亲舞阳君，又得近幸。

就在董太皇太后的灵柩回京之时，不知是谁在造谣，说张让、段珪在外头散布流言，说董太皇太后之死是大将军何进派人指使的。这又给了袁绍借口，进言何进："可召四方英雄之士，勒兵来京，尽诛阉竖。此时事急，不容太后不从。"

典军校尉曹操听到袁绍的谋划，嘲笑道："阉竖之官，古今宜有，但世主不当假之权宠，使至于此。既治其罪，当诛元恶，一狱吏足矣，何必纷纷召外将乎？欲尽诛之，事必宣露，吾见其败也。"

主簿陈琳也劝谏说："掩目而捕燕雀，是自欺也，微物尚不可欺以得志，况国家大事乎？今将军仗皇威，掌兵要，龙骧虎步，高下在心：若欲诛宦官，如鼓洪炉燎毛发耳。但当速发雷霆，行权立断，则天人顺之。却反外檄大臣，临犯京阙，英雄聚会，各怀一心：所谓倒持干戈，授人以柄，功必不成，反生乱矣。"

可惜何进未听，还嘲笑曹操和陈琳，说这是书生之见。

何进要招外臣诛杀宦官之事传了出去，张让、段珪为求自保，便密谋诛杀何进。张让、段珪伪造诏书，招何进进宫，在宫门内斩杀何进。

此时，袁绍的堂弟袁术受何进之命，带两百名军士去替代宦官把守宫禁。听到何进遇害的消息，立即纵火焚烧宫门，并率部攻击宦官，以张让、段珪为首的宦官如何抵挡得住官军的进攻，只得挟持少帝刘辩，仓皇而逃。

宦官挟持汉少帝逃出洛阳，来到了黄河岸边的小平津。何进的部下紧追不舍，很快杀到，宦官有的被追兵杀死，有的投河溺毙。司隶校尉袁绍则率兵在京里四处搜捕，将漏网的宦官诛杀殆尽。在东汉末年为患炽烈的宦官集团，总算被剿除干净。然而，统率西凉精锐的大军阀董卓，也应何进的邀请，于此时统兵入京。

宦官集团与外戚何进同归于尽的结果，致使东汉外戚和宦官势力一扫而光。原本从属何进的董卓和袁绍、袁术在权力真空中走向了历史前台，三国乱局由此拉开了序幕。

第十三章

东汉政权的掘墓人董卓：居然也是个读书人

大将军何进为了彻底除掉宦官集团，征调并州牧董卓进京。不承想，当董卓进京之时，宦官集团与外戚何进早已同归于尽。

说到董卓，大部分人脑海里浮现出来的，大概是个体形庞大、满脸横肉、须发戟张、杀人不眨眼的粗野武夫的形象。但如果不受小说、漫画、影视剧中董卓形象的影响，而是认真读史书中的记载，就会发现，董卓是东汉末年历史中被误解最多的人：成为坏人之前，董卓有过很长一段好人的阶段——这个世界上，从来没有天生的乱臣贼子。不管是想成为忠臣良将也好，抑或最终成了乱臣贼子也罢，都需要有一定的才能和阅历。只有才能和阅历，才能支撑董卓想成为权臣的野心。由此便可知，董卓成为野心家之前，眼光同样放得很远，知道如何成功。

一、"健侠"董卓读书人

先来看看董卓的阅历——作为武艺高强的"健侠"。

董卓的家乡陇西临洮（今甘肃省岷县）与西北羌人的居住地相邻。董卓体魄健壮，力气过人，而且武艺高强。在当地享有"健侠"美名的他，经常扮演游侠豪杰的角色，又有一批死心塌地的追随者，不但当地的乡亲畏他三分，就连附近的羌人也很尊敬他。

年轻时喜爱行侠仗义的董卓与很多羌人首领结交。一次，一个羌人豪帅见董卓家的牛羊所剩无几，便大老远赶来上千头牛，送给了董卓。

"健侠"一词告诉我们，作为一个纯正的西北汉子，凭借着一身好武功，锄强扶弱，这样的董卓，才能赢得当地各族人民的衷心拥护。这也是董卓起家之本。

虽然不知道这个羌人豪帅的居心何在，但"无利不早起"这句民间谚语告诉我们，羌人豪帅肯定是想通过讨好董卓的方式来达到自己的某种目的。

羌人豪帅到底想达到什么目的呢？

自公元108年开始，西北边地的羌人就不断发动起义，企图摆脱东汉的统治。面对羌人的反抗，积贫积弱的东汉政府根本就无能为力，只得求救于在当地有影响力的豪强势力，想借助他们的力量来缓解边地危机。而西北边地的羌人也想拉拢在当地有影响力的豪强势力，为自己所用，以壮大己方的实力。于是，体魄健壮，力气过人，武艺高强，又有一批死心塌地的追随者的董卓，就成了双方都要拉拢的重要目标。

最终还是东汉政府下手更快。当然，某种程度上也可以说，东汉政府的开价更合董卓的胃口。成年后的董卓，先在陇西郡府担任负责地方治安的小吏，随后又被凉州刺史征辟为从事，在领兵大破匈奴后不久，又被并州刺史段颎荐入朝廷公府。

公元167年，董卓担任羽林郎，统管汉阳、陇西、安定、北地、上郡、西河六地的羽林军。不久又升为军司马，在镇压了并州羌人的叛乱之后，又升为郎中，随后又被大儒马融的女婿、袁绍袁术兄弟的叔叔、生于"三公四卿"之家的司徒袁隗征为掾吏。后又出任并州刺史、河东太守。至此，董卓可谓平步青云。

当时的"健侠"董卓其实是有两个选择的：一是成为西北边地羌人的代理人；二是投靠官府走上仕途，最终站在西北边地羌人的对立面。董卓选择了后者。这当然是一个非常正确的选择。

　　且不说西北边地羌人的所作所为是否正确，他们最终也不会是风雨飘摇的东汉政府的对手，这是毫无疑问的。而由于自身动荡加之鞭长莫及，东汉政府急需一些对西北边地羌人有所了解的文武双全的高级人才。而这种文武双全的高级人才，在东汉末年，着实是少之又少的：前期的佼佼者，是董卓；后期的佼佼者，是马超。

　　再来看看董卓才能的表现——作为文武双全的常胜将军。

　　董卓曾经在凉州刺史衙署担任"从事"和司徒袁隗手下的"掾"，这两个职务都是高级军政长官的私人秘书，虽然董卓是因为能打仗才被推荐任职的，但没读过书、没有文化是肯定胜任不了的。另外，司徒是三公之一，是东汉时期的宰相。董卓能够给宰相当助手，那是很不简单的事。文化水平不是特别高的话，那肯定胜任不了大儒马融的女婿、袁绍袁术兄弟的叔叔、生于"三公四卿"之家的司徒袁隗的助手工作。能够胜任这份工作，也从另一个角度说明，此时的董卓是个行侠仗义、文武双全、能镇压边地少数民族反叛的不可多得的人才。知识也好，技术也罢，多学点儿，都还是很有好处的。那董卓又是在什么背景下进入都城洛阳，进而由一个好人朝着乱臣贼子的方向演变的呢？

　　话说几乎与张角发动黄巾起义的同时，公元184年冬，居住在凉州金城郡的羌人北宫伯玉也发动了反叛。叛军胁迫人质凉州督军从事边允和凉州从事韩约入伙，并推举边允为首领。不久，边允改名为边章，韩约改名为韩遂。公元185年春，边章、韩遂打着诛杀宦官的旗号率部东进。朝廷派皇甫嵩、董卓征讨不力，天下为之震动。这年秋，朝廷又派出张温率董卓等出兵十几万与叛军交战，政府军再度失利。

　　公元185年11月的某一天深夜，有流星如火，长十几丈，照亮叛军营中。边章、韩遂认为这是不祥之兆，决定退兵回老家金城。董卓得知情况后，马上于次日凌晨出击，结果大破叛军，斩首数千级。这次平叛，张温派出六路人马，其中五路人马都以失败告终，唯独董卓的军队胜利班师。朝廷因功封董卓为鳌乡侯，封邑一千户。这就叫作机不可失，时不再来。机遇，是给有准备的人的。

公元188年，凉州叛军再起，围攻陈仓县城。这年冬，朝廷拜皇甫嵩为左将军，董卓拜前将军为副，各率两万人救援陈仓。董卓向皇甫嵩建议急速进军，皇甫嵩没有听从董卓的建议。因双方矛盾难以协调，朝廷便征董卓为少府进京，不肯受命的董卓上书推辞："所将湟中义从及秦'胡'兵皆诣臣曰：'牢直不毕，禀赐断绝，妻子饥冻。'牵挽臣车，使不得行。羌'胡'敝肠狗态，臣不能禁止，辄将顺安慰。增异复上。"（《后汉书》）朝廷无可奈何。

公元189年春，凉州叛军围攻陈仓县城达八十余日不克，疲惫而退。皇甫嵩下令追击，董卓认为"穷寇勿追，归众勿迫"，皇甫嵩则认为："所击疲师，非归众也。国众且走，莫有斗志。以整击乱，非穷寇也。"（《后汉书》）随后，皇甫嵩让董卓负责殿后，自己率军追击，连战连胜，斩首万余级。董卓因此非常忌恨皇甫嵩。

董卓与皇甫嵩关于作战细节的争论，纯属仁者见仁智者见智的军事问题，不能毫无根据地说二人到底谁是谁非。皇甫嵩的官职比董卓高，所以皇甫嵩说话算数。所以，历史选择了皇甫嵩。但两个人因此闹了矛盾进而成为仇人，这其中有董卓的问题，也有皇甫嵩的问题。

皇甫嵩的问题在于，不该以势压人，需要做耐心细致的思想工作——哪怕是在战事结束之后。董卓的问题在于，下级服从上级，这是天经地义的，如果上级做得确实有问题，也应该在保留意见的前提下先绝对执行，然后等到战事结束之后，再与上级领导沟通。如果实在沟通不好，即使越级上诉，也不应该私下记仇。

偏巧此时汉灵帝病重，下诏拜董卓为并州牧，其下属军队转交给皇甫嵩。接受任命但不肯交出军队的董卓上书辩解："臣……掌戎十年。士卒大小相狎弥久，恋臣畜养之恩，为臣奋一旦之命。乞将之北州，效力边垂。"汉灵帝下诏责备董卓。董卓只得带了五千人向并州出发，但是停留在河东郡就不走了。此时的董卓是想观察一下洛阳的局势之后，再来判断自己的动向。

公元189年夏，汉灵帝驾崩后，董卓趁何进征召的机会，急急忙忙带三千人马直奔洛阳而来。于是就有了董卓由一个好人，朝着乱臣贼子的方向演变的故事。由此可以知道，此时的董卓其实很懂得把握时机，他知道偏安一隅，官做得再大也是一个小领导，去中央才有更大的可能性。这就是宁为凤尾不为鸡头的道理。

再说行进中的董卓远远望见京城一片火海，知道情况有变。打听到这个时候的汉少帝刘辩已经流落至北邙，董卓又急忙率兵前往。

北邙，位于河南省洛阳市北，又名邙山、芒山、郏山等，海拔三百米左右，为黄土丘陵地，是洛阳北面的一道天然屏障。广义的邙山起自洛阳市北，沿黄河南岸绵延至郑州市惠济区，长一百多公里。狭义的邙山仅指黄河与洛河的分水岭。邙山是历代帝王贵胄、显赫人物都趋之若鹜的葬地，汇集古代墓葬数十万座，素有"生居苏杭，死葬北邙"之说。自东周迄五代，有四十多个帝王、千余名达官贵人埋骨在此，号称"东方金字塔""中国帝王谷"。

此时，汉少帝被蜂拥而至的大军吓得惊慌失措，泪流满面。董卓威风凛凛，大摇大摆地走上前去参见汉少帝，并且向他询问事变经过。汉少帝结结巴巴，语无伦次，倒是站立一旁的陈留王刘协主动上前向董卓讲述了整个事变的经过，叙述毫不含糊，条理清楚。当时的刘协只有八岁，比汉少帝还小九岁。董卓自此便有了罢黜刘辩、拥立刘协的念头。

由此可见，董卓能够以一个地方官员的身份入都城洛阳，所向披靡，最关键的原因是他带了自己的三千人马。相比较而言，同样是进京支援的前任并州刺史丁原就差多了。

比董卓还先到的丁原本来人马就不多，还交给了调他进京的大将军何进直接指挥。最终担任负责守卫京师的北军统帅、手下只有千把号人马的执金吾丁原，只能听命于人，到后来更是处处受制。

反观董卓，野心膨胀起来后，之所以能够第一时间控制局面，也是因为他有军队有人马，大将军何进被杀之后，坐收渔翁之利的董卓不费吹灰之力便收编了何进的部队。而丁原手下的人很少，所以吕布在权衡利弊之后，只能选择出卖丁原追随董卓。此后的董卓又派吕布接收了京城全部的防卫部队。董卓从此不仅控制大量常规部队，还掌握着洛阳的直属部队，完全具备了左右朝政的军事基础。这为他的野心进一步膨胀增加了相当分量的筹码。

董卓由一个地方大员成功把控朝廷的故事告诉我们，眼光和野心虽然是第一位的，但同时也要有人有资源。有自己人是非常重要的，光杆司令向来是最难办事的，要从无到有收服人心很难。

二、杀主残臣人神愤

透过董卓那段很长的好人故事可以看到，董卓在西凉成功的策略是：用拳头说话。东北虎也好，西北狼也罢，行事的风格都差不多：能用拳头解决问题的，绝不用嘴。

董卓的部下大多是凉州人，要么是彪悍的羌人战士，要么是长年在边境作战的汉人骁勇。久经战火考验，使他们的战斗技能、战斗意志都远超中原其他地区的军队。更由于大度、豪爽的"健侠"美名，他们的首领董卓成功地把麾下众多将士，转化为只听命于他而其他人不能染指的私人武装。所以，无论是镇压边地少数民族反叛也好，抑或是后来与袁绍为首的讨董联军作战也罢，董卓的军队都忠实地听命于他。也正是因为这一点，董卓才能公然与自己的上级皇甫嵩为敌，而且几次拒绝皇帝的调遣任命，更是在不费吹灰之力收编了何进的部队之后，又兵不血刃地吞并了执金吾丁原的队伍。

但董卓为什么会由一个好人迅速转变成一个乱臣贼子，进而身败名裂、人人喊打呢？最主要的原因就在于，董卓进入洛阳之后，从地方到了朝廷，他从一个将领、地方领导变成一个政治家，所以他的领导策略、政治策略应该改变，要用政治家的谋略来思考、做事，更要用朝廷官员习惯的方式来处理问题。但是董卓依然保持了原来靠拳头说话的作风。

前面讲过，自从董卓见到语无伦次的十七岁汉少帝和对答如流的九岁陈留王刘协之后，便有了罢黜刘辩、拥立刘协的念头。当然，这个念头，当时的董卓，也只能是想想而已。因为摆在董卓面前的，还有三座大山。这三座大山中的第一座，便是以诸葛亮的好朋友崔钧崔州平的父亲、前太尉崔烈为首的公卿百官。

果然，在带着汉少帝和陈留王一行人回师洛阳的路上，董卓遇到了崔烈为首的前来北邙迎驾的公卿百官。当时，崔烈呵斥董卓避让，董卓骂崔烈说："昼夜三百里来，何云'避'，我不能断卿头邪？"（《三国志》）看到没有，此前的董卓是从来不会跟其他人这么说话的。

比如汉灵帝下诏拜董卓为并州牧，其下属军队转交给皇甫嵩，接受任命但不肯交出军队的董卓上书辩解："臣……掌戎十年。士卒大小相狎弥久，恋臣畜养之恩，为臣奋一旦之命。乞将之北州，效力边垂。"（《后汉书》）

董卓这段话的潜台词是什么呢？皇上您这要是非让我走，很容易引起我部下兵变的。那样的话，我多对不起您啊。我董卓可是不想给朝廷添麻烦的，还是让我留下安抚这些人，为国分忧吧。看得出，那个时候的董卓，很会说话，很替朝廷着想，而且是耐心细致地解释自己为什么不肯交出军队。

而此时，一旦已经成功地做到了"挟天子以令诸侯"——这也是董卓带着三千人来洛阳救驾的目的，董卓的心态就发生了变化，随之而来的，便是言辞上的变化，从卑躬屈膝到颐指气使：皇帝在我手里，皇帝是我救下的。皇帝有难的时候，你们人数众多的公卿百官在干啥呢？我救下了你们皇帝，你们倒吆五喝六地命令起我来啦？我凭什么要听你们的呢？我既然能救下你们的皇帝，也能废掉你们的皇帝。

在北邙营救了皇帝之后，董卓就应该意识到自己已经从一个将领、地方领导变成了一个政治家。可惜，董卓依然保持了原来靠拳头说话的作风，还讹诈成功了。

当然，尝到成功甜头的董卓就更不会改变自己了。

董卓来到洛阳之后才发现，自己虽然成功做到了"挟天子以令诸侯"，诛杀以"十常侍"为首的所有宦官和以大将军何进为首的所有外戚，成为那个笑到最后、收拾残局的胜利者。甚至不费吹灰之力便顺利吞并了何进此前掌控的所有部队，理论上自己应该成为当时京城洛阳唯一雄霸天下的霸主。但在京城洛阳，居然还有一支部队，不接受自己的管辖调遣——而这支部队的指挥者，便是时任执金吾的前任并州刺史丁原。

本来，董卓想通过自己目前能够掌控的军事力量硬碰硬消灭丁原，无奈丁原手下的吕布和张杨实在是太厉害了。而只要手下有兵且有吕布护卫的丁原势力存在一天，他董卓便不敢轻举妄动。由此可见，很多时候，一个人的话语权取决于他能够号动的力量。力量越大，说话越有底气。

此时的董卓怎么办呢？只能是等待时机。好在此时的张杨因为正在受命平定上党地区山贼之乱，没能及时回到都城洛阳，于是董卓便设计收买了吕布。吕布在权衡利弊之后，选择出卖丁原追随董卓。董卓又利诱吕布将丁原杀害，进而吞并丁原的军队，并任命吕布为骑都尉，接收京城全部的防卫部队。

与此同时，董卓还同吕布发誓结为父子。此时的董卓知道，收买了吕布之后，自己便可以为所欲为。当然，正是吕布的加盟，让董卓不仅控制大量常规部队，还掌握着洛阳的直属部队。完全具备了左右朝政的军事基础的董卓有恃无恐，目中无人，做出很多伤天害理的事情，最终自食其果，死于非命。

吕布加盟，杀掉丁原，这才是董卓变坏的最为关键的一步。

此时的董卓知道，罢黜汉少帝、拥立陈留王刘协为帝，真的已经是万事俱备，只差对付以袁绍为首的江湖名士集团这最后一步了。

董卓从侧面了解到，袁绍见董卓兵强马壮，心里害怕，不敢轻举妄动。于是，董卓马上邀请袁绍商议废立之事，并傲慢地对袁绍说：“天下之主……董侯似可，今当立之。”

这里董卓口中的“董侯”，指的就是陈留王刘协。刘协早年被董太后抚养，故被称为“董侯”。

袁绍说：“今上富于春秋，未有不善宣于天下。若公违礼任情，废嫡立庶，恐众议未安。”董卓闻言大怒：“竖子！天下事岂不决我？我今为之，谁敢不从？尔谓董卓刀为不利乎！”袁绍反讥：“天下健者，岂唯董公？”然后，袁绍拿着佩刀作揖而去。袁绍的弟弟袁术听到消息，也逃出洛阳，出奔南阳。

董卓以为袁绍兄弟是被他董卓的实力吓跑了，自以为是地认为摆在他面前的第三座大山——以袁绍为首的江湖名士集团已经被他扳倒了，便马上召集文武百官，宣布废立的决定。

当时，在场官员大多慑于董卓的淫威，对他独断专行、随心所欲的行为敢怒不敢言。只有尚书卢植当面提出反对意见。董卓大怒，立即命令士兵将他推出斩首，幸亏侍中蔡邕（133—192）极力劝阻，卢植才免于一死。然后，董卓马上宣布废掉汉少帝，将他贬为弘农王；另立陈留王刘协为帝，刘协就是人所共知的汉献帝。

当董卓提议废立新帝时，遭到群臣的反对。此时，董卓寻求的解决方案，不是如何与这群官员达成共识，而是寄希望于得到吕布这样的良将来巩固自己的“拳头”，继续用拳头说话。

公元189年9月30日，董卓派人用毒酒毒死弘农王刘辩的母亲何氏。公元190年3月6日（初平元年正月十二），董卓派郎中令李儒进献毒酒给刘辩，说道："服此药，可以辟恶。"刘辩说："我没病，你们这是想杀我罢了！"李儒强迫他喝，不得已，刘辩与妻唐姬及随从官人饮宴而别。饮酒过程中，刘辩悲歌道："天道易兮我何艰！弃万乘兮退守蕃。逆臣见迫兮命不延，逝将去汝兮适幽玄！"刘辩令唐姬起舞，唐姬举袖而歌。歌毕，刘辩对唐姬说："卿王者妃，势不复为吏民妻。自爱，从此长辞！"（《后汉书》）遂喝毒酒而死。

此后，董卓又将自己升迁为国相，居三公之首，掌宰相权。

董卓虽然名为"一人之下，万人之上"的国相，但实际上远远超越皇帝，享有赞拜不名、入朝不趋、剑履上殿等特权。此时，野心极度膨胀的董卓，已经目空一切。一人得道，鸡犬升天。自己加官晋爵后，董卓还利用自己手中的特权，大肆加封董氏家族成员。

董卓胁迫献帝将都城从洛阳西迁至长安。他还无视礼制和皇权，在自己的封地修筑了与长安城墙规模相当的坞堡，高厚达七丈，明目张胆地用"万岁坞"来命名，并规定任何官员经过他的封地时，都必须下马，恭恭敬敬地对他行大礼。

这个时候的董卓知道，要在庞大的中央官僚体系中纵横捭阖，单靠自己从西羌带来的人是远远不够的。况且当时朝中许多有一定势力和影响的人，根本就不服他。对此，董卓极力拉拢司徒黄琬（141—192）和司空杨彪，三人在朝中拉帮结派，沆瀣一气。用拉拢、诱惑、排挤等手段打击和陷害一切于己不利的势力和集团。董卓还利用手中特权，重新提拔和任用大批文人，就连当朝大文学家蔡邕也曾被董卓拉拢和征召。

董卓随意废立皇帝，不但使他成为东汉政权的掘墓人，也为他的灭亡埋下了伏笔。

三、连环计死身边人

随意废立皇帝之后的董卓，野心极度膨胀。董卓还通过任命太守、刺史等手段安插地方爪牙。这样，董卓通过层层安置耳目，基本上已经控制了朝廷和地方的主要政治力量，只要是不满他的官员稍有动作，他便毫不留情地予以铲除，威慑朝野。

为防止官员和百姓逃回故都洛阳，董卓竟然将整个洛阳城以及附近二百里内的宫殿、宗庙、府库等大批建筑物全部焚毁。昔日兴盛繁华的洛阳城，瞬间变成一片废墟。为攫取财富，董卓还派吕布洗劫皇家陵墓和公卿坟冢，尽收珍宝。整个洛阳城满目疮痍，狼藉不堪。董卓的所作所为，引起了广大官员和百姓的强烈愤慨和反对。

在曹操的倡议下，关东群雄以袁绍为盟主，迅速组成讨董联军。但董卓没有因此被吓倒，因为此时他手中拥有东汉朝廷最强悍的一支军队：在和羌人的长期战争中，凉州地方军被打造成一台高效的战争机器。《三国志·郑浑传》中称，当时天下的勇士，也就是并、凉两州的军士，匈奴屠各部、湟中义从、八种西羌等人。而这些军队当时全都在董卓麾下服役，可见西凉军乃是一支会集了各个民族精锐战士的军队。

这样的豪华阵容，使得讨董联军在讨董战役的初期，吃尽了苦头。其中最大的失败大概是在公元190年的汴水之战。鲍信本人在战斗中受伤，曹操也在乱军中跌下马来。幸亏曹操的从弟曹洪让出自己的战马并步行护送，才让后来的乱世枭雄逃出生天。但董卓的统治并非高枕无忧。

当时的长沙郡是一个汉人与少数民族混居的地方，和西凉一样属于不太平的地区。所以，在此地生长的士兵，要么比较善战，要么本身就是归化的少数民族。相比数百年不闻金鼓声的中原士兵，战斗力无疑要强很多。凭借这支来自南蛮之地的军队，孙坚成为关东联军中的急先锋。

孙坚首先在阳人城（今河南省汝州市温泉镇）与董卓麾下的大将吕布、胡轸遭遇。由于并州军出身的吕布和凉州来的胡轸不和，两支军队相互对立，没有配合可言。结果被孙坚抓住机会，逐个击破。

董卓自己的部队先被孙坚击败，退往陕西，见死不救的吕布也在稍后被击溃。得胜后的孙坚带着南蛮军，光复洛阳。

回长安的董卓，基本上失去了再图进取的机会。本来就胸无大志的他，面对内忧外患的局面，更为消极。

此时的董卓似乎忘了，吕布既然可以为了自己眼前的利益，轻而易举地杀掉曾经"大见亲待"自己的老上级丁原，当然也可以为了自己眼前的利益，故技重演，轻而易举地杀掉与他"誓为父子"的董卓。吕布有才，这是毫无疑问的。但吕布无德，董卓也是知道的。如果吕布有德，便不会杀掉丁原。如果吕布有德，也不会"与卓侍婢私通"。

此前的董卓，既然为了消灭对手丁原而忽视了吕布的德，那便应该在此后的交往中，无论如何提防一下新归附自己的，那个有才无德的来自并州集团的义子吕布。

此时的董卓是怎么做的呢？看到吕布调戏"侍婢"，董卓第一时间就对吕布动手，"拔手戟掷之"（《后汉书》）。毫无疑问，这种极端的过激行为，肯定会让来自并州集团的吕布心生嫌隙。

忘乎所以、目空一切的权臣董卓就这样，给自己埋了个炸弹在身边。必须要说，董卓的做法和习惯，对于一直跟着他的旧部，如李傕、郭汜等人是没有问题的，因为他们都早已习惯并接受了董卓的做法和习惯，他们自己也是那样的人。但是对于朝廷官员和吕布这样被他挖过来的非西凉集团的人来说就有问题了，人家可是不吃你这一套的。高高在上惯了，啥阵势没见过啊？想当初你非挖我过来，是你有求于我；怎么事替你办完了（丁原我给你杀了），你反过来就过河拆桥啊？与你的对手丁原相比，一个"侍婢"又算得了什么呢？我能杀得了丁原，就杀不了你？所以，董卓只知道防范外敌，而忽略了内部矛盾。此时的他掌控了朝廷，却没有收服人心。

在这个方面，历史上的楚庄王以及和董卓同时代的曹操的做法，都值得董卓效法。"楚庄王宴群臣，日暮酒酣，灯烛灭。有人引美人之衣。美人援绝其冠缨，以告王，命上火，欲得绝缨之人。王不从，令群臣尽绝缨而上火，尽欢而罢。后三年，晋与楚战，有楚将奋死赴敌，卒胜晋军。王问之，始知即前之绝缨者。"又《三国志》载："公收绍书中，得许下及军中人书，皆焚之。"

当然，董卓之所以最终走向灭亡，还有另外一个因素：董卓强迫汉献帝迁都长安后，又筑坞于郿，高厚七丈，名为郿坞，坞中广聚珍宝，积谷为三十年储。自云："事成，雄据天下；不成，守此足以毕老。"此时的董卓以为，凭借这个存了三十年粮食的易守难攻的郿坞，自己完全可以做到进可攻退可守。

董卓完全没想到，最终是司徒王允巧妙地利用了董卓与自己最为信任的内部人吕布之间的矛盾，将他刺杀在未央殿。如果董卓能够提早考虑到这一点，势必会设置一定的机制来防御内部问题，但是董卓完全没有考虑到这一点，因为此时的董卓完全被胜利冲昏了头脑。最终，当吕布刺杀他的时候，他还完全在意料之外。

回望董卓的一生，可以看到，董卓的失败在于：

第一，没有考虑到随着自己地位的改变，自己的处事方式和思考方式也应该随之加以改变。

第二，疏于防范内部问题。董卓的最终结局对现代人的启示则是，不能一味复制自己的成功经验，应该根据时机、地位的变化相应调整自己的策略；还要着眼于全局，内外兼顾。

　　董卓从陇西发迹到率军进京操纵中央政权，始终考虑的都是如何满足自己的私欲和野心。董卓的种种倒行逆施，造成了东汉末年的极度混乱，给整个社会带来了巨大的破坏。东汉政权日趋衰败、最终倾覆，虽然是由多种复杂因素所致，但董卓无疑加速了东汉政权的灭亡。

第十四章

生为汉臣死为汉鬼的司徒王允：书生才误国

司徒王允这个名字，人们并不十分陌生。但人们主要是从小说《三国演义》中，得知他利用了吕布，巧妙地除掉了董卓，其他则可能了解不多。翻阅史书，便可以看到王允的一生，颇为值得研究与借鉴。

一、秉公为官很坚贞

王允，字子师，并州太原郡祁县人。

王氏家族是山西的名门望族，世代担任州郡的重要官职，在当地影响很大，威望颇高。同郡的郭泰看到王允后觉得他很奇特，说："王生一日千里，王佐才也。"（《三国志》）两人从此结下深厚的友谊，成为忘年之交。

家庭的影响，郭泰的器重，使王允早早步入仕途，十九岁就任郡吏。当时汉桓帝刘志昏庸无能，宦官专权。"手握王爵，口含天宪"，家居晋阳县的"小黄门"赵津常回县里贪赃枉法，为非作歹，县里官员无人敢管，成为"一县巨患"。王允遂到晋阳抓获赵津，经郡太守刘瓆拷问后杀之。汉桓帝闻讯"震怒"，下令把刘瓆押到朝廷治"罪"，令其在狱中自缢身死。事后，王允护送刘瓆灵柩到刘瓆的家乡高唐县。王允在那里守孝满三年后，才重新走上仕途。

太原郡有个叫路佛的人，"少无名行"，刘瓆之后的郡太守王球却偏要将路佛辟为郡吏。王允"犯颜固争"，王球大怒，要杀王允。幸得州刺史邓盛闻讯立即到朝廷交涉、争辩，把王允释放出来，并辟为自己属下官员。王允由此名声更大，路佛辟为郡吏的事被"废弃"。后来邓盛受宦官诬陷被免官。

刘瓆和邓盛都是因同宦官斗争，保护王允，先后被杀害、被免官。这两件事对王允的震动极大。王允的可贵之处是他并没有因此而惧怕、消沉，而是更加顽强地坚持与宦官势力做斗争，成为东汉末年反宦官的代表人物之一。

王允同宦官斗争最激烈、所受迫害最严重的是在他任豫州刺史期间。公元184年，黄巾起义爆发，王允被朝廷"特选拜豫州刺史"，他辟名士荀爽（128—190）和孔融为自己的僚属，率州兵"讨击黄巾别帅，大破之""曾未期月，州境澄清"，受降大批黄巾军。照理王允应得升迁，结果反倒是厄运接踵而至，原因是得罪了大宦官。

王允从受降的黄巾军将领手中，搜到权势熏天的大宦官、"十常侍"之首张让的亲信，写给黄巾军的一封密信。王允向汉灵帝告张让的状，揭发其亲信与黄巾军的"交通"勾结关系。汉灵帝平时称张让为"父"，言听计从，但事关重大，不能不怒斥张让。张让畏惧，"叩头陈谢"，乞求饶恕。结果，汉灵帝竟没治张让的罪。由此，张让对王允怀恨在心，不断报复中伤王允，朝廷第二年就捕王允入狱。不久，赶上朝廷颁赦令，王允恢复了州刺史的官职。

没过一个月，王允又被张让捏造其他罪名，再次入狱。司徒杨赐深知王允为人清高，不肯受辱，便派人对王允说："您因得罪了张让，没过一个月，两次入狱，看来凶多吉少，不如选择自杀更为体面。"王允厉声反驳："我为国家大臣，若获罪于君王，如当判为'大辟'死罪，就堂堂正正地伏法，怎能不明不白、糊里糊涂地饮毒药自杀身死呢！"说完，他便把酒泼倒在地上，起身走入囚车。

此时的王允，能够把皇帝与宦官区别开来看待，他遭宦官诬陷，身陷囹圄，不向宦官低头示弱，任凭法律裁决。

到了廷尉那里，王允左右的人都盼他的冤案早日了结，朝臣大多数也"莫不叹息"。当权的外戚、大将军何进也反对宦官专权。何进等"三公"联名上疏为王允"请免"，"书奏，得以减死论"（《后汉书》）。这年冬天，国家再颁大赦令，唯独王允不在赦内。何进等深知王允的案子，是张让等大宦官在作梗，再次向汉灵帝为王允申诉求免。直到第二年，汉灵帝才勉强下令释放了王允。

二、隐忍不发铲权臣

此时的王允虽然出狱了，但当时的政治气候对他仍十分险恶，因专权的宦官势力十分横暴，"睚眦触死"。王允恐再遭不测，于是变化策略，更名改姓，辗转于河内、陈留两郡之间。这两郡向来多出名士和朝官，便于王允隐居活动和观察时变。直到公元189年，汉灵帝驾崩，王允立即赶到京都洛阳，为汉灵帝奔丧。

汉灵帝死后，大将军何进欲乘机诛除宦官集团，召王允共谋此事，起用为从事郎中。不久，王允又任河南尹，负责保卫都城，成为何进的重要助手之一。

何进因优柔寡断和策略失当，诛除宦官未成，被宦官杀害。接着是门生故吏遍天下的袁绍率兵诛尽宦官集团，宦官被杀达二千余人。继而董卓拥兵进京，废汉少帝刘辩，立九岁的陈留王刘协为帝，是为汉献帝。

董卓明目张胆地废汉少帝刘辩，立汉献帝刘协，杀死何太后，毒死汉少帝，甚至睡龙床、宿宫女、杀良冒功等过程中，王允均无什么过激的行为，可被看作一种默许或依附行为。作为三公之一，司徒王允掌民事，面对董卓罄竹难书的罪行，竟是如此冷静、暧昧，甚至默许，着实让满朝忠汉之臣摸不清，看不懂，想不透。其实，王允这种不寻常的态度下有更深层次的原因。

首先，汉少帝刘辩过于懦弱，难堪大汉中兴之重任。不管是在外戚集团与宦官集团火并时，还是在董卓倚借重兵之力废立皇帝时，汉少帝都表现得极其孱弱，无分寸，无主见，以哭来发泄内心的害怕，以惊来表现心中的胆小。在东汉大厦将倾之际，这样的君王根本无法挽救即将分崩离析的王朝命运。

其次，何太后过于低贱，难以母仪天下，成为表率。何太后出身屠户之家，行为粗暴，曾鸩死王美人，赶走董太后。何太后的行径在讲究出身、宣扬仁孝的时代，根本不符合儒家的"仁"字。因此，在王允内心深处就将何太后判定为不能母仪天下，同时还担心汉少帝会遗传何太后的野蛮、粗暴基因，最终会祸国殃民。

再次，董卓过于强大，没有与之抗衡之力量。董卓雷厉风行，三下五除二就收编何进禁军，夺取丁原军队，收服猛将吕布，实力大增。朝廷内外根本没人有实力与之抗衡，任何反对董卓的力量都是飞蛾扑火，自取灭亡。董卓强大，只得冷静思考，见机行事，与其周旋。王允为汉室四百年基业，不惜曲意违心迎合董卓，博取信任，逐渐让董卓对王允放松戒备，视为心腹，为日后巧设连环计、美人计，赢得时间和机会。用高瞻远瞩来形容王允的见机行事一点也不为过。

在与董卓表面敷衍的同时，王允暗中积极组织和筹备反董卓的斗争。王允首先与司隶校尉黄琬、尚书郑泰等人共同商议诛杀董卓的计策。为了控制一定武装力量，王允等人极力向皇上保举护羌校尉——杨瓒行使左将军的权力，同时还举荐执金吾——士孙瑞担任南阳太守，并且让他们借讨伐袁术为名，带领兵马出道武关，实则为多路夹击董卓做准备。董卓心中怀疑，于是把他们留住。王允等人只好另找突破口。

当王允与尚书仆射——士孙瑞得知董卓与吕布关系的根底后，决定对吕布做工作，晓以利害，打消其曾与董卓"誓为父子"的顾虑，"使为内应"。经过严密部署，在公元192年5月22日这一天，利用群臣上朝拜谒大病初愈的汉献帝的机会，吕布以他是董卓贴身侍卫长官的方便条件，在皇宫门外亲手杀死了董卓。董卓被诛，"士卒皆称万岁，百姓歌舞于道，长安中士女卖其珠玉衣装市酒肉相庆者，填满街肆"（《后汉书》），都城一片欢腾。此时起，王允成为朝廷最高执政官，一时声望极高。

三、居功自傲害自身

但令人奇怪的是，董卓死后不到百日，王允也被他人杀死。这又是为什么呢？

那是因为王允上台之后，跟董卓也没有什么不同。董卓专权，祸乱朝纲达三年之久。董卓虽除，但乱根未除。国家经历多年战乱，百废待举，朝臣期待王允。可王允掌权后，陶醉于胜利之中，脾气大长，听不进他人的意见，渐渐变得孤立少援了。对于东汉王朝、刘汉天下而言，不管是董卓专权还是王允掌权，都是换汤不换药。原因如下。

第一，刘氏皇帝依然任由掌权者摆布，是废还是立，都是掌权者一句话的事，新旧皇帝依然要看掌权者的脸色。

第二，汉献帝并没有实权。董卓死，王允生，汉献帝仍然是个未掌握实权的傀儡皇帝。汉献帝选择杀董卓，就是不想让董卓将本属于皇帝的权力一直霸占着不放。董卓被杀，皇权被新掌权者接替过去，继续被把持。而王允未将本属于皇帝的权力交还给汉献帝。

第三，皇权表面上是最高权力。自从东汉王朝赖以依附的两大力量，即外戚集团和宦官集团同时被消灭后，皇帝已经没有力量来控制东汉纷乱的局面。因此，在这种情况下，无论谁上台，都不可能把自己的利益白白还给汉献帝。即便王允肯，与王允一同参与诛杀董卓的合作者也不会同意。

第四，自然法则要求王允作为新一代掌权者不得不贪权。弱肉强食，适者生存是一条自然法则中的铁律。经过黄巾之乱、董卓乱国后的东汉已逐渐走向消亡，皇帝已悄然变成弱者，弱者总是很难斗得过强者。一旦王允将董卓霸占的权力交还给皇帝，恢复东汉以前的轨道，王允立刻就会成为众矢之的，死无葬身之地。因此，王允不得不重蹈董卓的覆辙。

第十五章

貂蝉：三国最乱疑云

"大江东去，浪淘尽，千古风流人物……"苏东坡的一首词道尽了三国风云，乱世豪杰。三国英雄数不胜数。辛弃疾又有词云："天下英雄谁敌手？曹刘。生子当如孙仲谋。"三国是一部男人戏，但其中的女性也不乏光彩，最闪耀的一位恐怕就是美艳无双且有侠肝义胆的貂蝉了。在《三国演义》出场的少数几位女子中，貂蝉算得上光彩夺目的女性形象。貂蝉是中国古代四大美人中最神秘的一个。与其他美人不同的是，正史中根本就没有关于貂蝉的任何记载，可在各种民间野史小说的流传中，在众多文人墨客的描述、吟咏中，依稀可以见到她那美丽的身影。

一、美女貂蝉不简单

三国里面都是讲战争，讲谋略，好像跟女性关系不大。不过三国里面的女性其实是很多的。俗话说，"每一个成功的男人背后都有一个女人"。为什么貂蝉就脱颖而出了呢？非常熟悉的一个说法是，貂蝉为了报答义父王允的养育之恩，甘愿献身完成连环计，挑拨董卓、吕布的关系，复兴汉室。这也是《三国演义》中浓墨重彩的一笔。

先来看看跟貂蝉关系最密切的三个男人。

董卓是谁？大奸雄啊，在东汉末年一手遮天，残忍暴戾，十八路诸侯讨伐他都没有成功。

吕布是谁？"人中吕布，马中赤兔"，当年刘关张三个打一个都没打赢，你说说这得是什么武艺！

王允是谁？他是汉献帝时的司徒、尚书令，一国的大总管。貂蝉就是被王允先献给董卓，然后挑唆吕布杀死董卓。这是王允的连环计，里面有一点很关键，就是貂蝉要足够美。董卓、吕布，那都是见过大场面的人，什么美女没见过，能让两人反目成仇，必须是大美人，而且是个不简单的大美人。怎么个不简单法呢？

第一，有美貌——天生丽质，闭月羞花。

貂蝉的美貌应该说是天生丽质，为什么这么说呢？传闻她出生的地方，桃杏就不开花了，就是因为貂蝉太美，桃花杏花都不好意思开放。而且貂蝉的身姿俏美，细耳碧环，行时风摆杨柳，静时文雅有余。对于貂蝉的美貌，《三国演义》中并没有特别直接的描写，只是在第八回用"色伎俱佳"四个字来概括。貂蝉的美都是通过男人反衬出来的。王允第一次见到貂蝉，他的反应是惊呆了，这也太美了，于是锦云堂拜貂蝉，收为义女。当貂蝉轻舒广袖，像月宫飘然而至的仙女那样起舞时，吕布什么反应？看得如痴如醉，色眼圆睁。而后再看看董卓，当时董卓已经不把皇帝放在眼里了，在后宫肆意妄为，可以说阅遍天下佳人。可是见了貂蝉以后，他也不禁醉眼蒙眬，笑曰："真神仙中人也！"风流倜傥的吕布，都会为了貂蝉而杀掉自己的义父董卓，可见貂蝉的美貌是非常诱人了。

第二，有才艺——能歌善舞，歌舞双绝。

人光脸蛋儿漂亮，没有才艺，也不能算美貌。所以，貂蝉的美貌还体现在歌舞中。貂蝉的歌唱得如何呢？《三国演义》中有这么一首诗："一点樱桃启绛唇，两行碎玉喷阳春。丁香舌吐衡钢剑，要斩奸邪乱国臣。""一点樱桃启绛唇，两行碎玉喷阳春"，自然是不同凡响。身材婀娜，莲步微摇，舞蹈自然，况且是眉目含情，有一种摄人心魄的风流魅力。有词赞之曰："元是昭阳宫里人，惊鸿宛转掌中身。只疑飞过洞庭云。按彻凉州莲步稳，好花风袅一枝新，画堂香暖不胜春。"又诗曰："红牙催拍燕飞忙，一片行云到画堂。眉黛蹙成游子恨，脸红烧断故人肠。榆钱不买千金笑，柳带何须百宝妆。舞罢隔帘偷目送，不知谁是楚襄王。"这样的歌声，这样的舞姿，自是人间少有，堪称歌舞双绝。

第三，有人品——忠心耿耿，有情有义。

更难能可贵的还不是美貌与歌舞，为什么？因为在古代是"男耕女织"，男的出门耕种，女的在家织布，这都是有严格分工的。而在王公贵族等大户人家，男的要么文官，要么武将，要么做其他男人该干的事，女人自然是身处闺阁，做做女红绣绣花什么的，也是分工明确，女人是不参与政事的。

而貂蝉完全不是这样的，作为一介女流，在王允的策划下，她成功离间董卓与吕布的关系，间接左右了历史进程。可以说貂蝉是个美女"间谍"，而且是个有情有义的女间谍。《三国演义》介绍王允的义女貂蝉时说："其女自幼选入府中，教以歌舞，年方二八，色伎俱佳，允以亲女待之。"最后五个字很重要，"以亲女待之"，也就是说司徒王允对待这个歌姬大大超过了主仆之谊，而有了父女之情。如果真的如此，王允对貂蝉而言，当真是恩深似海，情高如山。貂蝉为酬王允养育之恩、知遇之情，可以牺牲自己。况且，貂蝉早已把王允当成了自己的父亲，自己的老父亲为了国家大业夙夜忧叹，做女儿的自然是看在眼中，疼在心里，不由得也深夜难眠，声声长叹。貂蝉身为女子，不似男儿可以建功立业，用千金来酬恩，唯有自己身体而已。"倘有用妾之处，万死不辞！""妾若不报大义，死于万刃之下！"铮铮誓言，堪比那萧萧易水寒的荆轲。昔时，荆轲为酬报燕太子丹的知遇之恩，去秦国刺杀秦王，一曲"风萧萧兮易水寒，壮士一去兮不复还"，催尽英雄泪。大家仔细揣摩一下貂蝉的这些誓言，决绝，刚烈，而她不过是一个十六岁的花季少女。可如今，她为了报恩，甘愿以身侍贼，委曲求全，稍有不慎，就会香消玉殒。这份情义，又有多少男儿能够超越？

第四，有才智——巧借连环，有胆有识。

在整个连环计中，貂蝉担负着重大责任，稍有不慎，可能满盘皆输，"一句话能成事，一句话能败事"。就像王允说的那样："事若泄漏，我灭门矣。"如果没有貂蝉过人的胆气和坚定的信念，连环计必不会成功。且看她面对董卓的时候，"董卓自纳貂蝉后，为色所迷，月余不出理事。卓偶染小疾，貂蝉衣不解带，曲意逢迎，卓心愈喜"。把董卓老贼收拾得服服帖帖，令其离不开她。而面对吕布之时，则是"故蹙双眉，做忧愁不乐之态，复以香罗频拭眼泪"，"以手指心，又以手指董卓，挥泪不止"，令吕布为之心碎。待吕布为其心迷神伤之时，便有了凤仪亭之会，这一场相聚之戏，貂蝉演绎得精彩绝伦，堪称"前无古人，后无来者"。

且看貂蝉的演技如何高超。开始之时，她故意姗姗来迟，令吕布等得心焦。一出场，便是惊艳绝伦。"良久，见貂蝉分花拂柳而来，果然如月宫仙子"。来到之后，便大打感情牌，以泪洗面，当真是"梨花带雨令人怜"。一番真情告白，一个跳栏动作，就让吕布以为貂蝉对自己是倾心不已，甚至甘以死相报。"我虽非王司徒亲女，然待之如己出。自见将军，许侍箕帚。妾已生平愿足。谁想太师起不良之心，将妾淫污，妾恨不即死；止因未与将军一诀，故且忍辱偷生。今幸得见，妾愿毕矣！此身已污，不得复事英雄；愿死于君前，以明妾志！"貂蝉言讫，手攀曲栏，望荷花池便跳。这番话说得滴水不漏，将吕布捧上了天，左一个将军，右一个英雄，令吕布无地自容，伤心不已。自古英雄爱美人，受如此美人青睐，更激发起英雄的胆气和豪气。吕布方寸大乱，不禁许诺："我今生不能以汝为妻，非英雄也！"然后，貂蝉进一步煽风点火，抓住吕布自诩为天下第一英雄的虚荣，进行接二连三的打击，一口一句："妾度日如年，愿君怜而救之。""君如此惧怕老贼，妾身无见天日之期矣！""妾在深闺，闻将军之名，如雷贯耳，以为当世一人而已；谁想反受他人之制乎！"最后，吕布要离开时，貂蝉便采用了拖延战术，以手扯布，恋恋不舍。吕布"重复倚戟，回身搂抱貂蝉，用好言安慰。两个偎偎倚倚，不忍相离"，为董卓发现他们相会争取了时间。董卓看到他俩私会，大发雷霆，自此董卓与吕布就出现了嫌隙。

这一切都是貂蝉精心编排演出的一幕绝妙好戏。貂蝉的灵巧、智慧和胆识得到了淋漓尽致的发挥。且看后边戏弄董卓的场景，更是令人拍案叫绝，为之倾倒：

> 卓入后堂，唤貂蝉问曰："汝何与吕布私通耶？"蝉泣曰："妾在后园看花，吕布突至。妾方惊避，布曰：'我乃太师之子，何必相避？'提戟赶妾至凤仪亭。妾见其心不良，恐为所逼，欲投荷池自尽，却被这厮抱住。正在生死之间，得太师来，救了性命。"董卓曰："我今将汝赐与吕布，何如？"貂蝉大惊，哭曰："妾身已事贵人，今忽欲下赐家奴，妾宁死不辱！"遂掣壁间宝剑欲自刎。卓慌夺剑拥抱曰："吾戏汝！"貂蝉倒于卓怀，掩面大哭曰："此必李儒之计也！儒与布交厚，故设此计；却不顾惜太师体面与贱妾性命。妾当生啖其肉！"卓曰："吾安忍舍汝耶？"蝉曰："虽蒙太师怜爱，但恐此处不宜久居，必被吕布所害。"卓曰："吾明日和你归郿坞去，同受快乐，慎勿忧疑。"蝉方收泪拜谢。

即使在最后，即将离开京城到郿坞之时，貂蝉依然使用了最后一招，回眸垂泪令郎心碎。"貂蝉在车上，遥见吕布于稠人之内，眼望车中。貂蝉虚掩其面，如痛哭之状。"好一个如痛哭之状！令吕布"眼望车尘，叹惜痛恨"。此时，吕布已经心生恨意，美人计基本大功告成。剩下的事情，就由王允来做了。他一番慷慨陈词，让本来就薄情寡义、反复无常的吕布痛下杀心。

在如此险境中，一个年仅十六岁的弱女子要周旋于两位不一般的男人之间，得需要多大的胆量。由此可见貂蝉不仅美在容貌、美在身体，更是美在精神层面，因此她能排在中国古代四大美女之列，能在三国女子中脱颖而出，靠的是综合实力。

二、貂蝉冠身份成谜

说到这儿，会不禁感叹，这真是足智多谋的女曹操啊！但下面要说的，可能要让您失望了。这些"足智多谋"都是作者的功劳，貂蝉这个人在《三国志》上没有记载。貂蝉是啥意思呢？"貂蝉冠"原本是汉代侍从官员的帽饰，有人说这个名字是因为执掌"貂蝉冠"得来的。

尽管《三国志》上没有名字叫作貂蝉的人，但是这个人物是有原型的。而且不止一个。有四个！

其一，王允的歌伎。

民间传说里讲，貂蝉本是山西一个村姑，十五岁那年被选入宫中，执掌朝臣戴的"貂蝉冠"。汉末群雄逐鹿，宫廷也风云骤起，当时皇上的日子不好过，那宫女的日子就更别提了，一点指望没有。怎么办？三十六计，走为上策。众人商量好就选择开溜了，貂蝉就在这支开溜的队伍里。至于这些奴才仆人是靠什么关系躲过宫廷的层层关卡，现已无从考证。不过，幸运的是貂蝉居然成功离开宫廷，并机缘巧合，摇身一变，成了当朝司徒王允的"义女"。然后就有了受王允恩惠，报恩去挑拨董卓和吕布的关系。这个说法，和《三国演义》中貂蝉的经历很像，有人认为是受小说的影响演绎而成的。

其二，董卓的侍婢。

《后汉书·吕布传》载："卓以布为骑都尉，誓为父子，甚爱信之……尝小失卓意，卓拔手戟掷之，布拳捷得免……布由是阴怨于卓。卓又使布守中阁，而私与侍婢情通，益不自安。"这段记载的就是凤仪亭掷戟之事，《三国志》里也是这样记载的。由此可知，貂蝉是与吕布情通的董卓婢女。可惜，这里并没透露这个女人的名姓。另《汉书通志》记载："曹操未得志，先诱董卓，进刁蝉以惑其君。"古代刁、貂二字通用。《风俗通义》说："刁氏，齐大夫竖刁之后。"齐襄王时有貂勃，貂氏是貂勃之后。

其三，吕布的妻子。

《三国志·吕布传》裴松之转引《英雄记》所载："建安元年六月，夜半时，布将河内郝萌反，将兵入布所治下邳府，诣厅事阁外，同声大呼攻阁，阁坚不得入。布不知反者为谁，直牵妇，科头袒衣，相将从溷上排壁出，诣都督高顺营。"又载："布欲令陈宫、高顺守城，自将骑断太祖（曹操）粮道，布妻谓曰：'将军自出断曹公粮道，是也。宫、顺素不和，将军一出，宫、顺必不同心共守城也，如在蹉跌，将军当于何自立乎？愿将军谛计之，无为宫等所误也。妾昔在长安，已为将军所弃，赖得庞舒私藏妾身耳，今不须顾妾也。'布得妻言，愁闷不能自决。"这里描述的这位科头袒衣的妇人，就是吕布之妻，这位女性也有可能是貂蝉的原型。

其四，吕布爱将秦宜禄之妻。

《三国志·关羽传》注引《蜀记》曰："曹公与刘备围布于下邳，关羽启公：'布使秦宜禄行求救，乞娶其妻。'公许之。临破，又屡启于公，公疑其有异色，先遣迎看，因自留之。羽心不自安。"从这段记载中可知秦宜禄的妻子是很有姿色的。另外，关云长先想娶其为妻，可是由于曹操"自留之"，所以引起关云长的妒忌。他妒火中烧，一刀便把秦宜禄的妻子给杀了。元人杂剧《关公月下斩貂蝉》就是以此事创作而成。因此，秦宜禄之妻也成了传说中的貂蝉。

不管貂蝉的原型为谁，她都是当时最美的女子，可惜没有名字，正史上也没有叙述那段波澜壮阔的历史。不过貂蝉固然伟大，具有强烈的自我牺牲的精神，但是红颜薄命，没有太好的结局。当然历史上秦宜禄的夫人给曹操留下二子一女，并且贵为沛王太妃，但愿她就是美丽的貂蝉。

三、家乡归宿难判断

关于貂蝉的家乡，主要有以下五种说法。

第一种，甘肃省定西市临洮县。此说来自元朝无名氏的杂剧《锦云堂暗定连环计》和《剧文本事》。

第二种，内蒙古自治区包头市九原区。山西省社会科学院研究员、学者孟繁仁先生考证：貂蝉，姓任，小字红昌，出生在并州九原县木耳村，十五岁被选入宫中，掌管朝臣戴的貂蝉冠（汉代侍从官员的帽饰），从此更名为貂蝉。东汉时期的并州（今山西省太原市）领太原、上党、西河、云中、定襄、雁门、朔方、五原、上郡共九郡。五原郡治所就在九原（今内蒙古自治区包头市九原区）。木耳村，由于世事沧桑变化，到今天已经不见记载。另外，历史上的确有名为"貂蝉"的冠饰。

第三种，陕西省榆林市米脂县杜家石沟乡艾好湾村。这种说法，最早见于公元1691年版《米脂县志》，记曰："貂蝉洞在城西艾蒿（今杜家石沟乡艾好湾村），亦俗传也。"

第四种，山西省忻州市的木芝村。这种说法也是依据孟繁仁先生的考证。有人认为，并州九原县木耳村的具体地址应该是山西省忻州市的木芝村。他们认为，木芝村原盛产木耳，故名木耳村，后因村中槐树下发现一株千年灵芝，遂改名叫木芝村。

第五种，河北省邯郸市永年区。2007年4月初，邯郸市博物馆馆长郝良真在邯郸冀南古玩市场一家古物商店内，发现了永年区出土的一件唐代墓志和一件八棱形宋代石刻。细读铭文，发现唐代墓志中提到"貂蝉里"，宋代石刻中提到"貂蝉村"。这件八棱形宋代石刻高六十厘米，重约半吨，竖刻文字四十一行，每行文字不等，约有千字。在这件石刻文字中，提到"乾兴元年（1022）八月一日戊戌时立"，其中还有"永年区貂蝉村木匠都料马谊"等工匠的名字，明确提到了永年区貂蝉村的地名。从出土的唐代墓志和宋代石刻可以看出，当地有个貂蝉村。而貂蝉生活的时代距唐代不过四百余年。

关于貂蝉到底是哪里人，根据目前的史料来判断，还为时尚早。

而关于貂蝉的最终归宿，曾经耗费大量笔墨渲染貂蝉义举的罗贯中，在他的《三国演义》中对貂蝉"长安兵变"后的下落，始终保持沉默。但仍有一些作者根据元杂剧、野史典籍或民间传说孜孜不倦地追问她的下落，继而虚构故事，以致其结局形成了"惨死"和"善终"两大系列的八种耐人寻味的说法。

"惨死系列"至少包含了四种不同的版本。

第一种版本是张飞将貂蝉转送给关羽，关羽痛斩貂蝉，这是昆剧《斩貂》的描写。第二种版本是曹操将貂蝉转送给关羽，关羽痛斩貂蝉，这是元杂剧《关公月下斩貂蝉》的描写。第三种版本出自明剧《关公与貂蝉》，剧中的貂蝉向关羽痛说内心冤屈，详述其施展美人计为汉室除害的经历，赢得关羽的爱慕，但关羽决计为复兴汉室献身，貂蝉只好怀着满腔柔情自刎，以死来验证自身的政治贞操。第四种版本则是陈述貂蝉在怜香惜玉的关羽庇护下逃走，削发为尼，曹操派人追捕，貂蝉毅然触剑身亡。

"善终系列"也有四个核心版本。

第一种版本是貂蝉出家为尼，以佚名方式写下杂剧《锦云堂暗定连环计》，向世人言明自己的政治贡献，最后在尼姑庵里寿终正寝。第二种版本则称关羽不恋女色，护送貂蝉回到其故乡，而貂蝉则一直守节未嫁，死后被乡人建庙祭奠。第三种版本称貂蝉被关羽纳为小妾，并送往成都定居，不料自己兵败身死，可怜的貂蝉从此流落蜀中，成了寂寞无主的村妇。第四种版本称貂蝉被曹操纳入后宫。

对于貂蝉这样一个介于历史和文学之间的人物，真真假假，假假真真，哪些是文人的渲染和演绎，又有哪些是历史的细节和真实，都难以说清。四大美女中，除却杨贵妃，其他三位都张扬着一种"以身救国"的悲情基调。但貂蝉最是与众不同，一是她的主动请缨，二是她完成任务的复杂程度和艰巨难度。当然，女性以性为交易，以扼杀情感为代价，换来的政治成果再伟大，也不该引以为豪。

成都北郊曾发现貂蝉墓葬。据介绍，1971年5月的一天，成都铁路局某工程队某分队在这一带修路，推土机在工作中突然掉进了一个长约八米、宽约六米、深有四米左右的大坑里。工程队当时来了二十多个工人，想把坑挖成斜坡，好把推土机弄出来。挖着挖着，有人惊奇地发现坑四周都是彩色壁画、图画，还有一些像老虎和其他说不出名字的动物图案。接着挖出了两块合在一起的墓碑，有人说这肯定是古墓。工程队就叫人把坑围了起来，重新认真地挖。据介绍，好像最先挖到了南边的坟头上，坑里有两扇红沙石的石门，约有八厘米厚，分别是闸门和正门。进门后是一个厅，后来坑里还挖出一段人的小腿骨、一绺头发，还在坑里发现一块三十三厘米长、两指宽的"铜片片"，在水里擦洗一阵就干净了，很亮。最后由于坑里没有挖出更多的东西，又没有人说要保护，墓坑填满后，铁路就修了起来。两块墓碑挖出来后，有人将隶书的那块推回了家，该碑约八十厘米见方，厚约六厘米，碑石青灰色，有五十多公斤重，篆书那块后来被村里的娃娃打烂了，几年后隶书那块也被人拿走了。有人还记得碑文中写了墓葬地址为"华阳县集贤乡永宁里黄土坡"。碑上刻着"夫人乃貂蝉之长女也，随先夫人入蜀"以及"貂蝉，王允歌伎也，是因董卓猖獗，为国捐躯……随炎帝入蜀"等字样。据介绍，当年古碑出土时，许多机务段的工人也都围着看，还有人给在场的几十个人把碑文念了一遍。后来此碑被人弄回家收藏，也确有其事。

　　"貂蝉墓葬在成都"的消息传出，立即引起有关研究专家关注。有学者认为，从考古学的观点出发，实物证据是标准，但从社会学与民俗学的角度去看，人证也是一种证据。貂蝉墓碑在成都出现过，显然不是捏造。历史上应该有貂蝉其人的存在。貂蝉是暮年入川，还是死后葬于蜀，两种可能性都存在。稗官野史中称貂蝉乃关羽之妾，如果是这样，随关羽入蜀就有可能了。貂蝉既然作为历史人物可能存在，史料记载中又无确切下落，流落四川不是没有可能的。

　　细细思来，如果貂蝉真的存在，她也毫无疑问是一个政治的牺牲品，她用自己的所有换来的是一无所有。即便她不存在，但也可以确定，在古时候有不少美丽的女子就承受着这样的命运。

第十六章

李傕与郭汜："挟天子以令诸侯"的最早实践者

纵观历史，中国古代王朝的末代皇帝大多下场凄惨，要么被权臣或新君杀害，要么被幽禁至死，仅有极少数人能够安度余生。而汉献帝刘协，虽然最后寿终正寝，但他的人生实在有些坎坷曲折，先后被军阀威胁、被权臣架空，还在兵荒马乱中疲于奔命。不过很少有人知道，虽然董卓和曹操都挟持过汉献帝刘协，但他们并不是汉献帝最恨的人。汉献帝最恨的人其实是董卓的余党李傕、郭汜。

一、挟天子以令诸侯

李傕，字稚然，北地郡（今陕甘宁交界地区）人。郭汜，一说郭泛，张掖郡（今甘肃省张掖市）人。

李傕原本是董卓手下的校尉，性格勇猛诡谲，善于用兵，有辩才。郭汜出身马贼，后来成为董卓手下的校尉。当时的侍中刘艾认为李傕、郭汜用兵作战的能力在孙坚之上。

公元191年，在阳人之战后，董卓派李傕为使者来游说孙坚，欲与孙坚和亲，并许以高官厚禄，被孙坚拒绝。

李傕和郭汜都是董卓旧部，但在董卓还活着的时候，这两位并没有多出众，凉州军也是由董卓掌握。董卓之下，便是几位心腹中郎将，分别是牛辅、董越、段煨、胡轸、徐荣。

上述几位中郎将中，最被董卓信任的是牛辅，因为牛辅是董卓的女婿。中郎将之下，才是李傕、郭汜等一些拥有实权的校尉。而他们的顶头上司，则是董卓的女婿牛辅。

公元191年，董卓遭孙坚攻击，退往长安，令牛辅屯安邑（今山西省夏县），东中郎将董越屯于渑池（今河南省渑池县），中郎将段煨屯于华阴（今陕西省华阴市），其余中郎将、校尉分布在诸县，以御关东诸将。

董卓入关中后，留朱儁守洛阳，朱儁弃官逃往荆州。董卓任命弘农人杨懿为河南尹，驻守洛阳。不久，朱儁在河南中牟组织了一支义兵，打出了讨董卓的旗帜，驱逐杨懿，占据洛阳。

当时牛辅屯驻在陕县（今河南省三门峡市），遣其手下校尉李傕、郭汜、张济率步骑数万东征中牟，朱儁率军逆击，被李傕、郭汜大破，自此不敢向前。李傕、郭汜等人乘胜抄掠陈留（今河南省开封市）、颍川诸县，杀掠男女，所过无遗。当时曹操的谋士荀彧是颍川人，他在李傕劫掠颍川之前就让族人全部离开颍川，所以逃过一劫。

公元192年，中郎将吕布与司徒王允等人共诛董卓，之后又遣骑都尉李肃前去陕县，以诏命诛杀牛辅。牛辅率军逆击，击败李肃。李肃退走弘农，被吕布诛杀。李傕、郭汜等人听闻董卓被并州人王允、吕布谋杀，便把军中的数百名并州人全部处死。

董卓虽死，但董卓麾下的兵马依然完好无损。凉州军团的大部分兵力，还是驻扎在安邑到渑池一线，阻挡关东联盟西进。

因为董卓死得太过突然，所以这些原本归属董卓的部将，一时间也有些发蒙。很快，大家就做出了各自的选择：徐荣、段煨、胡轸三人直接投降了王允，表示愿意向王允效力。不过，这三人的投降，于大势无益。因为此时凉州军团的大部分军队，都掌握在牛辅和董越手上。董越去找牛辅商量对策，但牛辅选择直接将董越杀死，然后吞下了董越执掌的军队。就这样，大部分的凉州军团，都落入了牛辅的手里。此时的牛辅，可以说是大权在握。

牛辅吞下了董越的军队后，总怀疑麾下的士兵也要造反。所以后来当麾下士兵为了保命，连夜逃出军营造成军营异动之时，牛辅以为是士兵造反了，打算杀掉他，当即带着金银珠宝以及五六个亲信逃跑了。在逃跑途中，牛辅的那几个亲信竟然见财起意，杀了牛辅。为了得到更多的钱财，这几人还拿着牛辅的首级，去长安领赏。

牛辅一死，凉州军团基本土崩瓦解，再难成大事。李傕、郭汜等人，也没想过要成什么大事。虽然目前凉州兵由他们执掌，但他们几个，也只是希望能够凭目前手上这点兵力，换取荣华富贵。于是，李傕、郭汜便派人前往长安朝廷请求大赦。

但是，王允坚持解散凉州军团。

牛辅死后，此时的凉州军团看起来已经没有什么威胁了。王允就想着先剥夺所有凉州系将领的军权，然后下令让关东联盟的人去接管凉州军团。如此，朝廷才能最终控制那些普通的凉州军团士兵。

对于王允的这个计划，有人曾经提出过质疑：凉州军团之前和关东军打了那么久，双方早已结仇。让关东军去接管凉州军，容易造成兵变。不如让皇甫嵩去统辖凉州兵，可安军心。从后人的角度来看，这个办法，应该算是最稳妥的办法。如果王允真的采用了这个法子，接下来的时局，大概率是由王允把持朝政，然后逐步平定地方叛乱。

但是，王允认为，关东军之前和他们一起反董，他们才是一条战线的。如果不解散凉州军团，关东兵会觉得我们不重视他们，关东军的将领会不服。

王允决定解散凉州军团的消息传出去以后，迅速被理解为王允要对凉州军团追责，把所有凉州军团的将领全部清理掉。本来统领凉州兵，安心等待朝廷安抚，希望得到荣华富贵的李傕、郭汜等人，这下彻底绝望了。

关键时刻，凉州军团内部，被后世称为"三国第一毒士"的贾诩向李傕、郭汜二人献策道：如果你们现在放弃军队逃跑，以后随便来个人都能抓住你们送官。现在为啥不趁着你们手里还有军权，直接西进长安，为董卓报仇呢？一旦成功，你们就能挟持汉献帝刘协，把持朝政，大事可成啊！

李傕、郭汜等人听了贾诩的计策之后，当即与张济等人结盟，率军几千人，日夜兼程，攻向长安。

王允听说后，令胡轸、杨定前往东边劝解，两人表面前去，实际却召兵而回。后来，王允又派董卓旧部将领徐荣与胡轸在新丰（今陕西省西安市灞桥区、临潼区）迎击李傕、郭汜。结果徐荣战死，胡轸率部投降。李傕、郭汜等沿途收集部队，到达长安时已有十余万人。公元192年夏，李傕等人又与董卓的旧部樊稠、李蒙、王方等人会合，一起攻打长安，围城八日。随后顺利攻入长安。李傕和郭汜率兵入城之后，吕布败走，而王允则被他们诛杀。汉献帝刘协被迫封李傕为扬武将军，郭汜为扬烈将军。

二、乱臣贼子的合离

凉州军团入城，对于长安来说，是一场浩劫。李傕和郭汜攻破长安之后，凉州军团洗劫了整个长安城，百姓死伤无数。不光百姓遭殃，就连那些原本位高权重的官员，也遭了难。越有钱的官员，被抢得就越狠。一时间，原本繁华的长安城，变得如同一座人间炼狱。

公元194年春，马腾、韩遂联合侍中马宇、故凉州刺史种邵、左中郎将刘范、中郎将杜禀共攻李傕，李傕令侄子李利和郭汜、樊稠出战，与马腾、韩遂大战于长平观（今陕西省泾阳县）下。樊稠、郭汜大胜，斩首一万多人，马宇、种邵、刘范当场战死，马腾、韩遂退回凉州。不久，李傕赦免马腾，又拜马腾为安狄将军，韩遂为安降将军。

樊稠在追击韩遂、马腾时，与韩遂并马拉着手臂，说笑了很久。李傕知道此事后，开始怀疑樊稠。郭汜、樊稠因功加"开府"之权，权力大增，跟三公、李傕合为六府，李傕等人各选用自己所举之人，稍有违反就会生气。主者深以为患，于是按顺序选用他们所举之人，先从李傕起，郭汜次之，樊稠再次之。而三公所举，终不见用。朝廷在关中内部的权力大减。此时是李、郭、樊三人权力最大的时刻。

这一年全国大荒，长安城内盗贼横行，白日抢劫。面对如此惨状，李傕、郭汜、樊稠三人，没有任何同情，更没想过要治理好关中这块地方，而是把城中分成三份，各守其地，放纵子弟侵害三辅百姓。由此造成了更加严重的饥荒，白骨堆积，污秽满路。这场灾难被《魏略》称作"三辅乱"，当时关中百万以上的人口，各自饿死逃窜，纷纷南迁至荆州、益州、汉中等地。

公元195年春，樊稠欲带兵向东出关，向李傕索要更多的士兵，李傕顾忌樊稠勇而得人心，又因为当初樊稠私自放走了韩遂，于是让樊稠、李蒙过来参加会议，使外甥骑都尉胡封在会议上刺死了樊稠、李蒙，兼并了樊稠、李蒙的部队，诸将更加相互猜忌。

随着樊稠的死，大军便由李傕、郭汜两人共同节制。正所谓一山不容二虎，两人执政，必起纷争，原本并肩作战的两人，开始渐渐有了相互猜忌的心思。

而彻底导致李傕、郭汜二人决裂的，是一次偶然事件。

李傕为了笼络郭汜，经常把郭汜找到家里去喝酒。男人喝酒自然要找美女助兴，尤其是古代，两人又是这种身份，找美女自然就成了很正常的事情。但这引起了郭汜妻子的不满，郭汜妻子怕李傕回头送郭汜美女，抢了自己的地位，所以就在郭汜面前说李傕的坏话，竟说李傕想要毒死他。就这样，郭汜对李傕渐渐起了疑心。

郭汜的夫人本意是希望郭汜以后不要再去喝酒，但她没想过，她的这种做法，会让两人彻底决裂。过了几天，郭汜又去李傕府上赴宴，李傕拼命给郭汜灌酒。郭汜这下坚定认为李傕想毒杀他，出来后赶紧以粪汁催吐。回去后的郭汜，当即下令，调来自己的直属军队进攻李傕，李傕同样率兵应战。就这样，两人一打就是好几个月，死了上万士兵，普通百姓更是殃及无数。

没人想着，先去抢汉献帝，拿到一个君臣大义。直到开战之后，郭汜才想起来去抢汉献帝，但是计划泄露，李傕抢先下手，将汉献帝抢到了自己的军营，郭汜则随后劫持了前来劝和的文武百官。

但是，李傕抢到了汉献帝之后，根本不善待汉献帝。当时汉献帝惨到什么程度？《资治通鉴》记载，汉献帝当时被李傕挟持之后，软禁起来，和外面彻底隔绝，外面的粮食也送不进来。汉献帝请求李傕送五斗米、五具牛骨头来，还不是做好送来，送生的就行。结果李傕最后只分给汉献帝五块已经臭掉的牛骨头，根本没法吃。堂堂皇帝，混到这个份上，也真是够惨的了。相比之下，后来汉献帝虽然也被曹操挟持，至少待遇好一些。

李傕和郭汜相互进攻了五十多天，谁都没能奈何对方。恰好这个时候，凉州军团的又一方大佬张济赶到，居中调停，二人这才算罢手。直到这时，汉献帝才算解救出来。但此时的长安，已经彻底毁于之前的战争当中，根本没法居住。于是汉献帝率领残存的文武百官，想返回洛阳。

此时的李傕和郭汜二人，大概是忙于解决和对方的争端。所以两人没空搭理汉献帝，任由汉献帝前往洛阳。两个月以后，两人重新达成协议，才后悔放汉献帝东归洛阳，打算再联合出兵，抢回汉献帝。汉献帝好不容易逃出虎口，哪还会想回去？于是一路且战且逃，离开长安之后，先是逃亡弘农，然后进驻安邑，最后回到了洛阳。

此时的洛阳，早就残破不堪，根本无法作为都城。但是好在此时的汉献帝，可以独立自主了。到了洛阳之后，汉献帝当即下令，号召各地的割据势力前来援救他。结果，只有曹操愿意搭理他，并且抢先一步赶到了洛阳。

曹操到了洛阳之后，以洛阳残破为名，将汉献帝迁往许都。汉献帝才出狼窝，又入虎穴，从此开始了被曹操挟持的岁月。

至于李傕和郭汜，经过这么一番闹腾之后，彻底展现出了他们的无能。麾下的各种人才，也开始对他们彻底丧失信心，转投他主。比如，当初建议两人进攻长安的贾诩，就是在这时离开的。没了汉献帝这张王牌，麾下又开始逐渐叛逃，两人的日子过得越来越惨。

最终，郭汜被麾下的伍习杀死，死后余部被李傕兼并。李傕虽然兼并了郭汜的余部，但是很快曹操就打了过来，李傕节节败退，被曹操麾下的将领杀死。李傕死后，被砍下首级，送往许都。曹操下令杀其三族，汉献帝则将李傕的首级挂在许都城门上示众，可见汉献帝到底有多恨李傕。

李傕、郭汜二人，能够逞一时之勇，把持朝政，完全是时势造就。和同时代的那些枭雄相比，他们两个人既无谋略，也无名望，纯粹是董卓死后，种种巧合，才能有所作为。但这两个人的所作所为，对于原本就已经摇摇欲坠的东汉王朝来说，是踩上了最后一脚。自此，天下彻底分崩离析了。

第十七章

韩遂与马腾：兴于人心齐泰山移，亡于兄弟阋墙

汉末三国之世，韩遂和他的异姓兄弟马腾、马腾的儿子马超（176—222）曾经割据西凉长达三十余年。小说《三国演义》中，韩遂自始至终都是以马家父子小弟的身份存在。在历史上，在这割据西凉的三十余年间，西凉真正的霸主，其实一直都是韩遂。而马腾，原本是朝廷派去镇压韩遂叛乱的军队将领，后来阴差阳错，不但加入叛军，还与韩遂结成了关系很好的异姓兄弟。正所谓人心齐、泰山移，韩遂与马腾结成异姓兄弟之后，二人一起办成了很多事。可原本作为朝廷派去镇压韩遂叛乱的军队将领马腾，是怎么阴差阳错加入叛军之中，并与韩遂结成了关系很好的异姓兄弟呢？

一、人心齐而泰山移

原名韩约的韩遂，本是凉州金城郡（今甘肃省兰州市）一名因恪尽职守而闻名，连远在洛阳的大将军何进都很感兴趣的官员。那韩约怎么就成了割据西凉的军阀呢？

秦末汉初，原本居住在敦煌、祁连间的月氏人被匈奴击败后，大部西迁伊犁河流域，称大月氏。小部进入南山（祁连山），称小月氏。卫青、霍去病大破匈奴后，小月氏归附汉朝，在位于今青海省黄河支流湟水流域的中部地区与汉人错居，被称为"湟中月氏胡"。公元88年，东汉护羌校尉邓训收养湟中月氏、卢水（既有匈奴、月氏的成分，又在民族演进中吸收了羯、氐、

羌等部族）中少年健勇者几百人，以汉朝屯兵的形式整编为"义从"，称"湟中义从胡"。这里的"义从"，不是原有的氏族和部落，而是汉军建制。

公元184年，"湟中义从胡"的北宫伯玉和李文侯，联合西凉土豪宋建等人，伙同羌人发动叛乱，并将凉州督军从事边允和凉州从事韩约劫持为人质。叛军在攻打下金城郡并斩杀金城郡太守之后，不但胁迫边允、韩约入伙，还公然推举边允为他们的首领。这里就有个问题：叛军为何胁迫边允、韩约入伙，并推举边允为首领呢？

因为此时的叛军逐渐意识到，凭他们的实力，不可能推翻东汉政权。所以，在熟悉凉州事务的地方官吏中寻找能替他们说话的代言人，才是最佳选择；反过来，眼见东汉政权风雨飘摇的边允、韩约，也需要借助叛军的力量来壮大自己的影响力。

在边允、韩约的带领下，叛军包围了凉州州治冀县（今甘肃省天水市甘谷县）。在政府援军到达后，边允、韩约等人又转而包围了护羌校尉夏育所部。至此叛军在凉州南部取得了优势。与此同时，因担心辱没祖先，边允改名为边章，韩约改名为韩遂。

值得一提的是，马腾此时还在靠上山砍柴来维持生计。马腾，据传是汉伏波将军马援的后代。其父马平曾任天水郡兰干县（今甘肃省通渭县）县尉，后娶羌女为妻，生下马腾。马腾年轻时贫穷，无产业，经常上山砍伐木材，背到城里去卖，来养活自己。

再说东汉朝廷先后调皇甫嵩、张温等将来平定边章、韩遂的叛乱，但都没有成功。后来因为天降流星，惊扰了韩遂军营里的战马牲畜，非常迷信的叛军认为这是不祥征兆，于是有回归西凉之意。结果被熟悉西凉风土人情的董卓看到了机会，趁着叛军慌乱之际，发动夜袭，这才将韩遂的叛军打退。

打天下时，"湟中义从胡"的北宫伯玉、李文侯、西凉土豪宋扬和来自东汉凉州的官员边章和韩遂，有着共同的利益和共同的期盼，所以能够做到心往一处想，劲往一处使。但是，一旦打天下失利，他们之间的内部矛盾便显现出来了。此时便是"先下手为强，后下手遭殃"了。回到西凉的韩遂，马上发动兵变，杀死北宫伯玉、李文侯和边章等人，吞并了他们的军队后，自掌兵权，拥兵十万之众。

新任凉州刺史耿鄙招募士兵讨伐韩遂，马腾应征入伍，后因征战有功，被提升为军司马，迁偏将军。耿鄙被手下杀害后，马腾便领兵加入韩遂的队伍中。

对于年轻的马腾来说，韩遂便是自己人生路上的引路人。韩遂的今天便是马腾的明天。马腾领兵加入韩遂的叛军之后，兄弟二人一起办成了哪些事呢？

韩遂知道自己不能当出头鸟。于是，在韩遂和马腾的共同策划下，叛军推举了一个叫王国的人作为首领。马腾和韩遂都成了王国的部下。这算是韩遂和马腾兄弟二人一起办成的第一件事。

公元188年冬，王国率叛军兵围陈仓（今陕西省宝鸡市），八十多天仍攻打不下，被迫撤围退兵，前来镇压叛军的左将军皇甫嵩带兵乘胜追击，斩获叛军上万人，大获全胜。韩遂和马腾等人遭此大败，先废掉了王国，后又胁迫凉州名士阎忠担任新的首领。这算是韩遂和马腾兄弟二人一起办成的第二件事。

但是，阎忠不屑以叛军的身份来推翻朝廷，愤恨而死。阎忠死后，叛军各派为争夺权利自相残杀。最终，在经过一系列变故后，马腾所部逐渐强大，得以与韩遂并驾齐驱，成为西凉地区最大的两股割据势力。此时，作为金城人氏的韩遂控制了金城郡。在汉阳郡（郡治与凉州州治同为冀县）起家的马腾家族，则以渭水上游河谷为根据地向下游的关中平原扩张。

马腾为什么能与韩遂并驾齐驱呢？一是因为家族背景的不同，二是因为地理位置的区别：马腾毕竟是汉伏波将军马援的后代，比凉州本地普通家庭出身的韩遂的家族强大许多。加入马腾的队伍，便可进可退：前进一步，可以比较容易接受朝廷招安；后退一步，即使在家乡渭水上游河谷的周边做了土匪，也会比当时尚未开发的兰州周边好很多。

公元191年，退守长安的董卓邀请韩遂、马腾，共同对付关东联军。而韩遂、马腾也想趁天下大乱，谋图更大的发展，于是准备择日起兵东进，以响应董卓。公元192年，董卓被杀后，王允不赦免任何凉州系的人，同为凉州人的韩遂、马腾联军只得观望事态的发展。随后不久，李傕、郭汜攻入长安。韩遂、马腾决定攻打李傕、郭汜，解救天子。面对来势汹汹的韩遂、马腾联军，李傕、郭汜集团采用了安抚政策：封韩遂为镇西将军，回镇金城；封马腾为征西将军，驻军右扶风郿县（今陕西省宝鸡市眉县东北）。

这算是韩遂和马腾兄弟二人各自为政以后，一起办成的第一件事。这次合作很成功，没付出什么代价，就获得了被朝廷正式任命的合法的将军职位。

需要说明的是，"四征"略高于"四镇"。马腾为征西将军，韩遂为镇西将军。李傕、郭汜集团的这个任命很有意思。因为此前韩遂的势力范围是塞外西羌，马腾家族的影响力则在塞内东羌。从统治者的角度考虑，塞内东羌的重要性显然要高于塞外西羌。这就解释了为什么韩遂被封为官职较低的镇西将军回到金城，而马腾被封为官职更高的征西将军留在了关中。与其说这是朝廷的意思，倒不如说是二者根据自己的身位得到的地盘。

马腾本是关中（今陕西省兴平市）人氏，其父是在陇西为官定居后娶羌女生下了他。这使得马腾家族既能取信于羌人，又能在关中、陇右两地获得认同。正是有了这双重地缘优势，马腾和马超两父子进入政治舞台中心角逐的欲望，较之以塞外西羌为后盾的韩遂要强烈，他们也更希望在凉州军事集团中获得主导权。

这个任命也可以说明，此时韩遂的实力已消耗得不如马腾。还可以说明，李傕、郭汜集团明显有让马腾、韩遂二人互相制衡的意思。

公元194年春，汉献帝刘协亲政。马腾率部驻扎在灞桥，前往庆贺的同时，请求李傕允许他带军队到池阳（今陕西省泾阳县）就食。马腾的请求没得到满足，很生气，就准备攻打李傕。汉献帝慌了，派使者来调解，马腾仗着兵强马壮，不听。

在金城的韩遂打着调解马腾、李傕纠纷的名义，也带兵来到长安。与此同时，长安城内谏议大夫种邵、侍中马宇、左中郎将刘范、中郎将杜禀等人合谋与马腾里应外合，准备诛杀李傕等人。但是马腾、韩遂合兵攻打李傕的营寨，多日不下。于是，二人把军队转移到长平观就食。

不久，种邵等人的合谋走漏了消息，杜禀逃到槐里利用右扶风的力量对抗李傕，种邵、马宇、刘范逃到了长平观的马腾营中。亲自镇守长安的李傕让郭汜、樊稠和侄子李利等出兵长平观。种邵、马宇、刘范等随马腾、韩遂奋战于长平观下。此时，马腾的手下王承总担心马腾会谋害他，出兵突袭马腾。马腾全军崩溃，被杀者上万，种邵、刘范等战死，马腾、韩遂往西逃回了凉州。

随后不久，李傕分出凉州北部五郡新设雍州，赦免败退回金城的韩遂和回陇西的马腾，以马腾为安狄将军，韩遂为安降将军，负责平息金城、陇西一带的羌乱。

二、兄弟阋墙先后亡

公元194年夏，长安一带接连发生两次大地震，而且一直无雨，长安一斛谷就要五十万钱。公元195年，李傕杀樊稠，又和郭汜打得不可开交，马腾、韩遂正好利用这一时机恢复实力，不再东进。此时马腾与韩遂二人正式结为异姓兄弟。两兄弟过了几年关系密切的美好时光，但时间久了，很多矛盾就暴露出来了，最终两军相互攻杀，反目成仇。双方连年交战，打得不可开交。一直到公元199年，挟天子以令诸侯的曹操与吕布、袁术、刘备等争雄山东，派出钟繇为司隶校尉，持节全权处理关中事务。凉州牧韦端忠于朝廷，也受曹操制约。

西凉最强的两个诸侯马腾、韩遂这样打下去，让凉州、关中一带很不安宁，于是曹操让钟繇、韦端调解二人的关系。钟繇分别写信给马腾、韩遂二人，为他们分析利害得失，劝说他们和解。最终，马腾、韩遂二人被钟繇说服，皆同意归顺朝廷，并各自派出儿子入朝为质。朝廷征马腾回右扶风屯驻槐里，留韩遂于金城。兄弟俩被分开，关系开始缓和，但再也回不到过去了。

结拜兄弟马腾、韩遂的矛盾被钟繇、韦端调解后，二人虽仍有合作，但基本上是马腾在关中，韩遂在凉州，交集不多了。

西凉气候寒冷，土地收成也不像关中那样富庶，自然条件恶劣，加上汉人相对较少，而羌、氐等各族杂居，民风彪悍。这样的生存环境会造就冷酷刚强的性格。动手能解决的事情，一般都不动口。当时西凉人的性格都相对薄凉，董卓、马腾、韩遂能在众多西凉人中出类拔萃，除了他们够狠够强，还和他们本身比别人狡猾、聪明有很大关系。

马腾比韩遂又有一个长处。马腾自公元187年在凉州拥兵反叛以来，三次入寇三辅，两次长期屯驻右扶风，"西凉"马腾的军阀生涯其实更多时间是在关中度过的。

在关中，人们看到的是马腾防备北边的少数民族入侵为乱，为人又贤良宽厚，尊重士人、举荐贤才，怜悯救助百姓。所以，马腾既能得到士人的拥护，也能得到三辅百姓的爱戴。

公元202年，袁绍病死，曹操攻打袁尚盘踞的黎阳（今河南省浚县）。袁尚为减缓黎阳的压力，命并州刺史高干出兵河东郡。高干和河东太守郭援对河东造成很大的压力，曹操又抽不出精力顾这边。司隶校尉钟繇便让马腾的邻居——新丰县令张既，前往说服以驻扎在槐里的马腾为首的关中诸侯。

狡猾的马腾首鼠两端，答应出兵响应郭援。正在他观望之际，他的老上司、为守护凉州不肯求生、慷慨赴死的傅燮的儿子傅幹，给他分析了利害得失，劝他站到曹操一边。被傅幹说服的马腾，最终与关中诸侯一起站到了曹操一边，由马超统率韩遂等诸侯的联军出兵河东，迫使公元195年即位的南匈奴单于呼厨泉再次臣服，曹操大败郭援大军，庞德亲斩郭援之首。

马腾站队曹操，帮他解决了西线危机，并使袁尚围魏救赵的计谋没能得逞，这才有了曹操黎阳会战的优势，马腾可谓功不可没。因此功，马腾又被重新升到征南将军，韩遂也被再次升为征西将军这样的重号将军，并都准许开府。

公元205年，在并州叛乱的高幹，跑到曹操后院河东、弘农搞事情。河东卫固、弘农张琰和活动在这一带的黑山军首领张白骑都起兵响应高幹。而曹操此时在并州上党山区里围攻高幹的壶关城（今山西省壶关县），又抽不开身。在最需要的时候，马腾与钟繇所部先出兵河东干掉了卫固，再在弘农消灭了张琰，随后又在两崤之间消灭了张白骑，致使高幹仅剩几骑逃往荆州，为上洛都尉所杀。马腾这次东出河东和弘农平叛，守土有功，又为曹操扫除了后顾之忧，为平定高幹叛乱立下了大功。此后的马腾晋升为前将军、假节、封槐里侯。

和孙权一样，马腾名义上忠于朝廷，也为朝廷干活办事，但拥有独立的武装和野心，关键时候曹操还是很有顾虑的。

公元208年，曹操打算南征刘表，最担心的就是在槐里的马腾，于是就派张既去说服马腾放弃部队，入朝为官。此时韩遂已经七十岁左右，马腾也老了，入朝安度晚年也是个很不错的选择，于是当时就答应了张既，东入许都。马腾混了个九卿之一卫尉，曹操又封马腾另外两个儿子马休为奉车都尉，马铁为骑都尉。马腾带着马家所有家眷全部搬迁到了邺城。

《三国演义》把马腾写成十八路反董卓的诸侯之一，是美化了马腾。韩遂、马腾起点不同，却因相似的狡猾狠毒走到了一起，后相知而结义，但最终仍是分道扬镳。他们没想到的是，马腾入朝本是为马家规划一个美好的前程，却因为后来的变故变成了永别。

公元211年，曹操派兵讨伐张鲁，引起了凉州诸将的猜忌，他们认为曹操是要对付他们。马超不顾父亲在邺城，还是决定起兵，他对韩遂说："今超弃父，以将军为父，将军亦当弃子，以超为子。"虽然马超、韩遂拥兵十几万，但依然被曹操击败。公元212年，马超再次起兵，攻杀凉州刺史韦端。这年夏，曹操下令"诛卫尉马腾，夷三族"。马腾并没有参加反对曹操的活动，但因马超最终被处死。

穷途末路的马超先投奔了汉中张鲁，后又投奔了刘备。韩遂继续在西凉坚持抵抗，韩遂在羌人里的声望高，此后他又集结数万羌兵准备东山再起。公元215年，在西凉称雄三十余年的韩遂病死，其部下归顺了曹操，羌人的叛乱最终也被曹操平息。

第十八章

曹操的大敌袁绍：开启士族门阀天下先驱的阴谋家

东汉末年，天下大乱，诸侯纷起，强者跨州连郡，弱者宰割县邑，相互间征伐攻讨，使得海内混乱不堪。当时，在帝国权威扫地的局面下，有志于开拓新局面的军阀并不在少数，但就最初的实力而论，最有希望统一天下之人并非曹操，而是深受世家大族拥戴的讨伐董卓的盟主——袁绍。

袁绍何德何能，不但能够担任讨伐董卓的盟主，还是曹操的大敌？他又是因为什么，功亏一篑，最终败于官渡之战呢？

一、出身庶子交清流

袁绍出身汝南袁氏。

汝南古为沈蔡诸国之地，战国时在楚魏二境之交，秦属颍川郡。到汉朝时设置汝南郡，隶属豫州，领县三十七，包括今天的平舆、项城、西华、漯河、潢川以及安徽的阜阳、蒙城的大片疆域。

据考证，袁氏是虞舜的后裔。西周初，周武王追封先贤后裔，封舜的第三十三世后裔妫满，为陈国第一任君主，建都于宛丘（今河南省周口市淮阳区）。妫满死后，谥号为陈胡公。他有个十一世孙诸公，字伯媛。伯媛的孙子涛涂，以祖宗的字媛命氏。春秋时，媛氏世袭陈国上卿。当时媛、辕通用，故媛涛涂又写作"辕涛涂"。至西汉初，辕氏后裔将"辕"字的"车"旁去掉，以袁为氏。

在漫长的历史演变过程中，出于战乱、官职调任等原因，虽然汝南袁氏又派生出许多支脉，向海内外广为发展，但发端于袁安的汝南袁氏始终是最为兴旺的一支。

西汉末年，袁安的祖父袁良学习《孟氏易》，在汉平帝刘衎在位期间以明经被举荐，后官至成武（今山东省成武县）县令。王莽篡汉以后，天下大乱，在绿林赤眉起义的惊涛骇浪中，袁安的父亲袁昌从陈郡阳夏（今河南省太康县）移居汝南郡汝阳县（今河南省商水县），为汝南袁氏始祖。

袁安在汉章帝刘炟在位时期任司徒，其子袁敞任司空，孙袁汤为太尉，曾孙袁逢、袁隗分别担任司空及太傅，"汝南袁氏"四世居三公（太尉、司徒、司空）位，因而被称为"四世三公"。

在东汉末年，称得上"四世三公"家族的就只有两个：一个是杨彪所在的弘农杨氏；另一个就是袁绍所在的汝南袁氏了。尽管家族"势倾天下"，但袁绍的家族五代人，一直以公义、廉正、博爱、礼贤下士闻名，在整个东汉朝廷享有美名。

当袁家发展到袁绍父辈这一代时，袁家因为一位名叫袁赦的宦官而得到了进一步的发展，由于袁赦也姓袁，两家建立了不错的关系。

出身大家族的袁绍，命运却比较坎坷。根据现有的史料可知，袁绍的父亲袁逢，官拜司空。叔父袁隗，官拜司徒。伯父袁成，官拜左中郎将，早逝。袁绍出生不久，父亲袁逢过世。袁绍过继给了早逝且无子嗣的伯父袁成。袁绍长得英俊威武，受到父亲和叔伯的喜爱。史书上没有关于袁绍母亲的记载。但从袁绍和自己兄弟袁术的交恶来看（袁术是嫡子），袁绍母亲在家族内的地位应该是很低的。袁术公然对外宣称：袁绍"非袁氏子"，不过是"吾家奴"。如果袁绍的母亲地位尊贵，袁术应该是不敢放肆的。

在封建宗法制下，袁绍这样的庶子很难继承家业。

也许从小因为出身受了异样的目光——庶出的儿子名不正、言不顺，不但在家族中没有地位，而且在人前人后挺不直腰杆。因此，袁绍并无一般纨绔子弟的骄纵，而是注意和身边的官僚士大夫、同辈搞好关系。正是因为如此，袁绍的身边聚集了一大批能人异士。就连后来击败袁绍的曹操，年少的时候也跟袁绍关系很好。曹操出身大宦官家庭，按理说，宦官势力跟朝臣势力是势同水火的，但曹操敬重袁绍的为人，把袁绍当成兄长和名士来看待。那时的曹操，曾在袁绍手下做过下级军官，还跟随袁绍一起讨伐董卓。

而出身高贵，颇有孝心，礼贤下士，追随者云集的袁绍，又是怎么成了讨伐董卓的盟主呢？

虽然是庶子，但袁家毕竟是大家族，凭借家族势力，袁绍"年少为郎"（做官），不到二十岁已出任"濮阳长"，获得了"清正能干"的名声，为当时所称道。后遇母丧而辞去官职，回到汝南，有副车从骑。袁绍将进入汝南时，担心被"月旦评"的创办人许劭兄弟看到影响自己的正面形象，就打发走宾客，只乘着一辆车回家。服丧期满后，袁绍搬到洛阳居住。袁绍相貌俊美，举止威仪，为人仁爱，注重名声，加上袁绍降低身份倾心结交，士人全部抢着投奔他。来的士人无论身份贵贱，袁绍都以与自己平等的礼仪相待，因此来访宾客的各种车辆挤满了洛阳的大街小巷。

这时是东汉统治日趋黑暗的年代，宦官专政愈演愈烈，残酷迫害以官僚士大夫和太学生为代表的"清流党人"。袁绍自称隐居，表面上不妄通宾客，其实在暗中结交党人和侠义之士，如张邈、何颙、许攸、吴巨等人。张邈是大名鼎鼎的党人，"八厨"之一。何颙也是党人，与党人领袖陈蕃、李膺过从甚密，袁绍很仰慕他。在"党锢之祸"中，何颙常常一年中几次私入洛阳，听从袁绍的计谋策略，帮助党人避难；对一些穷困无助的人，帮助他们渡过祸患；对一些被追捕的人，出计使他们得以逃跑或隐藏起来，使不少人免于党祸。

东汉时期，太学生把敢于同宦官进行斗争的清流人物，冠以"三君""八俊""八顾""八及""八厨"等称号，表达对宦官集团的不满和蔑视。

《后汉书·党锢列传》记载："上曰'三君'，次曰'八俊'，次曰'八顾'，次曰'八及'，次曰'八厨'……窦武、刘淑、陈蕃为'三君'。君者，言一世之所宗也。李膺、荀昱、杜密、王畅、刘祐、魏朗、赵典、朱宇为'八俊'。俊者，言人之英也。郭林宗、宗慈、巴肃、夏馥、范滂、尹勋、蔡衍、羊陟为'八顾'。顾者，言能以德行引人者也。张俭、岑晊、刘表（142—208）、陈翔、孔昱、苑康、檀敷、翟超为'八及'。及者，言其能导人追宗者也。度尚、张邈、王考、刘儒、胡母班、秦周、蕃向、王章为'八厨'。厨者，言能以财救人者也。"

袁绍的活动引起了宦官的注意，中常侍赵忠愤愤地警告说袁本初抬高身价，不应朝廷辟召，专养亡命之徒，不知在干何事。袁隗听到风声后斥责袁绍，但袁绍依然不为所动。

二、因何德能任盟主

黄巾起义爆发以后，东汉朝廷被迫取消党禁，大赦天下党人。袁绍面对大将军何进的辟召，不得已从命出仕。位高权重的何进坚决反对宦官专权。何进身边云集着一大批对宦官专权不满的官员。这些人中包含了袁绍、袁术、曹操等。

身为外戚的何进对宦官专政不满。袁绍想借何进之力除掉宦官，而何进因袁氏门第显赫，也很信任袁绍。从此，两人关系非同一般。当时，宦官的势力仍然很大，中常侍赵忠、张让等并封侯爵。

公元188年，东汉朝廷另组西园新军，置西园八校尉。袁绍被任命为校尉，但大权掌握在宦官、上军校尉蹇硕手中，连大将军何进都要听从蹇硕的调度指挥。讨虏校尉盖勋向袁绍和宗正刘虞提出诛除奸宦、提拔贤良的想法，三人不谋而合、结成同盟，后因盖勋被调离而没有行动。

公元189年夏，汉灵帝刘宏病重，太子未立。蹇硕等宦官不愿大权落入何进手中，因此借口韩遂作乱，提议请大将军领兵西上平叛。在这个关键时刻，何进洞悉宦官的诡计，以青徐黄巾复起为辞，奏请遣袁绍东进徐兖，待袁绍兵还，自己再西击韩遂。没过几天，汉灵帝病死，蹇硕决定先诛何进，后立刘协，于是派人迎何进入宫计事，何进却集结军队于宫外，严阵以待，称病不入。蹇硕迫于压力，不得不立刘辩为帝。刘辩即位，何皇后以皇太后临朝称制，太傅袁隗与大将军何进辅政，同录尚书事。

此时，大将军何进手握兵权，手下又有袁绍、袁术、曹操这样的军队高级将领支持，反对宦官的文臣更是坚定站在何进一方。眼看反宦官势力大振，何进和袁绍等人决定一劳永逸地彻底消灭宦官集团。袁绍认为，宦官应该被全部消灭，不管他们职位的高低、作恶多少。曹操则认为捉拿几个恶贯满盈的宦官即可。何进偏向于袁绍的"全灭"方案。但是何进的妹妹何太后反对除掉宦官。

何进犹豫不定之际，袁绍出了个主意：调集四方猛将，领兵开往京城，对太后进行"武力劝说"——兵谏。可惜的是，在外地的猛将进京之前，何进就被宦官集团骗入洛阳皇宫中杀害。千钧一发之际，袁绍迅速领兵攻进皇宫，一举斩杀宦官两千多人，长期危害整个东汉朝廷的宦官集团被剿灭，整个东汉文官集团转危为安。

应该说，袁绍的这次平乱意义非同凡响，即使是领军人物已经被杀，但沉着勇毅的袁绍仍然坚持不懈，最终稳定了朝政大局。

正当袁氏兄弟在内宫诛杀宦官的时候，董卓率领军队抵达洛阳西郊，于北邙与汉少帝刘辩和陈留王刘协相遇。董卓带着汉少帝刘辩，带着军队浩浩荡荡地开进洛阳城。

此时鲍信对袁绍说："董卓拥有强兵，居心叵测，如果不能及早采取措施，就要陷入被动，如果乘他长途行军，士马劳顿，发起突然袭击，还能擒拿他。"袁绍见董卓兵强马壮，不敢轻举妄动。

董卓商议想废掉皇帝重新立帝，对袁绍说："天下之主，宜得贤明，每念灵帝，令人愤毒。董侯似可，今当立之。"袁绍说："今上富于春秋，未有不善宣于天下。若公违礼任情，废嫡立庶，恐众议未安。"董卓手按佩剑怒斥袁绍："竖子！天下事岂不决我？我今为之，谁敢不从！"袁绍机智地回答说："此国之大事，请出与太傅（袁隗）议之。"董卓又说："刘氏种不足复遗。"袁绍勃然大怒："天下健者，岂唯董公！"袁绍横陈佩刀，一躬到底，径自出门而去。

袁绍把朝廷所颁符节挂在东门上，逃亡冀州。董卓下令通缉袁绍，侍中周珌、城门校尉伍琼、议郎何颙等人都是名士，他们劝董卓说："夫废立大事，非常人所及。绍不达大体，恐惧故出奔，非有他志也。今购之急，势必为变。袁氏树恩四世，门生故吏遍於天下，若收豪杰以聚徒众，英雄因之而起，则山东非公之有也。不如赦之，拜一郡守，则绍喜于免罪，必无患矣。"于是，董卓任命袁绍为勃海太守，赐爵位为邟乡侯。袁绍仍然自称兼领司隶校尉。

公元189年秋，董卓废汉少帝刘辩为弘农王，立陈留王刘协为帝，是为汉献帝，他自署相国，又自称"贵无上"。

董卓擅行废立和种种暴行，引起了士大夫的愤恨，他所任命的关东牧守也都反对他。各地讨伐董卓的呼声日益高涨。而讨伐董卓，袁绍是最有号召力的人物，这不仅因为他的家世地位，还因为他有诛灭宦官之功和不与董卓合作的举动。本来，冀州牧韩馥担心袁绍起兵，派人在袁绍门前看守，让袁绍无法行动。这时，东郡太守桥瑁冒充三公写信给各州郡，历数董卓罪状，称"见逼迫，无以自救，企望义兵，解国患难"（《三国志》）。韩馥接到信件，召集部属商议，他问大家应当助袁氏还是助董氏，治中从事刘子惠正色说："兴兵为国，安问袁董？"韩馥语塞，脸有愧色。迫于形势，韩馥不敢再阻拦袁绍，写信表示支持他起兵讨董。

袁绍率关东州郡起兵讨伐董卓，董卓听闻关东起兵，因为害怕而毒杀弘农王刘辩，随后迁都长安。当时，袁绍自号车骑将军，仍领司隶校尉，与河内太守王匡屯河内，韩馥留邺，供给军粮。豫州刺史孔伷屯颍川，兖州刺史刘岱、陈留太守张邈、广陵太守张超、东郡太守桥瑁、山阳太守袁遗、济北相鲍信与曹操屯酸枣（今河南省延津县），后将军袁术屯鲁阳（今河南省鲁山县），各有军队数万。

董卓因袁绍、袁术在山东起兵，就将袁隗以及在京的袁氏宗族全部杀死。此时，豪杰大多归附袁绍，而且因他一家遭难想着为他报仇，所以州郡蜂拥而起的部队，没有不打着袁氏旗号的。

在当时的人看来，袁绍家族五世忠义，而袁绍为了诛灭宦官集团、对抗军阀，却导致被灭族，这是何等惨痛的遭遇。因此，在后来各路军阀集合讨伐董卓的队伍中，袁绍被推为"盟主"。这也不是随便就能当的，如果没有被天下认同的品德、家世背景和实力，是当不起这个盟主的。

董卓一方面杀了袁绍在洛阳的族人，另一方面又出兵和讨董联军打了起来。董卓军队的战斗力很强，而讨董联盟各怀异心。

酸枣联军方面，诸将会盟时遥推远在河内的袁绍为关东联军首领，公元190年对阵董卓部将徐荣的荥阳之战，袁绍也派人参与其中。荥阳战败后，酸枣联军的将领每日大摆酒宴，谁也不肯去和董卓的军队交锋。粮尽后，酸枣联军作鸟兽散，一场讨伐不了了之。

河内联军方面，袁绍将军队引到孟津，与冀州十郡郡守在漳河歃血结盟，盟誓共同讨伐董卓，辅助王室，拥戴天子。在孟津战场，袁绍的部下河内太守王匡与董卓对战，被击败。驻军河内时，原驻扎酸枣的将领曹操、原何进部将张杨率兵来到河内与袁绍会合，后张杨跟随袁绍到漳河与匈奴单于于夫罗一起驻兵。

南阳联军方面，豫州刺史孔伷去世，袁术麾下的长沙太守孙坚率领豫州兵将在梁东与董卓激战，袁绍任命的豫州从事李延落败被捕并被残忍杀害。

公元191年，袁绍与冀州刺史韩馥及山东诸将商议，因为汉献帝刘协年幼，受制于董卓，而且远隔关山，不知道是否还活着，想拥立宗室中岁数大、辈分高的刘虞为皇帝。于是以关东诸将的名义，派遣原乐浪太守张岐拜见刘虞，呈上众议。刘虞却断然拒绝。他们又请他领尚书事，承制封拜，也同样被刘虞拒绝，但仍然与袁绍联盟。

三、如何据有四州地

当时，董卓并未垮台，关东牧守却为了扩充个人的地盘、争夺土地和人口，相互争斗。韩馥唯恐袁绍坐大，故意减少军需供应，企图饿散、饿垮袁绍的军队。袁绍从河内进军孟津时，韩馥下属带领几百艘船和上万人的军队在深夜敲打着震耳欲聋的鼓声威胁袁绍，让袁绍十分厌恶。公元191年，韩馥部将麴义反叛，韩馥讨伐失利，袁绍派使者与麴义结交。结交韩馥叛将，除却怨恨韩馥多次对他不利，还因为袁绍决心入主冀州。

早在联兵讨董时，袁绍就曾经透露过他的计划是"南据黄河，北守燕、代，兼有乌丸、鲜卑之众，南向争夺天下"。南据黄河，北守燕、代，其中间广大地区正是物产丰富、人口众多的冀州。

不过，当时的勃海郡饥乏，连立足的地方都没有。逢纪献计道："韩馥是一个庸才，可以暗中与辽东属国长史公孙瓒相约，让他南袭冀州。待他大兵一动，韩馥必然惊慌失措，再趁机派遣能言善辩的人去和他说明利害关系，不怕他不让出冀州来。"袁绍很看重逢纪，果然照他的意思写一封信送给公孙瓒。

反董卓联盟是个松散的联盟，袁绍虽然是盟主，但是旗下的将领大多不听调遣，也不愿意真正和董卓拼死一战，谁也不肯去和董卓的军队交锋。此时董卓索性把皇帝、百官和百姓全部驱赶到长安，还一把火烧了洛阳。董卓一撤，讨董联军内部就开始各自攻伐、争抢地盘。

公元191年，董卓向西撤退，袁绍从孟津前线还兵延津；公孙瓒发兵击破韩馥于安平（今河北省衡水市冀州区）之后引兵入冀州，准备偷袭韩馥。这年秋，袁绍派说客不失时机地到了邺城。韩馥一战失败，慌了手脚。袁绍的说客荀谌等人对韩馥说："公孙瓒乘胜南下，诸郡望风而降；袁车骑也领兵到了延津，他的意图难以预料。"韩馥急切地问应对办法，荀谌不正面回答，反问韩馥在宽仁容众、被天下依附方面，在临危决策、智勇过人方面，在累世施恩、使天下受惠方面，与袁绍相比如何。韩馥连答三个"不如"。荀谌又说："公孙瓒率领燕、代精锐之众，兵锋不可抵挡；袁氏是一代英杰，哪能久居将军之下。冀州是国家赖以生存的重地。如果袁氏、公孙瓒合力，与将军交兵城下，将军危亡即在旋踵之间。袁氏是将军的旧交，而且结为同盟，如今之计，不如把冀州让给袁氏。"韩馥生性怯懦，缺少主见，听荀谌这么一说，也就同意了。

韩馥的部下长史耿武、别驾闵纯、治中李历劝谏韩馥说，冀州虽然偏僻，但甲士百万，粮食足以维持十年。而袁绍则是孤客穷军，仰人鼻息，就如同婴儿在手上一般，一旦断了奶，立刻就会饿死。所以不应让出冀州。韩馥说，他是袁氏故吏，才能也不如袁绍，不得不让位。

驻屯在河阳（今河南省洛阳市吉利区）的都督从事赵浮、程奂听到消息，急急自孟津驰兵东下去见韩馥，船数百艘，众万余人。当时袁绍在朝歌清水口（今河南省淇县），赵浮等人整兵鼓夜过袁绍营，袁绍非常厌恶。赵浮、程奂到韩馥面前，请求出兵抗拒袁绍，韩馥不同意。随后，韩馥搬出官署，又派自己的儿子把冀州牧的印绶送交袁绍。袁绍代领冀州牧，自称承制，送给韩馥一个奋威将军的空头衔。

袁绍任命之前不被韩馥礼待的朱汉为都官从事。朱汉得势后，为讨好袁绍，擅自命城郭兵包围韩馥府第，士兵拔出刀闯进府内。韩馥逃到楼上，朱汉抓住韩馥的长子，打断其双腿。袁绍得知后，立刻处死朱汉。韩馥心中恐惧，请求离开冀州，之后投奔张邈。后来袁绍派使者到张邈那里，在张邈耳边悄声细语，韩馥怀疑他们要害自己，于是自杀。

袁绍问别驾从事沮授："今贼臣作乱，朝廷迁移。吾历世受宠，志竭力命，兴复汉室。然齐桓非夷吾不能成霸，勾践非范蠡无以存国。今欲与卿勠力同心，共安社稷，将何以匡济之乎？"沮授回答说："将军年少入朝，扬名海内。废立之际，发扬忠义；单骑出走，董卓惊恐。渡河北上，渤海从命；拥一郡之卒，聚冀州之众。威声越过河朔，名望重于天下。如今将军如首先兴军东讨，可以定青州黄巾；还讨黑山，可以消灭张燕。然后回师北征，平公孙瓒；震慑戎狄，降服匈奴。可拥有黄河以北的四州之地，因之收揽英雄之才，集合百万大军，迎皇上于西京，复宗庙于洛阳。以此号令天下，诛讨未服，无人能抵御。"袁绍听了，非常高兴，随即加封沮授为奋威将军，使他监护诸将。袁绍又用田丰为别驾、审配为治中，这两人比较正直，但在韩馥部下郁郁不得志。此外，袁绍还用许攸、逢纪、荀谌等人为谋士，上表曹操为东郡太守。

冀州北面有公孙瓒，南面有袁术，这是袁绍的两个劲敌。袁术虽然是袁绍的从弟，但二人向来不和。兖州刺史刘岱同时是袁绍和公孙瓒的姻亲，袁绍让妻子与孩子住在刘岱的治所内。另一边，荆州牧刘表与袁绍是盟友，因此遭到袁术和孙坚的袭击。

这一年，袁术任命孙坚为豫州刺史，屯兵阳城（今河南省登封市）。正当孙坚出兵攻打董卓之时，袁绍派周昂率兵袭取了阳城。袁术派遣公孙瓒的从弟公孙越协助孙坚回救阳城，公孙越在作战中被流矢射中身亡。当时正在青州镇压黄巾军的公孙瓒将弟弟的死归罪于袁绍，举兵攻打袁绍。袁绍大惊，只得拔擢公孙瓒的从弟公孙范为勃海太守，以求缓和局势。但公孙范到勃海后，立即倒戈。

公孙瓒威震黄河以北，举兵攻打袁绍，冀州各郡全都闻风而降，倒向公孙瓒。公孙瓒轻松击破冀州各郡军队，派使者要求刘岱与袁绍断绝联盟关系，被刘岱拒绝。

袁绍亲自领兵迎战公孙瓒，两军在界桥（今河北省威县）南二十里处交锋。公孙瓒以三万步兵，排列成方阵，两翼各配备骑兵五千多人。袁绍令麹义率八百精兵为先锋，以强弩千张为掩护，他统领步兵数万在后。公孙瓒见袁绍兵少，下令骑兵发起冲锋，践踏敌阵。麹义的士兵俯伏在盾牌下，待公孙瓒的骑兵冲到只距离几十步的地方，一起跳跃而起，砍杀过去；与此同时，千张强弩齐发，向公孙瓒的骑兵射去。公孙瓒的军队遭到意想不到的打击，陷入一片混乱，骑兵、步兵都争相逃命。麹义的军队则越战越勇，临阵斩杀了公孙瓒所部冀州刺史严纲，获甲首千余人，又乘胜追到界桥。公孙瓒企图守住界桥，但再次被打败了。麹义一直追击到公孙瓒的驻营地。

袁绍命令部队追击敌人，自己缓缓而进，随身只带强弩数十张，持戟卫士百多人。在距离界桥十余里处，听说前方已经获胜，就下马卸鞍，稍事休息。这时公孙瓒部逃散的二千多骑兵突然出现，围住袁绍，箭如雨下。田丰扶着袁绍，要他退入一堵矮墙里，袁绍猛地将头盔掼在地上，说："大丈夫当前斗死，而反逃垣墙间邪？"他指挥强弩手应战，杀伤了公孙瓒的不少骑兵，公孙瓒的部队没有认出袁绍，也渐渐后退。少顷，麹义领兵来迎袁绍，公孙瓒的骑兵才撤走。

公元192年，巨马水之战爆发，袁绍部下崔巨业领兵围故安（今河北省易县），久攻不下，撤退时被公孙瓒派三万人追击，在巨马水被杀七八千人。公孙瓒乘胜追击，攻城略地，来到青州平原郡，当时青州刺史焦和已经去世，公孙瓒于是任命田楷为青州刺史，同时袁绍也指派臧洪领青州，又派出几万兵马与田楷交战，双方为争夺青州连战两年。

此后不久，龙凑（今山东省德州市）之战爆发，公孙瓒又派兵到龙凑挑战，袁绍再次打败公孙瓒。公孙瓒于是退回幽州，不敢再出来。

冀州是各方英杰想要争夺的四战之地，其周边除了割据的诸侯，还有匈奴、乌桓、鲜卑等部族，同时州郡内部盘踞着势力强大的起事部队，其中主要是张燕领导的黑山军。黑山军遍布冀州的常山、中山、赵郡、河内等地区，足有上百万人，连朝廷都无力征讨，后来多数部队被袁绍平定。

正在此时，长安朝局发生剧变，司徒王允和中郎将吕布等密谋杀死了董卓，但因不能妥善处理董卓旧部，引起董卓部将李傕、郭汜举兵叛乱。结果王允被杀，吕布东逃，先后投奔袁术、张杨、袁绍。

公元193年，刘表截断袁术粮道，袁术进军陈留，与黑山军残余会合，被袁曹联军击败。此时，曹操攻打陶谦，袁绍派兵支援。

吕布自恃战张燕有功，向袁绍要求更多的军队，袁绍没答应。吕布的将士多有凶恶残暴的举动，令袁绍很头疼。吕布感觉不安，就请求回洛阳。袁绍同意他的要求，以天子名义任命吕布领司隶校尉，派猛士送吕布而暗中要他杀掉吕布。吕布怀疑袁绍打自己的主意，悄悄逃走。吕布投归张杨，途中经过陈留，被太守张邈派人盛情款待。张邈曾在讨伐董卓时指责袁绍神色骄傲，袁绍就命令曹操杀掉张邈。曹操不听，但张邈心中不安。

公元194年，张邈与陈宫等人联合，迎吕布入兖州对抗曹操，兖州郡县纷纷响应起事，曹操在濮阳围攻吕布，被吕布击破。

公元195年，曹操夺回兖州后围攻张邈之弟张超，张超希冀身为故吏的臧洪来援，但臧洪是袁绍的部下，大家都担心臧洪的上司袁绍，不会同意臧洪援救张超对付曹操。臧洪听说张超被围，请求袁绍出兵，果然被袁绍拒绝。最后张超被曹操灭族。臧洪怨恨袁绍不出兵相助，于是不再听命于袁绍，反而举东郡之兵与之对抗。袁绍兴兵围城一年，最终攻破东郡。本来袁绍欣赏臧洪的才华，想要原谅他的背叛，但臧洪不愿屈服、宁愿求死，于是袁绍处死了他。

公孙瓒兼并了刘虞后，刘虞旧部鲜于辅等招引乌桓，攻打公孙瓒，袁绍也派麴义出兵协助刘虞的儿子刘和，与鲜于辅等合兵，共集中十万大军，在鲍丘（今河北省丰宁县与北京市密云区一带）打败了公孙瓒，迫使他退保易京。麴义与公孙瓒相持岁余，军粮耗尽，士卒饥困，率余众数千人退走，公孙瓒乘势追击，将其击破，尽得其辎重。

袁绍有三子：长子袁谭、次子袁熙、三子袁尚。他宠爱后妻刘氏，也对袁尚特别偏爱，有意以袁尚为嗣，让袁谭出任青州，还对沮授说："我要让四人各据一州，来观察他们的能力。"袁谭最初为青州都督，后曹操拜袁谭为刺史；袁谭到达青州，控制的地区只有平原，于是北排田楷，东攻北海国相孔融，曜兵海隅，整个青州落入袁氏手中。袁绍又以次子袁熙为幽州刺史，外甥高幹为并州刺史，只留袁尚在身边。

乌桓首领丘力居去世后，其子楼班尚幼，侄子蹋顿即位，统率三个郡的乌桓军。公元196年，袁绍与公孙瓒对峙，蹋顿派遣使者到袁绍处，请求与袁绍和亲。随后，蹋顿派兵帮助袁绍，大败公孙瓒。袁绍封赏蹋顿等乌桓首领，授予蹋顿等人单于印绶。后来，乌桓部众推举楼班为单于，推举蹋顿为乌桓王。广阳郡（今北京市）人阎柔年轻时在乌桓、鲜卑游历，得到信任，利用鲜卑人杀了护乌桓校尉邢举并取而代之。袁绍命阎柔安定北部边郡。

公元195年，朝廷拜袁绍为右将军。这年冬，汉献帝刘协在杨奉等人的护卫下逃到曹阳，李傕率军紧随其后。公元196年，曹操带汉献帝迁都于许昌。自从定都于许昌后，天子被架空，权力归于曹氏。曹操以皇帝的名义下诏书指责袁绍："地广兵多，专门树立私党；不见出师勤王，但见发兵与他人互相攻伐。"袁绍向汉献帝上书申诉道："若使得申明本心，不愧先帝，则伏首欧刀，褰衣就镬，臣之愿也。唯陛下垂尸鸠之平（尸鸠之平，比喻君主公平对待臣民），绝邪谄之论，无令愚臣结恨三泉。"此时的曹操自任为大将军，而任袁绍为太尉，封邺侯。太尉地位在大将军之下，袁绍深感屈辱，上表不受封拜。曹操便将大将军职位让给袁绍。公元197年，曹操派孔融持天子符节出使邺城，拜袁绍为大将军，让他兼管冀州、青州、幽州、并州四州。

与此同时，公孙瓒在接连败北后，固守易京高台，几乎过着与世隔绝的生活。由于城内积谷甚多，防守严密，袁绍派遣大将进攻数年，攻打不下。袁绍写信给公孙瓒，希望达成和解，公孙瓒不答应，反而增加了军备，积极应战。

公元198年，袁绍亲领大军攻打幽州，所向披靡，进而围攻易京，公孙瓒派遣其子公孙续向黑山军求救。公元199年春，公孙续、张燕带领十万救兵分三路向易京进发。公孙瓒派人给公孙续送密信，约定以点火为信号，内外夹击袁绍军。这封信被袁绍的哨兵截获了，袁绍命陈琳修改了信中的词句，并依照约定的信号点起火堆。公孙瓒以为救兵已到，领兵攻出来，遭到袁绍伏兵的痛击，又龟缩入城。袁绍加紧挖地道，一直挖到楼台下，先用柱子顶着楼基，然后火烧支柱，楼台也就随之崩塌。公孙瓒无路可走，缢杀姐妹妻子，然后引火自焚，这时袁绍的士兵冲到楼上将他的首级斩下。后来，公孙续被屠各杀死。张燕势力也因被袁绍击败而衰落。袁绍占据了幽州，兼并了公孙瓒的军队。自此，袁绍统一黄河以北，虎踞四州，是当时最强的割据势力。

四、官渡斗法最终休

公元199年，袁绍刚刚赢了与公孙瓒十年之战，就想马上去攻打曹操。监军沮授进言说时机还不到。因多年战乱，仓库里没有粮食，当务之急是让百姓休养生息。此外，沮授还建议他派遣使者将消灭公孙瓒的捷报呈献天子，如果捷报不能上达天子，就可以上表说曹操断绝了他与朝廷的联系。沮授解释说："获得政治上的主动权，再采取长远之策。现在曹操奉天子之命号令天下，您若举师南向，于义则违，兴师无名。"结果袁绍不但不听，还解除了沮授的兵权。

公元200年，谋士田丰建议袁绍乘着曹刘对垒胶着之机，应该迅速"举军而袭其后"。这正是曹操部将最担心的事情。而袁绍因儿子生病没有采纳。再度错失千载难逢的好机会。

直到曹操击破刘备，还军官渡，袁绍儿子的病也差不多好了，他就召集部下"乃议攻许"。田丰反对并建议袁绍对外结交英才，对内抓紧农耕以备战，再挑选精锐之士组成奇兵部队，频繁攻击敌人薄弱之处，使敌军疲于奔命，无法安心生产，这样不到三年，就可坐等胜利。但袁绍不听，非要"决成败于一战"，还以强谏为由，把田丰关押起来。

与袁绍相比，曹操无疑在战略、战术素养方面明显棋高一着。就在曹操迎汉献帝之前，袁绍的谋士就纷纷献策，要袁绍迎接汉献帝以挟天子令诸侯，但袁绍担心皇帝不好伺候而坐失良机；并且袁绍在攻下河北等地后，便将几个儿子四处分封派驻，这也为日后袁绍死后，他的儿子们争权厮杀埋下了定时炸弹。但从人品来说，袁绍的人品无疑比曹操好太多了。在当时的人看来，作为举朝闻名的公族子弟，袁绍家族五世仁义，品德优越，在治理河北期间，袁绍也以政宽仁和闻名，因此即使在官渡之战中败给曹操后，袁绍的大本营仍然没有受到什么影响，而曹操攻占袁绍的地盘、统一北方，那是在官渡之战两年后，袁绍病死了，曹操才得以实现统一北方的梦想。

在汉末时期，宦官家庭出身的曹操的家庭背景为人不齿，并且曹操年少时花花公子的形象也没有给时人留下太好的印象；而在讨伐董卓失败、各路军阀互相厮杀的过程中，曹操也以反复无常、滥杀朝臣、诛除异己闻名当时。更有甚者，曹操还组织军队到处挖掘各个王侯贵族的陵墓盗取金银宝物，甚至任命专业的盗墓官"摸金校尉"等到处盗挖。应该说，那时曹操的所作所为，为人所不齿。

与曹操相比，袁绍也有很多缺点，缺乏战略眼光、战术素养不足、听不进谋士意见，但除却这些缺点，当时的整个东汉，对于袁绍的人品倒是很认可的。翻遍《三国志》和裴松之的注释，可以发现东汉和魏晋南北朝时期从上到下，对于袁绍的人品都没有太多非议，只是说他刚愎自用、有勇无谋。对于曹操，无论是东汉末年的时人，还是后代，对他的为人和做法普遍不屑。

然而，历史就是这么残酷，阴险的人最终笑到了最后。

公元199年，袁绍派精兵十万南下进攻许都。官渡之战拉开序幕。

面对袁绍的进攻，"许下诸将闻绍将攻许，皆惧"。孔融是惧怕者的代表，他对谋士荀彧说："袁绍地广兵强，有田丰、许攸这样的智士为他出谋划策，审配、逢纪这样的忠臣为他办事，再加上颜良、文丑这样的勇将统领军队，恐怕难以战胜啊！"荀彧的分析耐人寻味："袁绍的兵马虽多，但法纪不严；田丰刚直，但常常冒犯上司；许攸贪财，又治理无方；审配专权，没有谋略；逢纪处事果断，但自以为是。这几个人，势必不能兼容，一定会生内讧。颜良、文丑不过是匹夫之勇，打一场仗就可以捉住他们了。"曹操的分析与荀彧高度一致："袁绍人马最多而调度无方，将领骄横而政令不一。他土地广大、粮食丰足，这些正好是为我们预备的啊！"战争结果正是如此。

公元200年，在决定当时整个北方战局的官渡之战中，许攸先是向袁绍建议偷袭曹操的大后方许都，史书记载，当时袁绍拒绝了这个建议，于是许攸投奔了曹操，又向曹操建议偷袭袁绍堆放军粮的大本营乌巢，曹操由此大破袁绍，实现逆袭。但历史的真相是，许攸之所以叛逃曹操，是因为当时袁绍接到举报，说许攸的家人在河北骄横放纵，到处欺负平民抢掠敛财，已经引发很大民愤，当时袁曹大战正在进行中，袁绍并未因此发作，反而是许攸这个墙头草，看到自己在河北的贪赃枉法事迹就要败露，于是乎马上来了个叛逃投敌，将袁绍的机密一五一十告诉了曹操，使曹操拥有了绝地大反击的机会。

袁绍所托非人，在听说曹操精兵出击乌巢后，立刻组织重兵猛攻曹操的大本营。这在当时也是一个非常好的计策，然而袁绍派去的大将高览、张郃却临阵叛逃，致使袁绍的军队溃败，而曹操则将袁绍的降军七万多人全部活埋坑杀。

官渡之战后，袁绍仍然继续据守河北，曹操也并未能再进一步，一直到两年后袁绍病死，曹操才能大肆进攻袁绍的地盘，最终统一北方。袁绍死后，他的谋士审配为他守城，始终拒不投降曹操，城破后，审配大骂曹操，临死前"叱持兵者令北向，曰：'我君在北。'"一位死后仍然得到臣子拥护和尽忠的人，肯定是有着非凡的人格魅力，只是历史总是成王败寇，袁绍这位品德优秀、礼贤下士、勇略过人的贵族子弟和汉末英雄，最终败在了枭雄曹操手中，而后世的小说家则无情地将他奚落成为刚愎自用、有勇无谋的莽夫和军阀。

袁绍得到"名豪大侠，富室强族"的支持，最后雄踞河北，成为当时最大的割据者。出身世族的袁绍，再加上他的游侠性格和豪杰才能，叱咤风云，雄踞一方。但袁绍这个人多谋寡断，有谋无断，没有决心，不果断，结果兵败于官渡。所以有谋还要善断。

第十九章

僭号天子的袁术：错误理解了
"代汉者，当涂高也"

说起袁绍同父异母的弟弟袁术，可谓是无人不知无人不晓，在《三国演义》的描述中，他自以为是、性格多变，被曹操、刘备、孙策、吕布打得落花流水，死到临头还要喝蜂蜜水，最终吐血而死。但小说终究是小说，并不是真正的历史。

一、冢中枯骨说袁术

1.侠士袁术

陶谦死后，刘备建议由袁术接任徐州牧，孔融却说："袁公路岂忧国忘家者邪？冢中枯骨，何足介意。"冢中枯骨，死人一个。孔融对袁术的评价，未必准确。

中国历史上，但凡是乱世，都是人才辈出的年代。当然并不是英雄喜欢乱世，而是乱世造就英雄。东汉末年，能够举起大旗，招揽各路英雄割据一方的，都不是简单人物。有专家研究认为，东汉末年的侠士大致可以分为游侠、气侠、轻侠等几种级别。

游侠是"以救时难而济同类"者，亦即为消解当时宦官操纵朝政的灾难，联合志同道合者，组成强大的政治集团，如曹操、袁绍。

气侠的含义除了"为气任侠""好侠尚气力"和"尚侠气"等特点以外，

还有下济人民之难，上赴国家之急的高尚品格，故"气侠"是"游侠"中层次较高的一种，比如袁术。

轻侠不仅仅是一般性的"无行"，而是属于打家劫舍的绿林强盗行径。《三国志》称"轻侠狡杰"。"至于为盗贼"的"轻侠"，有吕布、孙坚。

这些侠士，乐善好施、以解救他人困厄为荣，为社会各界所推崇。除了董卓"以健侠知名"，袁绍"以豪侠得众"，刘备"好交结豪侠，年少争附之"，还有徐庶"少好任侠击剑"，孙权"好侠养士"，甘宁"少有气力，好游侠"等。袁术也是其中之一。

《三国志·袁术传》载："袁术字公路，司空（袁）逢之子……以侠气闻。"《后汉书·何进传》载："虎贲中郎将（袁）术，亦尚气侠。"

袁术虽然出身世家公子，家财万贯，但他并不是悭吝的守财奴，而是仗义疏财、乐于助人，喜欢与社会各界人物结交。无论是名士、豪族，还是败军之将、朝廷要犯，抑或是黄巾余党、匈奴单于，他都心无芥蒂，虚怀若谷予以接纳，是有名的侠义之士。

《北堂书钞》引《魏志》载，当时江湖上流行一句话叫作"路中捍鬼袁长水"。袁术曾任长水校尉，"袁长水"是对袁术的尊称。"路中捍鬼"的意思类似于现在说的"路见不平拔刀相助"，说的就是袁术行侠仗义，能够救人于危难之中，是人们心目中的大侠。

2.袁术有一定的军事才能

袁术的起家可谓是一帆风顺。他的家族是四世三公的"汝南袁氏"，家族影响力巨大，门客故吏遍及四海。

作为司空袁逢的嫡次子、太仆袁基的同母弟，刚刚出道便被举荐为孝廉，任职郎中，先后多次担任朝廷内外官职，后为折冲校尉、河南尹、虎贲中郎将。这可是平常百姓难以企及的。有这么好的背景，使得他在社会上知名度高，普通老百姓也认识他，一旦他号召起兵，自然会有大批仁人志士追随。这就说到火烧皇宫了。

汉灵帝刘宏驾崩后，大将军何进掌握朝政大权，袁术与袁绍得到了何进的拉拢。何进谋诛宦官，让袁术选拔二百名可靠的士兵开进宫中，准备取代原来那些持兵执刃把守宫门的黄门侍者。

公元189年，中常侍段珪等人杀害何进，何进部曲将吴匡、张璋欲图率兵入宫，而宫门已关闭。此时的何进旧部乃至整个士大夫官僚集团都陷入空前危机。此时，袁术主动站了出来，率领何进部曲吴匡等人，放火烧南宫九龙门及东西宫，迫使宦官集团弃宫城出走。在这一过程中，吴匡等人只是何进部曲，地位很低，能够发挥的作用有限，起到统率作用的只能是时任虎贲中郎将的袁术。

袁术临危不乱，果断放火烧门攻入宫城，在关键时刻一举清除了宦官势力，导致宦官势力在此后数百年间消失于政治舞台，直至唐朝中后期才重新崛起，这一历史影响可谓深远。这一战，体现了袁术身上的侠士作风，敢作敢当，很有决断的魄力。

董卓进京后，任袁术为后将军，可见董卓也是很看重袁术的。袁术察觉出天下动荡的局势，带着手下逃离了长安，奔逃到当时东汉人口最多的南阳郡，等待着时局的转变。此时，长沙太守孙坚北上讨董，途中杀死南阳太守张咨，引兵从袁术。

南阳是当时光武帝刘秀起兵的地方，东汉历代皇帝都非常重视南阳的建设，单是南阳的郡城就长达三十六公里，更加难以想象的是，当时南阳的人口居然有二百四十万之多。在当时拥有如此庞大的人口跟领地的只有袁术一人，在当时人口就代表着生产力跟战斗力，坐拥如此富庶地域的袁术怎么会没有些想法呢？

公元190年春，袁术与冀州牧韩馥、豫州刺史孔伷、兖州刺史刘岱、河内太守王匡、勃海太守袁绍、陈留太守张邈、东郡太守桥瑁、山阳太守袁遗、济北相鲍信一同举兵于关东，众人推袁绍为盟主。袁绍屯河内，袁术屯南阳，孔伷屯颍川，韩馥在邺城，张邈等人屯酸枣。董卓下令迁都长安，焚烧宫室。仍留屯洛阳的董卓杀死太傅袁隗、太仆袁基，并将身在京城的袁氏宗族尽皆处死，袁基的母亲也死于此时。

董卓又派大鸿胪韩融、少府阴修、执金吾胡母班、将作大匠吴修、越骑校尉王瑰劝解关东诸军，结果袁绍指使王匡杀死胡母班、吴修、王瑰，袁术也将阴修捉住处死，只有韩融因名声德行而得以幸免。

3.因另立新君之事兄弟失和

袁术上表孙坚为破虏将军，领豫州刺史。孙坚领军出征，袁术在后方提供粮草补给。公元191年，孙坚率军击败董卓军的胡轸、吕布，斩杀了华雄，取得大捷。袁术担心孙坚会尾大不掉，不运军粮给孙坚。孙坚便连夜赶回，对袁术说："我之所以出身不顾，上为国家讨贼，下为报将军家门私仇……现在大功即将告成而军粮不继，这便和吴起叹泣于西河、乐毅遗恨垂成的形势一样。希望将军细细思考。"袁术惭愧，立即给孙坚调发军粮。孙坚回到前线后，率军攻入洛阳。董卓逃到长安，孙坚又分兵出函谷关。

当时，议者认为汉灵帝失道，使天下叛乱，汉献帝幼弱，是被贼臣拥立，又不是母氏所出，汉宗室幽州牧刘虞素有德望，袁绍等人就想立他为帝。袁绍派人通知袁术，希望得到袁术支持。但是袁术不赞同袁绍的提议。袁绍又给袁术写信说："之前我与韩馥一同议论永世之道，打算让海内重现再兴之主。如今西边名义上有幼君，血统却不正，公卿以下都在依附董卓，岂能信任！现在应当派兵屯驻关要，出兵向西，再东立圣君，天下太平指日可待，有何可疑！况且我们的家室被害，不念伍子胥之事，还能北面称臣吗？违背上天不祥，希望你再仔细思考。"袁术回复："圣上聪叡，有周成王的资质。贼臣董卓趁危乱之际，威服百官，这是大汉出现小难的时候，国家尚未被祸乱倾覆，我便打算再次复兴。您却说如今的圣上血统不正，岂不是诬言！先人以来，世代相承，以忠义为先。太傅仁慈恻隐，虽然知道贼臣董卓必成祸害，却以信徇义，不忍离去，最终门户灭绝，死亡流漫。我们得到远近势力前来相助，不趁此时上讨国贼，下刷家耻，却想着另立新君，真是没听说过的事。您又说我们家室被害，岂能北面称臣。那是董卓做的事，岂能怪罪于国家？君命，便是天意，天意不可怨恨，何况这根本不是君命呢！我一片赤心，志在消灭董卓，不愿想着其他的事。"兄弟两人因此积怨翻脸。

公元191年，袁绍、韩馥等人遣使劝刘虞即尊号，刘虞固辞。韩馥等人又请刘虞领尚书事，刘虞又不许。之后，刘虞派田畴、鲜于银前往京城长安。此时，恰逢汉献帝希望东归旧京，见到田畴等人后大喜。当时刘虞的儿子刘和在朝廷担任侍中，献帝便令刘和出武关向刘虞求救。刘和经过南阳时，向袁术述说天子之意。袁术为了让刘虞帮助自己，就把刘和扣留在南阳，让他写信要刘虞派兵帮助自己西征。刘虞不听公孙瓒劝阻，派数千骑兵前去南阳。公孙瓒担心袁术怨恨自己，就派从弟公孙越率一千骑兵拜见袁术，请求联合，并劝袁术捉住刘和，夺取刘虞的兵马。不久，刘和逃到北方，又被袁绍扣留。

此时，进攻董卓的孙坚尚未返回，袁绍便派兵争夺豫州，爆发阳城之战。袁术、孙坚击破袁绍派来的军队。

此后，袁术因与袁绍有隙，转而与公孙瓒以及陶谦结盟，与袁绍相互争霸，袁绍也联合刘表等人。公元192年，袁术召回孙坚，命他攻打刘表，孙坚在围攻襄阳时战死，其侄孙贲带将士依附袁术。

这一年，吕布与司徒王允等人共同诛杀董卓，之后又被董卓旧将李傕击败，率数百骑逃出武关，来到南阳投奔袁术。吕布自以为杀董卓对袁氏有恩，而袁术厌恶吕布反复无常，因此拒绝不受。

公元193年，袁术粮道被刘表截断，于是连同朝廷任命的兖州刺史金尚挥军北上，攻击兖州。袁术屯军于封丘，之后又有黑山军余部以及匈奴于扶罗等助战。封丘一战，被曹操打败之后，所部在袁术指挥下，有条不紊地转移到九江郡（今安徽省寿县），迅速在淮南站稳脚跟，势力继续不断壮大。

袁术占据扬州，又兼称徐州伯，以张勋、桥蕤为大将。李傕打算结交袁术，于是拜袁术为左将军，假节，晋封阳翟侯。

4.袁术培养不少知名人物

得势后的袁术提携了不少人，即使与他不和，他也能宽容以待，可谓是折节下士。孙坚、孙策父子早期就是在袁术的提携之下崛起的。孙坚曾以长沙太守的身份出兵袭击荆州刺史王叡，以下犯上，形同叛逆，如果不是袁术及时将其纳入讨伐董卓大军的麾下，孙坚很可能会被认为是和董卓一路的反贼。除此之外，诸葛亮的叔父诸葛玄、孙权的舅舅吴景，早年都是在袁术的提携下起家走上政治舞台的。

由于袁术敞开大门，广纳四方英才，很多人在不得志时都选择投奔袁术。典型如吕布，在被李傕、郭汜打败后首先想到的是东奔投靠袁术；张邈与曹操在雍丘决战，失败后也是首选南下投袁术；董卓当政时，名士郑泰参与策划谋杀董卓失败，逃出长安来投袁术，死于途中，其弟郑浑带着郑泰的儿子郑袤（189—273）至淮南，袁术宾礼甚厚。

公元196年，吕布袭击刘备，夺取徐州，与袁术结盟，袁术立即送给吕布军粮二十万斛，并承诺"若兵器战具，它所乏少，大小唯命"，意思是各类武器装备，无论大小，都可以提供给吕布，可见此时袁术的军事、经济实力已经完全恢复，而且实力十分雄厚。袁术固然不是百战百胜的常胜将军，但他临危不乱，多次在危急关头果断决策，扭转不利的形势，这绝不是平庸、颟顸之辈能够做得到的。

这些事例表明，在当时人的心目中，人们在落难之际首先想到的就是寻求袁术的帮助，这也印证了《后汉书》所说袁术"尚气侠"、以侠义助人的性格是符合客观事实的。

难能可贵的是，对于那些不喜欢袁术的性格为人和行事作风的人，袁术也大多能够宽容对待，而不是轻易施加刑戮。袁涣避难江淮，接受了袁术所任命的官职。但他经常和袁术抬杠，反驳袁术的观点，袁术虽然辩不过他，但也没对他怎么样，依然礼敬有加。周瑜年少时为袁术所欣赏，袁术欲以周瑜为将，周瑜认为袁术终无所成，求为居巢县长，袁术不以为忤，而是爽快地满足了他的要求。陆绩（188—219）六岁时，在九江拜见袁术。袁术让人给他吃橘子，陆绩在怀里藏了三个橘子。临走时，陆绩告辞，橘子掉落在地上。袁术笑着说："陆绩，你来别人家做客，怀里怎么还藏着橘子？"陆绩跪在地上，回答道："橘子很甜，我想要留给母亲吃。"袁术说："陆绩这么小就知道孝敬，长大后一定会成才。"袁术后来经常跟别人称赞他的美德。

二、自不量力称仲家

王莽篡汉时，有谶语为"刘秀当为天子"。王莽的国师刘歆曾名刘秀，借这一谶言谋反，但最终失败。刘歆可谓是王莽最信任的人，他也弃自己而去，可以说冲破了王莽心中的最后一道防线。而王莽政权最终还是被名为刘秀的人取代，那就是汉光武帝刘秀。

那汉朝的结局呢？"代汉者，当涂高"，这则相当古老的谶言产生的时间，大约在西汉王朝末年，东汉王朝初期。此谶言是出自何人之口，起源于何文之典，现已无从考证。史载，东汉的第一位皇帝——光武帝刘秀，曾见到过这则谶言。在他和已自称皇帝的蜀郡太守公孙述进行谶言理论较量时，曾经提到这则谶言。公孙述认为自己就是那个"当涂高"。刘秀却认为公孙述是一厢情愿，在他给公孙述的书信中说："代汉者，当涂高，应是一位姓当涂，名高之人，君岂高之身？！"按照儒家"五德始终"理论，汉朝属于火德，依五行相生来推导，取代汉朝者应该是具有土德、色尚黄的势力。黄巾军自称"黄天"，曹丕年号"黄初"，理论依据就在这里。

公元196年，"代汉者，当涂高"这则谶言，在大汉的国土上，以各种各样的方式流传了近两百年。在众多谶言的信众中，淮南袁术是其中之一。袁术是那一时期第一个敢称天子的人。而他敢称天子，一个十分重要的原因就是这则谶言。袁术认为，这句谶言说的恰好是他。第一，他姓"袁"，"袁"通"辕"，指辕门，即军营、官署的大门，"当涂高"者，靠近大路而高大的东西，就是辕门。第二，他名"术"，字"公路"，"术"的古义是城市中的道路，"术""路""涂"都是同一个意思。第三，"袁"字的部首是"土"，应土德，与"涂"字的部首相合，正是取代汉朝的火德。第四，袁氏出自陈，为帝舜之后，帝舜是土德，所以袁氏属土德。第五，袁氏始祖为陈国大夫媛涛涂，与"当涂高"之"涂"字相合。

公元197年，袁术把他的野心落实到了行动上，在寿春正式自称"仲家"，设置公卿百官，郊祭天地。袁术从未诏告天下称帝。之后的袁术，很快成为众矢之的，不久就接连遭到孙策、吕布、曹操三方的叛盟与打击。

袁术称"仲家"后，派韩胤为使者，将事情告诉吕布，并请求两家结亲，让吕布把女儿嫁给自己的儿子。吕布最初答应，之后听陈珪劝谏，追回女儿，并把韩胤送到许都，曹操将韩胤处死。

孙策也不满袁术僭号的行为，于是写信责备袁术，与他断绝关系，遣徐琨驱逐袁术所设的丹阳太守袁胤，并令孙辅屯历阳抵御袁术。吴景、孙贲也脱离袁术，投奔孙策。袁术暗中遣人联络丹杨郡泾县一带山越人的头领祖郎等人，让他们煽动山越攻打孙策，后来祖郎被孙策生擒。

袁术命大将张勋、桥蕤等人同韩暹、杨奉合兵，率步骑数万，分七路进攻吕布。吕布用陈珪所献离间计，说服韩暹、杨奉反叛，于下邳大破张勋，袁军崩溃而走，战死、溺死者不可胜数。吕布又与韩暹、杨奉率军向寿春，水陆并进，抄掠了大量物资，引军退还。

曹操亲自征讨袁术，袁术闻知，渡淮而走，留桥蕤、李丰、梁纲、乐就镇守蕲阳，最终桥蕤、李丰、梁纲、乐就四将皆被曹操斩杀。袁术损兵折将，众叛亲离，自此一蹶不振。

屋漏偏逢连夜雨，事隔不久，袁术又于这一年冬天碰上大旱灾与大饥荒，实力严重受损。

公元199年，走投无路的袁术提出，以将"仲家"归于袁绍为前提投奔袁绍。袁绍同意接纳袁术。袁术前往投奔的路上被曹操派来的刘备等人截住去路。这年夏，袁术在返回寿春的路上，走到一个叫江亭的地方，随军只剩三十斛麦屑。此时，袁术异想天开想喝蜂蜜水，随从找不到蜂蜜，无计可施。袁术见状，叹道："袁术至于此乎！"不久，袁术吐血而亡。

袁术死后，其堂弟袁胤率残部及族中家眷投奔庐江太守刘勋，后刘勋又被孙策打败，女眷落入孙氏之手，袁术之女还被孙权迎娶为夫人。孙权后宫中地位相当于皇后的步夫人死后，孙权还一度打算立袁夫人为皇后（只是被袁夫人以无子嗣为由推辞了）。由此可以看出袁术对孙家的影响。

袁术一生以大侠自居，在社会上积累了很高的名声和威望，能够招纳许多人才为其效命，这是他的优点。但他也犯过致命的错误。袁术的致命错误，首先是低估袁绍和曹操的实力，在争夺豫州、兖州的封丘之战中败于袁绍和曹操的联军，丧失战略先机。其次是不重视民生，一心想着称霸中原，不以淮南百姓的生计为念。再次是错判形势，过早称"仲家"，陷入众叛亲离。

第二十章

伏波将军陈登：如何能让陶谦、刘备和曹操都器重

东汉末年，天下大乱，征战不休，涌现出了许多骁勇善战的名将，也出现了不少运筹帷幄的谋士。像荀彧、荀攸、郭嘉、贾诩、诸葛亮等，人们都比较了解，然而还有许多才华横溢，但知名度并不高的奇才，比如献策擒吕布、率军破孙策，让当时的两位英雄刘备、曹操齐声称赞的陈登（163—201）。

《三国演义》中，陈登可是刘备的拥趸。陶谦死后，主持由刘备继任徐州牧的，是陈登；刘备被吕布偷袭老巢，在后方稳住吕布的，是陈登；在吕布阵营中玩"无间道"，最后坑死吕布的，也是陈登；协助关羽斩车胄，让刘备重新占有徐州的，还是陈登。但历史的真相到底是怎样呢？

一、陶谦部属拥刘备

陈登，字元龙，下邳淮浦（今江苏省涟水县）人，其家族是当地豪族，世代为官。他的曾祖父陈亹官至广陵太守；父亲陈珪官拜沛国相，与袁术、华佗（约145—208）从小便有交情。其叔祖父陈球更是位至三公之首（太尉）。

作为名门之后的陈登自幼博览群书，很有才华，在二十五岁时就被推举为孝廉，担任东阳（今江苏省盱眙县）长，"养耆育孤，视民如伤"。当时正值汉末，"世荒民饥"，徐州牧陶谦就举荐陈登为典农校尉，"乃巡土田之宜，

尽凿溉之利，粳稻丰积"。

陶谦因部将张闿劫杀曹操之父曹嵩，遭到曹操疯狂进攻，徐州的形势一时间危急。为了对抗曹操，陶谦让刘备来增援，并将他安置在小沛。刘备在驻屯期间倾心结交徐州的官员和名士，因而收获极高的口碑，而陈登对他的印象也极佳。

公元194年，陶谦病重，对别驾麋竺说："非刘备不能安定徐州。"陶谦死后，麋竺率州人迎接刘备继任徐州牧。刘备不愿领徐州，陈登对刘备说："今汉室陵迟，海内倾覆，立功立事，在于今日。彼州殷富，户口百万，欲屈使君抚临州事。"刘备说："袁公路近在寿春，此君四世五公，海内所归，君可以州与之。"陈登说："袁术骄纵而奢侈，不是治理乱世的人。现在我们愿意为使君提供步骑十万，上可以匡君济民，建立五霸之业，下可以割据守境，在竹帛上留下功名。如果使君不愿听从，那陈登也不敢听从使君说的。"北海相孔融对刘备说："袁公路岂忧国忘家者邪？冢中枯骨，何足介意。今日之事，百姓与能，天与不取，悔不可追。"刘备遂领徐州牧。陈登又写信给袁绍说："天降灾沴，祸臻鄙州，州将殂殒，生民无主，恐惧奸雄一旦承隙，以贻盟主日昃之忧，辄共奉故平原相刘备府君以为宗主，永使百姓知有依归。方今寇难纵横，不遑释甲，谨遣下吏奔告于执事。"袁绍同意刘备领徐州，回信说："刘玄德弘雅有信义，今徐州乐戴之，诚副所望也。"由此而论，陈登堪称刘备和平取得徐州的头号功臣。

二、改换门庭助曹操

公元196年，"鸠占鹊巢"的吕布袭夺徐州，驱逐刘备，刘备败投曹操。经此一事，落入吕布之手的陈登看清楚刘备的本性与能力，知他目光短浅、才智平庸，绝非自己可以托付终身的明主，最终决定"改换门庭"，投靠曹操。

公元197年，淮南袁术僭号，并派韩胤为使来到徐州向吕布求亲。陈登的父亲陈珪前往劝说吕布，说这样将担上天下不义的罪名，危险随时就会到来，提醒吕布，不如像曹操一样奉迎天子。

吕布心里也怨恨当初袁术不接纳自己，连忙派人把已经跟着韩胤上路的女儿追了回来，不但拒绝了这门亲事，还将使者韩胤送往许都斩首示众。陈珪想派遣儿子陈登去曹操那里，吕布不同意。

此时，曹操为了专心对付袁术，也想暂时稳住吕布，就派使者前来徐州。曹操的使者不但代天子任命吕布为左将军，还用曹操本人的金子给吕布铸了将军印，更是把曹操自己的紫绶送给了吕布。

得知曹操高看自己，吕布非常高兴，马上命令陈登启程，带着他的书信和一个上等绶带送给曹操作为答礼。陈登到达许都，见到曹操，面陈吕布勇而无谋，反复无常，劝曹操早日对付他。曹操说："布，狼子野心，诚难久养，非卿莫能究其情也。"当即加陈珪俸禄为中二千石，拜陈登为广陵（今江苏省扬州市）太守。临别时，曹操拉着陈登的手说："东方之事，便以相付。"让陈登暗中召集部众为内应。

吕布派陈登出使的目的是想得到更多的地盘，也就是通过陈登谋求徐州牧的职位，让自己这个偷袭得来的徐州得到天子的承认。但这只是吕布的一厢情愿。陈登不但没有在曹操处为他周旋游说，还劝曹操早日将他除掉。陈登出了一趟差事，递了一封文书，得到了一个太守职位。陈登早先为一县县长，陶谦时为典农校尉，等这趟公差回来，不但升了官，还实实在在有了自己的地盘。

陈登回到徐州。见曹操并未答应自己想谋求的徐州牧一职，吕布气得拔出戟砍向桌子，说："你父亲劝我联合曹公，与袁术绝婚；如今我想要的一件都得不到，而你父子位高势重，我这是被你卖了啊！"陈登面不改色，从容地答道："我见曹公时，说：'待将军譬如养虎，当饱其肉，不饱则将噬人。'曹公说:'不如卿言也。譬如养鹰,饥则为用,饱则扬去。'我们就是这样谈论的。"吕布的气才平定下来。

陈登就任广陵太守后,移治于射阳县(今江苏省宝应县东北射阳镇)。他明赏罚,重威治,使广陵松弛的吏治为之一振。为了筹划一支精兵策应曹操,他恩威并济,成功化解薛州武装,转为己用。同时,陈登很注意安抚百姓,发展生产,不到一年,便使广陵呈现出欣欣向荣的气象。百姓深服陈登之治政,对他既敬畏又拥戴,他在当地树立起崇高的威望。

公元198年冬,曹操挥军东出,进剿吕布。陈登事先获知消息,由广陵出发,亲率精兵为曹操先驱,围吕布于下邳城(今江苏省睢宁县古邳镇)。吕布以陈登的三个弟弟做人质求和,为陈登所拒绝,反而包围得更加紧迫。吕布手下的刺奸(负责督察奸吏之官)张弘,害怕被连累,趁夜将陈登的三个弟弟放出回到陈登身边。吕布伏诛后,陈登因特殊功勋晋封伏波将军,仍为广陵太守,甚得江、淮间民心,于是有吞灭江南之志。

三、高光时刻败孙氏

后来,孙策派孙权领兵跨江进攻陈登所守匡琦城(射阳县附近)。敌军十倍于陈登守军,陈登镇定自若,命将士严阵以待。为迷惑敌人,陈登下令紧闭城门,偃旗息鼓,示弱于敌。陈登登上城楼,仔细观察敌军,认为可以出击,突然打开城门,将士如下山猛虎,奋勇杀出,向敌阵冲去。孙权军猝不及防,被陈登军冲乱,溃不成军,失去指挥。陈登亲自擂鼓,将士奋勇冲杀,吴兵登船不及,被杀死淹死者不计其数,大败而回。陈登取得全面胜利。

时隔不久,孙权率军卷土重来,再次进攻陈登所在的匡琦城。陈登一面派功曹陈矫向曹操告急,一面做好应敌准备。他暗中命人在救兵来援的必经之地聚积柴草,隔十步一堆,纵横成行,布列整齐,然后乘夜点燃,光照远近。孙权军发现后，误以为救军已到，十分惊恐。陈登见时机已到，亲率大军出击，一举击溃孙权。

孙策先前西征，陈登曾暗地里派遣使者，把印绶授予严白虎的余党，企图让这些人在后方谋害他，来报当初陈瑀偷袭孙策未果反而被击败的耻辱。孙策之前派遣孙权领兵攻打陈登于匡琦，孙权被打败。所以孙策西征得胜回军后，亲自讨伐陈登，孙策还未行至广陵与陈登军队对垒，行到吴郡丹徒（今江苏省镇江市）时，大军需要等待粮草运输过来。孙策生性喜欢打猎，等粮草的这段时间多次外出打猎，公元200年夏，孙策打猎时被刺客袭击身亡。

四、病死于太守任上

陈登在广陵多年，治政有方，民赖其利，百姓对他感恩戴德。陈登转任东城太守。临行时，广陵郡吏民扶老携幼，要随陈登一起北迁。陈登十分感动，耐心地劝说他们回去："我在广陵任太守，吴寇频频来犯，总算勉强打跑了他们。我走后，你们不用担心，肯定会有更好的太守来治理广陵的。"百姓终于被陈登说服，不再坚持。陈登与广陵百姓建立的鱼水深情，令人感叹。

关于陈登之死，《三国志·华佗传》记载："太守陈登得病，胸中烦懑，面赤不食。佗脉之曰：'府君胃中有虫数升，欲成内疽，食腥物所为也。'即作汤二升，先服一升。斯须尽服之，食顷。吐出三升许虫，赤头皆动，半身是生鱼脍也，所苦便愈。佗曰：'此病后三期当发，遇良医乃可济救。'依期果发动，时佗不在，如言而死。"

这段话的意思是：陈登得了病，心里烦躁郁闷，脸色发红，没有食欲。请来名医华佗为他治病，华佗为他切脉诊断后说："您胃中有虫好几升，将在腹内形成一种肿胀坚硬的毒疮，是吃生鱼、生肉造成的。"于是华佗做了二升药汤，先让陈登喝下一升，又过一会儿让他把药全喝下。喝下药没多久，就吐出了三升小虫，小虫赤红色的头都会动，一半身体还是生鱼脍的模样。吐出这些虫子后，所受病痛也就好了。华佗说："这种病三年后还会复发，碰到良医才可以救活。"按照预计的时间陈登果然旧病发作，只是华佗不在，没有及时治疗，陈登最终病死。按照《三国志》的意思，陈登之死，就是由于生食海鲜得的怪病，体内有了赤红色的寄生虫，最终因此而亡。

陈登虽然两度击败孙策的军队，但已经感受到了江东的实力，因此生前向曹操献策，一定要及时南下，铲除孙氏兄弟。不过曹操没当回事，因为他正在致力于统一北方，暂时无暇南顾。后来，曹操屡次南下，但都无功而返，因为此时孙权已经在江东站稳脚跟。曹操每每临长江而叹，悔恨不早用陈登的计策，致使孙氏在江南壮大。魏文帝曹丕在位时，追念陈登的功劳，拜其子陈肃为郎中。

第二十一章

野心勃勃的汉室宗亲刘焉：益州真的有天子气吗

东汉末年的历史上，还有一个家族，与荆州牧刘表一样，也是西汉鲁恭王刘馀的后代。这个家族就是一手毁掉了四百年大汉基业，野心勃勃的汉室宗亲刘焉和他的儿子刘璋。

刘焉如何一手毁掉了四百年大汉基业，致使天下大乱呢？刘焉与刘璋父子又是如何割据巴蜀的呢？刘璋真的如诸葛亮所说的那样"暗弱"吗？

一、废史立牧乱天下

刘焉，字君郎，江夏竟陵（今湖北省天门市）人。

汉鲁恭王刘馀，汉景帝刘启第四子，汉武帝刘彻的异母兄长。在古代宗室宗族中，支庶家三字："支"，指支脉；"庶"，是庶出；"家"，是家族。因此，刘焉虽然只是汉鲁恭王刘馀诸多后裔的其中一支旁出支脉，但也算是名正言顺的汉室宗亲。

东汉的第三位皇帝汉章帝刘炟在位期间，鲁恭王的某位后人徙封竟陵，其支庶随同迁徙并世居此地，刘焉即出自这一支庶家族。

与刘表相比，刘焉的家世渊源更为明确可信，刘焉也曾通过这种宗亲关系得到过更多的利益。史载，刘焉少仕州郡，以宗室拜中郎，可见他与东汉皇族的关系是得到朝廷承认的。公元160年，因老师祝恬（汉桓帝刘志在位年间曾任司徒）去世而离职，在阳城山（今河南省巩义市东南，荥阳市西南，登封市东北，新密市西北交界处，以处于古阳城县之北境而得名）讲学教授。由此逃过"党锢之祸"的刘焉后来又被推举为贤良方正，由此被司徒府征辟。再后来，刘焉历任洛阳县令、冀州刺史、南阳太守、宗正、太常等职。

这里注意，汉代宗正官专门负责皇族内部事务，这个官职一般由同姓宗亲担任。从刘焉曾经担任宗正的履历来看，割据巴蜀之前，刘焉在东汉朝廷的地位是远远高于刘表的。

此时的东汉王朝，早已是江河日下、积重难返了，各地豪强早已彻底把控了地方州县一级的所有权力，朝廷是无粮可征、无兵可用。再加上承平一百多年人口爆炸，人地矛盾空前激烈，多出来的人口在贫病交加下找不到生路，全都聚集在以张角为首的太平道旗下。

公元184年，黄巾起义爆发后，中央政府派出卢植领副将宗员率北军五校士负责北方战线，与张角主力周旋；皇甫嵩及朱儁各领一军，控制五校、三河骑士及刚募来的精兵勇士共四万多人，讨伐颍川一带的黄巾军。在长社和广宗两场决定性战役中，黄巾军主力虽然被击溃，但是刘焉明白，这东汉政权怕是不行了，咱得逃，逃得远远的。

当时东汉王朝统治疆域内只有两个地方适合避难：一个是交州也就是今天两广越南一带，这地方跟中原隔着十万八千里，几乎不可能被战火波及；再一个就是有天府之国之称的益州，群山环绕，天险林立，堪称乱世中的世外桃源。光避难还不行，手上要是没有权，跑到哪里都是任人宰割的鱼肉。

公元188年，刘焉上书汉灵帝，"刺史、太守，货赂为官，割剥百姓，以致离叛。可选清名重臣以为牧伯，镇安方夏"（《三国志》）。

在刘焉看来，刺史、太守行贿买官，盘剥百姓，招致众叛亲离。所以，要任用清廉的朝廷重臣担任州牧，到地方去镇守，安定天下。汉灵帝刘宏听到刘焉的建议后，觉得很有道理，居然就批准了。这就是著名的"废史立牧"政策。

　　不得不说"废史立牧"是一个十足的歪主意。两汉政权一直都在分解地方上的权力，以避免地方权力过大造成军阀诸侯割据的局面产生。而作为汉室宗亲的刘焉，此时已经有了自保割据之心。"废史立牧"加强了地方上的权力，虽然能够有效地平定黄巾之乱的余波，维护地方的平安，但也造成了汉末群雄并起、军阀乱战的局面。东汉末年的各路诸侯，如袁绍、曹操、袁术、刘表、刘备、吕布等，几乎都是从州牧起家，或者有担任州牧的经历。刺史、太守等人还能够受到朝廷控制，而州牧就基本上不听朝廷的话了。以至于到了后来，曹操居然敢"挟天子以令诸侯"长达二十四年之久。可以毫不夸张地说，汉朝四百年基业的毁灭，三国割据局面的形成，与刘焉"废史立牧"这四个字关系重大。

二、软硬兼施治巴蜀

　　刘焉的"废史立牧"建议并不是完全出于公心。两汉的地方最高行政单位是州，其次是郡，再次是县。地方治理大多依靠郡太守，然后由州刺史对郡太守的工作进行监督管理。州刺史的俸禄是六百石，而郡太守是两千石。州刺史对郡太守有监管权，但没有地方军政大权。刘焉以整顿地方官员为由，请求汉灵帝刘宏恢复州牧制，并由他去担任交州牧一职。

　　州牧俸禄是两千石，比起刺史，州牧则是郡太守的直接上级，不仅负责州内所有郡县的行政发展管理，还可以组建自己的私有军队。拥有州牧头衔的人，可以光明正大地建立一个文武官员齐备的小王国。更为重要的一点是，州牧是可以世袭的，这意味着刘焉去世后，他所建立的小王国，可以由他的儿子理所当然地继承。而交州远在荆州以南，非常偏远，可见刘焉对匡正乱世压根就没有一点兴趣，只想远离中央，去当自己的土皇帝。

　　由此可以看出，此时的刘焉，对汉朝政治已失去信心，试图通过新牧伯的任命为自己寻求一个避难自保的安身处所。当然，为师守孝而避过"党锢之祸"，对刘焉而言，只是巧合而已；向皇帝建议而躲开斗争牺牲，对刘焉来说，则颇有些独善其身的意味。

刘焉最初看中的地区是交州，想利用内部关系得到交州牧这一职位。东汉时期的交州，辖今中国广东、广西及越南北部和中部，州治番禺（今广东省广州市）。朝廷还未批准选立牧伯的建议，刘焉已改变意向，又把目标放在了益州。

这是因为，著名的谶纬大师董扶（107—189）出场了。

历史上有些比较有名的谶纬。比如秦朝时，"亡秦者胡"，秦始皇嬴政（前259—前210年在世，前247—前210年在位）误以为说的是匈奴，于是命蒙恬率三十万大军北击匈奴，后来历史表明，"亡秦者胡"指的是秦始皇嬴政的儿子胡亥（前230/前221—前207年在世，前210—前207年在位）。又比如秦朝时，"东南有天子气"，而刘邦作为一介布衣，手提三尺剑平定天下，成为中国历史上第一个平民出身的天子。王莽篡汉时，有谶语为"刘秀当为天子"。王莽的国师刘歆曾名刘秀，借这一谶言谋反，但最终失败。刘歆可谓是王莽最信任的人，他也弃自己而去，可以说冲破了王莽心中的最后一道防线。而王莽政权最终还是被名为刘秀的人取代，那就是汉光武帝刘秀。

再来介绍一下著名的谶纬大师董扶。董扶字茂安，是益州广汉郡绵竹县（今四川省绵竹市）人，名儒杨厚（72—153）的弟子，以精通图谶著称，是东汉末年著名的图谶家和经学家。此时的董扶偷偷告诉刘焉："京师将乱，益州分野有天子气。"

分野指将天上星空区域与地上的国、州互相对应。我国古代的天文学说，把天象中十二星辰的位置与人间社会的地域分野结合在一起。这种理论，天文学上称为分星，地理学上则称为分野。

向刘焉提建议的这一年，董扶已经八十岁了，名气非常大，号称儒宗，他受大将军何进推荐，担任了朝廷的侍中一职。

董扶的话，确实可能打动了刘焉。恰好当时的并州刺史张壹、凉州刺史耿鄙被乱贼所杀，而益州刺史郤俭因为在益州横征暴敛激起了民变。

汉灵帝刘宏见情况危急就急忙任命刘焉出领益州牧，受封阳城侯，前往益州逮捕郤俭，整饬吏治，稳定秩序。认为益州有天子之气的董扶也请求出任蜀郡西部属国都尉，太仓令赵韪（？—201）也弃官，二人一起追随刘焉去了益州。

董扶本人就是蜀中人士，他帮助刘焉到达蜀中后，许多的地方名士，如任安（124—202）、王商、祝龟，就是在他的拉拢下栖身刘焉羽翼之下的。

刘焉上任后的第一件事，就是制造与朝廷断绝往来的条件。

因为道路不通，刘焉暂驻在荆州东界。为什么道路不通呢？因为公元188年"有天子气"的益州，正在混乱之中。

公元188年夏，马相、赵祇（《三国志》记载二人是"凉州逆贼"，《后汉书》则记载二人是"益州贼"）等人起兵于益州广汉郡绵竹县，自号黄巾，聚集为劳役所困苦的百姓，一两天内部众就达到了数千人，先杀死绵竹县令李升，聚集吏民，部众有一万多人。之后，马相派遣王饶、赵播等攻破益州州治、广汉郡治所在地雒县（今四川省广汉市），杀死益州刺史郤俭，又侵犯蜀郡（今四川省成都市）、犍为郡（今四川省眉山市彭山区），旬月之间，破坏三郡。马相自称天子，部众以万数。又别破巴郡（今重庆市江北区），杀死巴郡太守赵部。

益州从事贾龙当时率领家兵数百人，在犍为郡青衣县（今四川省芦山县）收集吏民，得一千余人，攻打马相。贾龙与马相军交战数日，最终斩杀马相，叛军败走，州内清净。之后，贾龙派人迎接新任益州牧刘焉入益州，治所暂定在绵竹县。刘焉上任后，任命贾龙为校尉，将他迁到绵竹居住。

此后的刘焉，安抚收容逃跑反叛的人的同时，极力实行宽容恩惠的政策。这就为他实现自己的野心做了准备。

为巩固刘氏的统治，刘焉对益州各种政治势力特别是当地的豪强大族软硬兼施，极尽拉拢、威吓之能事。"五斗米道"首领张鲁的母亲长相美丽，加上懂得神鬼邪说，和刘焉家有往来，刘焉便于公元188年任命张鲁为督义司马（刘焉自创的官职），与别部司马张脩一起进攻汉中郡，杀汉中太守苏固。张鲁在汉中得势后，却杀死张脩，截断交通，斩杀汉使，刘张两家由此结怨。刘焉则以"五斗米道"作乱阻隔交通为借口，从此中断与中央朝廷的联络，益州因而处于半独立的状态。天下诸侯讨伐董卓之时，刘焉也拒不出兵，保州自守。

切断益州和朝廷的联系后，刘焉开始在益州树立自己的威望。如何在益州树立自己的威望呢？刘焉想到了"东州士"和"东州兵"。

这里要注意，东汉末年没有"东州"这么一个地方。按照正常的理解，所谓的"东州"，一般指的是青州、徐州之类的东部几个州。而"东州士"中的"东州"，指的是在益州以东的地区。当然，益州就处于东汉版图的最西南处，基本上除西凉之外的大部分地区对于益州来说都是东州。所以"东州士"也可以理解为，益州以外州郡因为避难进入益州的流民。而这里所说的"东州士"，特指关中三辅地区（京兆尹、左冯翊、右扶风）以及荆州的南阳郡一带流入益州的士人。

南阳是东汉的帝乡，住的都是刘秀和"云台二十八将"的老家人，三辅地区则是天子脚下，也有很多人非富即贵。但是，几次大乱下来，这些地方都待不住人了，大家只好往益州跑，前后共有数万户之多。但这数万户东州人来到益州后，发现落差太大了，这些人毕竟曾经阔过，如今却寄人篱下，想要买田地被益州人抬价，想要卖金银细软又被益州人压价，日子过得非常不舒服。

这时候，益州牧刘焉在政策方面对他们多有照顾，这下子，"东州士"

大有翻身做主人的感觉。果然是宗室帝胄，跟益州本土那帮蛮夷就是不一样，这才是亲人哪！于是刘焉就将这些"东州士"收为己用。

"东州士"也包含其他地区的人才。比如与刘焉关系亲密的兖州陈留人吴懿；与刘焉父子有姻亲关系的荆州江夏人费伯仁、费观兄弟二人和他们的侄子费祎；先到交州后到益州的荆州零陵人刘巴。这些人与三辅、南阳流民一样，都是外州流入益州，没有根基组织松散，也可以视为"东州士"。"东州士"的规模随着时间推移越来越大，比如被视为"东州集团"首要人物的李严就是在公元208年入蜀的。所以说三辅、南阳流民组成的"东州士"只是一个基础，其组成是很复杂的。

汉朝有地方监临官回避户籍的旧例，或者说一种制度。刘焉是荆州人，被派到益州成为州牧。虽然有吴懿等人跟随，但他毕竟在益州缺乏根基和影响力，他所掌握的力量相较于益州本土大户来说还是有些不足。但同时刘焉又是一个有野心的人，他想掌握益州这一个大州的力量，成为游离于汉室之外的割据政权。要想达到这个目的，刘焉必须要对益州有很强的控制，有足够的力量压制益州本土大户，才能够获得主导地位，从他们身上攫取利益。

士和兵不同。士一般指士人、知识分子，三辅、南阳以及其他地区的流民中不乏这样的人，刘焉选拔出来，授予官职，给予一定的地位，被称为"东州士"；而"东州兵"则是以流民为兵源组建起来的。

士族出身的"东州士"与流民组成的"东州兵"虽来源地一致，但追求的利益不相同。刘璋父子能够成为益州之主，"东州兵"的贡献很大。每每有益州本地豪强叛乱，"东州兵"只认刘璋父子，对于益州没有什么认同感，更不要提什么皇权霸业。一旦益州本土出现反刘璋势力，"东州兵"怕被清算都会拼死保住刘璋。

由此可见，"东州士"和"东州兵"的到来，解决了刘焉治理益州的许多问题。刘焉治理益州最大的问题是手中没有武装力量，益州本土大户根深蒂固，又同气连枝，难以控制。外州流民相对于益州本土大户来说，无疑更容易控制，彼此没有关系，成分杂乱，毫无组织性。外州流民和刘焉一样，在益州也没有根基，还会受到益州本土大户的排挤，他们想要获得利益和地位，必然要选择依附益州牧刘焉。这样一来，双方的合作达成了。

此后不久，刘焉又大出血本，从南中（今云南、贵州和四川西南部）少数民族中又雇用了数千"青羌兵"（羌人的一支，又称青衣羌，乃无当飞军的前身）和五千"叟兵"（也是羌人的一支），实力大增。

借助于"东州士""东州兵""青羌兵"和"叟兵"的力量，刘焉很快在益州站稳了脚跟，成为益州的土皇帝。有从龙之功的"东州士"也成为刘焉的心腹，因此势力急剧膨胀，形成以许靖为精神领袖，吴懿、法正（176—220）、李严、孟达四大天王为骨干的庞大政治势力。

刘焉治理益州的政策，是对百姓宽，对地方上所谓豪强严。他一出手，便杀了王咸、李权等十几个人。这些豪强，有些是该杀的，有些被杀得冤枉。

公元191年，犍为太守任岐不满刘焉滥杀州中豪强，于是自称将军，与从事陈超举兵攻打刘焉。曾经立了消灭马相之功的校尉贾龙，也不满刘焉杀害豪强的行为，此时，代理车骑将军的赵谦奉权臣董卓之命，率军攻打益州牧刘焉，赵谦说服贾龙起兵回攻刘焉。任岐、贾龙火烧成都邑下，刘焉派兵迎战，击杀了任岐、贾龙。

三、意气渐盛谋称帝

处理完本土豪强，刘焉的政治野心越发明显地暴露。他让人制造了千余辆皇帝规格的车舆，阴图异计。他又听说"东州兵"将领吴懿的妹妹有母仪天下之相，便让自己的三儿子刘瑁娶了吴懿的妹妹，这就是拿他们当太子、太子妃在培养啊！

刘焉有四个儿子，为何想让三子刘瑁当继承人呢？原来，他的长子左中郎将刘范，次子治书御史刘诞，四子奉车都尉刘璋，全都在董卓把持的朝廷为官。刘焉在益州当上了土皇帝后，不敢回朝廷述职，董卓、李傕等人自然也不肯放刘焉三个儿子走了。

此时，荆州牧刘表向朝廷上书揭发，说刘焉在益州处处仿效皇帝，就像子夏在河西模仿圣人孔子一样。当然，到了刘表全据荆州、领有八郡之地时，他便像刘焉一样，不但也不再向朝廷进贡，还在郊外祭祀天地，住处、穿衣和用的器具都仿照皇帝的式样。

东汉朝廷对益州的形势其实看得很清楚，但此时皇帝、朝廷已自顾不暇，当然更无力过问刘焉，只好对益州事实上的割据听之任之。此时的刘焉又是装病又是送礼，好不容易让董卓放了幼子刘璋回来看老爸，同时宣布朝廷的怀柔政策，希望刘焉赶紧回长安来向董太师表忠心。刘焉留住刘璋在身边。

公元194年，马超的父亲马腾和刘焉在长安的儿子刘范、刘诞取得联系，试图里应外合，袭击长安，消灭已经割据长安并控制汉献帝的军阀李傕。结果计划泄露，刘范、刘诞从长安逃出，跑到马腾营中，请求刘焉调拨援兵，进攻长安。

从益州进攻关中，需要穿过秦岭山脉，不仅路远，而且非常艰险，诸葛亮、姜维北伐打了十几年都没打过去，尤其此时蜀中和关中之间还隔了一个汉中张鲁。刘焉从蜀中发兵越过张鲁攻打长安，基本没有获胜的可能。但刘焉竟然不顾属下王商劝谏，执意调拨五千"叟兵"前去，其结果就是，马腾和李傕打着打着就讲和了，而刘焉的两个儿子都被杀了。好在与刘焉有通家之好的议郎庞羲，送刘焉的孙辈入蜀，免受牵连。

恰在此时，绵竹发生大火，刘焉的城府被焚烧，所造车舆也被烧得一干二净，四周民房亦受其害。刘焉不得已迁州治到成都，因两个儿子死去而伤心，又担忧灾祸，不久便发背疮而死。

刘焉到死也没有意识到，他还是给自己的儿子留下了后患。没有自己的直属人马，刘焉还是依赖、利用"东州士"和"东州兵"。刘焉没有彻底消灭益州本土派豪强的实力，在与益州本土派豪强彻底撕破脸之后，刘焉发现，益州本土派豪强虽然被压制，但是他们的实力还在。在这种情况下，一旦刘焉与"东州士"和"东州兵"的力量有任何削弱，益州本土派豪强都会伺机作乱。双方已经兵戎相见过，公元191年的益州内战双方动了家伙、死了人，这算是结下深仇大恨了，即便要和解，也是非常艰难的。

天火烧掉了刘焉的车驾仪仗，大不了再造，但这把天火完全可以被益州豪强利用，破掉董扶当年加给他的天子气，益州本土派豪强又要惹事了，这是现实的大麻烦。得罪了益州本土派豪强，又没有彻底清除益州本土派豪强，这就是刘焉急病攻心死后，留下来的烂摊子。

第二十二章

刘璋：为什么最终却被刘备占了便宜

一说到刘焉的幼子刘璋，问题就来了：刘璋真的如《隆中对》中诸葛亮所说的那样"暗弱，民殷国富而不知存恤"吗？如果刘璋果真如诸葛亮所言的那样"暗弱"，又怎么会当上益州牧，进而统治益州前后达十七年之久呢？

一、刘璋的功臣赵韪

先介绍一下刘璋能够成为益州牧的最大功臣赵韪。

赵韪是益州巴郡安汉（今四川省南充市）人，太常刘焉提出"废史立牧"的公元188年，赵韪担任太仓令。

太仓就是储存粮食的仓库，太仓令是大司农的下属职务，主要负责粮谷的水路运输。当时内乱不断，烽烟四起。在京师期间，赵韪结识了刘焉、董扶，正是董扶忽悠刘焉"益州分野有天子气"，刘焉才主动请缨去担任益州牧。

赵韪选择跟随刘焉回益州，大概也和董扶抱有同样的心理。太仓令这个官职满足不了赵韪，益州牧刘焉也很需要一些益州人士的支持。而益州人赵韪是很符合刘焉的需求的。所以赵韪辞去太仓令的官职，跟随刘焉来到益州，成为刘焉的帐下司马。

公元194年，刘焉去世后，益州的前途有以下三种可能：一是益州本土派豪强与"东州士"的首脑人物达成妥协，接受李催、郭汜控制下的东汉朝廷派来的颍川人扈瑁为益州牧；二是按照刘焉的遗愿，拥立刘焉的三子刘瑁为益州牧——当然，这也是"东州士"的首脑人物吴懿等人的夙愿；三是益州本土派豪强如赵韪、治中从事王商等人，先下手为强，拥立刘焉的幼子刘璋为益州刺史。最终的结果，当然是益州本土派豪强占了上风，刘璋成功上位为益州牧，益州本土派豪强东山再起，以成功拥立刘璋之举，重新从"东州士"手里夺回了政治优势。益州的政治局势也由此逐渐向着失控的状态发展。

益州本土派豪强赵韪、王商等人到底看中了刘焉幼子刘璋的什么长处呢？那就是"温仁"——温厚仁爱，是一种美德，巨大的优点。看中了刘璋"温仁"的赵韪、王商等人，一起上书朝廷推举刘璋继任益州牧。在扈瑁继任未果被迫返回长安后，朝廷最终批准了赵韪、王商等人的建议，正式任命"温仁"的刘璋继任益州牧。

二、刘璋不一定暗弱

就在刘璋做了益州牧之际，益州本土派豪强内部发生了分裂。

认为在刘焉治理下晋升机会受阻的益州本土少壮派下级军官不干了，他们认为刘氏父子重用"东州士"和"东州兵"，而对益州本土少壮派形成了打压。于是，在荆州牧刘表手下的刘阖策反下，沈弥、娄发、甘宁等益州的年轻军官领导下，一场推翻新任益州牧刘璋的叛乱发生了。刘表趁火打劫，派出别驾刘阖带兵进入巴郡予以配合。刘表如此作为，就是要把益州局势搞乱，自己好浑水摸鱼，就算不能吞并益州，拿下巴东也是好的。

此时的刘璋，并没有坐以待毙。刘璋先命赵韪为征东中郎将，领兵前往巴郡平叛，被打败的沈弥、娄发和甘宁等人被迫逃入荆州。其中，只有甘宁最后成了东吴名将。

与此同时，原本依附于刘焉的汉中张鲁日益骄纵，不听刘璋号令，巴夷杜濩、朴胡、袁约等人又背叛刘璋投靠张鲁。刘璋大怒，把张鲁在成都的家人全部杀掉，双方由此成为仇敌，刘璋派和德中郎将庞羲攻击张鲁，但多次被张鲁击败。

早在此前的汉桓帝刘志在位时期，巴郡太守但望就曾经上疏请求拆分巴郡，理由是巴郡实在是太大了，各种工作开展非常不便，但是没有得到朝廷的同意。在镇压沈弥、娄发和甘宁等人发动的叛乱的同时，赵韪又提出拆分巴郡的建议，他建议将巴郡拆分为巴郡、永宁郡、固陵郡。

当时巴人陆续反叛，刘璋命"东州兵"将领庞羲为巴郡太守，屯驻阆中。庞羲以天下扰乱，郡中应该有武卫为由，于是多次招募汉昌（今四川省巴中市巴州区巴州镇）賨人，有人以此构陷庞羲谋反，致使庞羲受到刘璋的猜忌。赵韪多次进谏，刘璋不从，赵韪也感到不满。

刘璋又提拔了大量益州年轻士族乃至寒门子弟为官，以安抚益州派；又对"东州兵"尽量予以约束，不让他们为所欲为。当然，"东州士"与益州派的矛盾是刘焉时代的历史遗留问题，刘璋不可能在短时间内解决。刘璋的所作所为，让当年拥立他的赵韪很是不满。

公元200年，赵韪花重金向荆州牧刘表求和，然后以刘璋纵容"东州兵"欺压百姓为名，联合益州大姓豪强，大举围攻成都。蜀郡、广汉郡、犍为郡纷纷响应赵韪。"东州兵"知道生死存亡的时刻到了，皆殊死奋战，终于打败了益州派最后的大佬赵韪。赵韪逃到江州，最后被自己的部下庞乐、李异所杀。朝廷听闻益州大乱，任命五官中郎将牛亶为益州刺史，征召刘璋入朝做九卿，刘璋不从命。

赵韪死后，巴郡太守庞羲感到害怕，令郡吏程郁向其父汉昌县令程畿索求賨兵自保。程畿执意不从，庞羲只得前去向刘璋谢罪，刘璋也没有怪罪庞羲。

公元201年，刘璋听从从蹇胤的建议，将原来的巴郡改为巴西郡，永宁郡改为巴郡，固陵郡改为巴东郡，是为"三巴"，于是庞羲改任巴西太守。这个划分也被刘备创立的蜀汉政权沿袭。刘璋又任命王商为蜀郡太守，王商在郡内研习推广农业，使当地百姓受益。

内部问题解决之后，刘璋迎来的是更加严峻的外患。

开罪了蜀地豪族，东州人与蜀地大户形同水火，此时的他急需引进第三种势力来遏制、分散这两股力量，加之汉中张鲁、北方曹操的威胁，也需保境安民的力量。到底谁才是合适的第三种势力呢？

公元208年，曹操率兵征讨荆州，刘璋派中郎将河内人阴溥为使致以敬意。曹操加封刘璋为振威将军，其兄刘瑁为平寇将军。刘璋派别驾从事张肃带着蜀兵三百人并杂御物送给曹操，曹操拜张肃为广汉太守。不久，刘璋又派张肃之弟别驾张松到曹操那里，当时曹操已经平定荆州，没有按礼节接待张松，只让他当个苏示县（今四川省西昌市）令，张松心怀不满。同年，曹操败于赤壁，退回北方。张松回到益州，劝说刘璋同曹操断绝关系，他对刘璋说："刘豫州与您为宗室兄弟，可以与他结交联盟。"刘璋皆以为是，于是派法正前往与刘备结好联盟，随即又指示法正和孟达送去数千兵卒帮刘备抵御曹军，法正被刘备策反，张松也倒向刘备。

公元211年，曹操攻打汉中，刘璋听说曹操将派兵到汉中征讨张鲁，心中恐惧，张松问刘璋："曹公兵强无敌于天下，如果得到张鲁的物资再攻取蜀地，谁能阻挡他呢？"刘璋说："我也深以为忧，但想不到应对的方案。"张松趁机提议："刘豫州，是使君的同宗、曹公的仇敌，善于用兵，如果令他讨伐张鲁，必定能得胜。等攻破张鲁，益州实力强盛，曹公再来也无能为力了。"张松又说："现在州中将领庞羲、李异等人都居功自傲，且心怀异志，如不能得到刘豫州的帮助，益州将外有强敌攻击，内遭乱民骚扰，必定走向败亡。"刘璋又听从了张松之言，立刻派法正率四千兵马迎接刘备，前后赠送的物资数以亿计。刘璋的主簿黄权劝阻说："刘备有骁勇的名声，现在要是以部下的身份对待他，就没法满足他的心愿；要是以宾客的身份对待他，一国不容二主，这不是使自己安全的办法。"后来王累将自己倒吊在益州城门上劝阻刘璋，刘璋全都不予采纳。王累便自刭于州门，以死劝谏。

刘备和刘璋，同为汉室后裔，同宗兄弟，连兄弟都不能信任，这还有天理吗？当然，只有"温仁"的刘璋这么想，刘备在部下的怂恿下，早就谋划成为蜀地的割据军阀。但并不是诸葛亮说的所谓"民殷国富而不知存恤"，相反，刘璋在蜀地有深厚的群众基础，让刘备颇为头疼。

随后不久，刘备从江陵率军赶到涪城（今四川省绵阳市）。"璋率步骑三万馀人，车乘帐幔，精光曜日，往就与会；先主所将将士，更相之适，欢饮百馀日。"（《三国志》）刘璋为欢迎刘备，阵势不可谓不大，刘璋带了步骑三万人、刘备带了一万精兵入川，四万多人连续吃喝了三个多月，这得耗费多少财力和物力，说刘璋是最富有的军阀一点也不为过。不仅如此，两人分别之际，刘璋又资助刘备二十万斛米，千匹战马，车驾千乘，还有其他锦帛衣物。《吴书》曰："璋以米二十万斛，骑千匹，车千乘，缯絮锦帛，以资送刘备。"

刘璋推刘备代理大司马，领司隶校尉；刘备也推刘璋代理镇西大将军，领益州牧如故。刘璋给刘备增加兵马，让他去讨伐张鲁，又让刘备都督白水（今四川省青川县）的军队。同年，两人告别，刘璋回到成都，刘备率军进驻葭萌关（今四川省广汉市昭化区）。

三、刘璋抉择为心安

刘备在葭萌关待了整整一年，并没有履约北上打击张鲁，他在那里就是要收买人心，树立自己比刘璋更加"温仁"的光辉形象。

公元212年，曹操再度南征孙权，孙权求助于刘备。刘备向刘璋请求东行，请刘璋给他一万兵马及物资，刘璋只许给四千兵，其余物资只给一半。张松写信给刘备、法正，请他们打消东行的念头，张松的兄长广汉太守张肃害怕张松的所作所为会连累自己，就把张松的图谋禀告了刘璋。刘璋大怒，将张松收捕处死，并关闭了益州的关隘。刘备也大怒，掉转头攻打刘璋。战争持续了三年。

此时，刘璋的手下另外一个州从事郑度，提出了一个坚壁清野的法子：把巴西（今四川省阆中市）、梓潼（今四川省绵阳市梓潼县）的百姓都赶到涪水（今涪江）以西，将当地的仓库粮食全部烧掉，毁掉地里的庄稼，筑高营垒，挖深护城河，静待敌人来攻。

这个计划直接切中刘备的痛处。你想刘备就那几万兵，其中一部分还是刘璋划拨给他攻击张鲁的军队，收编的白水关的部队，也是刘璋的人，没有辎重补给，刘璋要是跟他打持久战，他怎么办？刘备听到这计划后担心得不得了，问法正该如何。法正信心满满地说："刘璋不会接受这个计划的，不必担忧。"

刘璋果然被法正料中，刘璋还对他的部众说："我只听说过抵抗敌人以安定老百姓，没听过扰动老百姓以躲避敌人的。"刘璋不仅不同意，还罢黜了郑度。

这样能为百姓着想的军阀，古往今来少有。正因为如此，刘璋深得人心，得到蜀地百姓的拥戴。刘备包围雒城（今四川省广汉市）一年之久，才破城，还付出了失去军事家庞统的惨重代价，从侧面也说明这个问题。

公元214年，刘备进兵包围成都，并派简雍劝降刘璋。"城中尚有精兵三万人，谷帛支一年，吏民咸欲死战。"（《三国志》）但是刘璋审时度势，认为这么打下去，遭殃的是百姓，于是说："父子在州二十馀年，无恩德以加百姓。百姓攻战三年，肌膏草野者，以璋故也，何心能安！"（《三国志》）

刘璋开城门投降之时，军民都流眼泪。

所有上述这些，都足以说明刘璋在益州有深厚基础，绝不是众叛亲离。在蜀人的眼里，刘璋未必不是"明君"。

刘璋在南中少数民族的心目中，也是圣明之人。刘备把他全家迁往南郡公安，尽归其财物及故佩振威将军印绶。孙权袭杀关羽、夺取荆州后，又任命刘璋为益州牧，只不过此时益州是刘备的大本营，所以只是名义上的益州牧，驻秭归。

刘璋死后，益州郡豪族雍闿马上宣布脱离蜀汉，投向东吴。诸葛亮不得不耗费大量物力财力进行南征，安抚南中地区的百姓。

刘焉虽有大志却无雄才大略，刘璋性情温仁也并非暗弱无能。但在这样一个乱世，最后为刘备做了嫁衣。只能说刘璋生不逢时。

第二十三章

雄踞汉中的张鲁：宁为曹公作奴，不为刘备上客

在讲述刘焉与刘璋父子的故事时，张鲁是个不可越过的角色。

一、五斗米道因何起

一说到道教，很多朋友都会将其与道家的两位祖宗——老子和庄子联系起来。实际上这只是一个误会而已。

道家是起源于先秦时的一种思想学说，主张天道自然，反对人为。道教则是起源于民间的一种宗教组织形式，它的出现和早期的发展，更多是受到早期民间巫术、鬼神崇拜以及汉代儒学的影响。在之后的历史发展过程中，逐渐与老子的《道德经》、庄子的《南华经》捆绑在一起。五斗米道，又称正一道、天师道、正一盟威之道，是道教最早的一个派别。

据史书记载，在汉顺帝刘保在位时期，由张道陵（34—156）在鹤鸣山（今四川省成都市大邑县北）创立。一说，凡入道者须出五斗米，故得名五斗米道。另说"五斗米道"是当时文人对天师道的蔑称。这个张道陵又是何许人呢？

张道陵，字辅汉，原名张陵，东汉丰县（今江苏省徐州市丰县）人。因为是道教鼻祖，被后人称为张道陵。据传为西汉开国大功臣张良的第八世孙。张道陵的父亲叫张大顺，好神仙之术，自称"桐柏真人"，生下儿子，即取名为"陵"，希望将来能追随先祖，远离尘世，登陵成仙。

　　张道陵自幼聪慧过人，七岁时，开始学习儒家五经，以后不断学习社会上流传的天文、地理一类的书。他刻苦学习，立志做官，并想辅佐汉室，光宗耀祖。志向和毅力鼓舞着他，最后，他进入了全国的高等学府——洛阳太学，在这里他博通五经，成了一名饱学之士。

　　公元59年，张道陵二十五岁，被郡守以"贤良"推荐到朝廷。后来，到洛阳经过考核，一举中了"贤良方正极言直谏科"，被朝廷授予巴郡江州（今重庆市）令。在江州令任上，他看透了地方强权的横行，为官的贪赃枉法，让老百姓食不果腹，怨声载道。他又想到自己为一介书生、小小县令，怎么也改变不了这样的世道，倒不如效法先祖张良，出离尘世，善保自身，以图延年益寿罢了。于是，张道陵辞去江州令职，隐居洛阳北邙山中，潜心修习黄老长生之道。他研读了《道德经》《河图》《洛书》以及谶纬之学。三年后，得《黄帝九鼎丹法》，相传神兽白虎衔符而至其所，其道术日益完善。

　　公元80年，汉章帝刘炟在京城举行了白虎观会议，以图谶证五经，也就是以神学来讲五经，听说北邙山有个张道陵，便征召他为经学博士，张道陵避而不见。公元92年，汉和帝刘肇又下诏征张道陵为太傅，封冀县侯，但张道陵视之为粪土，三诏而不就。

　　为了避开京都近郊的俗务嘈杂和骚扰，张陵先是南游淮河，居桐柏太平山，后与弟子一起渡江南下，在江西省贵溪县云锦山上结庐而居，并筑坛炼丹，三年而神丹成，又因龙虎出现，故此山又称龙虎山。为了广传道术，他离开龙虎山入蜀。

　　关于张道陵入蜀的原因，一是"闻蜀人多淳厚，易以教化，且多名山"（《太平广记》），对创教有利；二是闻巴蜀疹气危害人体，百姓为病疫灾厄所困，他想用符、丹为人治病。

　　张道陵入蜀后，先居阳平山，后住鹤鸣山，还到过西城山、葛溃山、秦中山、昌利山、涌泉山、真都山、北平山、青城山，精思炼志。

公元141年，张道陵著作道书二十四卷，自称"太清玄元"，收徒设教，建立道教基层组织。奉其道者，须纳五斗米，时称"五斗米道"。

公元143年夏，张道陵带着弟子到了青城山。青城山山民纷纷入道，并奉张道陵为代天行道之师，即"张天师"。所以，"五斗米道"又称为"天师道"。

张道陵以符水、咒法为人治病，并授民取盐之法，后人称"陵井"（用咸井水熬盐）。百姓得其益，奉之为天师，弟子户达数万。并立条制，使诸弟子随时轮流出米绢器物樵薪等；不施刑罚，以善道治人。使有疾病者书记生身以来所犯之罪，手书投水中，与神明共盟，不得复犯罪，以生死为约。

张道陵在鹤鸣山著作道书二十四卷，阐明"天师道"的微言奥义，成为教众的行动纲领，又尊奉老子为教祖，《道德经》为主要经典，又作了《老子想尔注》。他宣称，人君用"道意"来治国，国则太平；循"道意"而爱民，民即寿考；人法道义，便可长久，并以"佐国扶命，养育群生"为最高目标。

张道陵为了巩固天师道的地盘，把已经控制的教区，划分为二十四个传教点，以鹤鸣山为中心传教点，依次向四面八方扩延。天师必须由张氏嫡系子孙传承（就是传说中世袭的张天师）。为了严密组织纪律，加强对教众的信仰宣传，规定凡教众交五斗米供斋醮使用。另外，规定教民内要慈孝，外要敬让，不准兴讼好斗，不准欺诈世人。由于五斗米道传道纪律严密，教风正派，所以很快得到普及。

张道陵飞升前，弟子有三千多人。东汉桓帝永寿二年（156）九月初九，传时年一百二十三岁的张道陵及两位弟子在四川省苍溪县灵台山（又名天柱山）一同飞升。张道陵飞升后，印、剑传给了儿子张衡（96—179）。

二、张鲁如何据汉中

公元156年，张衡袭教后，居阳平山（今四川省彭州市）。公元179年，张衡以祖传印、剑付给儿子张鲁，与妻卢氏得道于阳平山。张衡嘱咐张鲁："汝祖以天地为心，生灵为念，诚敬忠孝为本，周行天下除妖孽之害。嗣吾教者，非诚无以得道，非敬无以立德，非忠无以事国，非孝无以事亲。"

后世道家一般认为在张衡死后，天师道教权一度落入巴郡人张脩之手。张陵、张衡的天师道，在张脩这里得到了壮大，并且张脩拥有了教中的实权。而张鲁，虽然有血缘上的优势，是幼年教主，却因为年幼丧父而并不具有与张脩对抗的实力。

张脩的宗教活动大致与张角相同，比如强调叩头思过、符水治病，但又有独特的地方。其一，增加了在静室中思过。其二，以《道德经》教民，首次在道教史上将《道德经》与民间宗教相结合，开创了历史先河。至此，道教活动终于与道家理论正式结合，标志着道教开始摆脱世俗迷信和一般民间宗教的层次，向着独立的大教前进了。其三，作"三官手书"，将治病与宗教活动结合在一起，具有更大的影响力和迷惑性。其四，"病者家出米以为常"，病人家庭是自愿出米或者其他东西，而不是凡是其信仰者都需交米，这也比较合乎"然小人昏愚，竟共事之"之说法。

张脩作为五斗米道的教主，前后活动约三十年的时间。在这么长的时间里，他领导并努力发展五斗米道，曾经将五斗米道发展成为汉中和巴郡地区一股较大的势力，并用这股力量响应张角的起义。武装斗争失败后，张脩曾一度被刘焉招降，被封为别部司马。

后来，刘焉令张鲁与张脩一起去攻打汉中太守苏固。为什么刘焉会派遣当时比较信任的张鲁去跟着张脩，充当监督角色呢？由此看来，刘焉派张鲁去牵制张脩这个举动证明，在五斗米道内，张脩这个实际掌权人与张鲁这个名义继承人之间，是有巨大矛盾的。

张鲁与张脩掩杀苏固、攻下汉中后，张鲁杀了张脩，夺其兵众，又截断斜谷道，杀害朝廷使者。利用祖（张道陵）、父（张衡）两代的威信，张鲁成功夺回了教权。

张脩虽死，但是他和他领导的五斗米道，对中国道教的发展做出了较大的贡献。张脩对五斗米道组织的完善，使五斗米道有了很大的发展，为张鲁在巴蜀建立政教合一的政权组织准备了条件。

此时的刘焉则借口"米贼"闹事，不听朝廷号令，独霸一方。五斗米道凭借政府的力量扩大了影响，政府成就了张鲁坐大，但也埋下了祸根。刘焉在世时，张鲁还算听话。刘焉一死，张鲁就翻脸不认人了，刘璋根本左右不了他。刘璋大怒，将张鲁母及其家室悉数诛杀，又派大将庞羲等人攻张鲁，但张鲁部多次击败庞羲，双方呈对峙之势。

张鲁的军队多在巴地（今四川省巴中市一带）民间活动，刘璋于是以庞羲为巴郡太守。张鲁袭取巴郡，正式割据于汉中，以五斗米道教化人民，建立了短暂的政教合一的政权。这个政教合一的政府很有意思。张鲁自称"师君"，初学道者称"鬼卒"，高一级的称"祭酒"，各领部众；领众多者为"治头大祭酒"。张鲁打破旧的官僚体制，砸烂原有政治架构，类似于砸烂旧世界，建立一个新世界，不置长吏，以祭酒管理地方政务。教民诚信不欺诈，令病人自首其过；对犯法者宽宥三次，如果再犯，然后才加惩处；若为小过，则当修道路百步以赎罪。他还在汉中的交通要道上创立义舍，置义米肉于内，免费供行路人量腹取食，并宣称，取得过多，将得罪鬼神而患病。

张鲁的这套制度，在当时群雄并起、天下动荡的时候，使他的控制范围内有一个相对安宁的生存环境，很有感召力。中原闹起来后，不少人逃往相对安定的汉中地区，如关西民从子午谷逃奔汉中的就有数万家。张鲁的势力得到进一步扩张。

三、作奴为客为什么

在三国的各大州县中，汉中的位置可以算是得天独厚。这里连接着关中和蜀地，属于战略要地。当年刘备、曹操为了争夺汉中，不惜出动庞大兵团，耗费大量资源，最后双方伤亡惨重。汉中这个地方，不只位置重要，而且在张鲁时期，因为张鲁治理有方，使得小小的汉中，竟有超过十万人口。从东汉末年张鲁自立开始，直到他投降曹操，中间经历很长时间。多少枭雄豪杰为了争夺地盘倒下，而张鲁依然选择守在汉中。那张鲁为什么没有选择对外扩张呢？

张鲁所处的汉中，既是连通四周的战略要地，也是腹背受敌的危险地盘。因为位置好，自然招来某些非分之想。在张鲁的前期，东面需要面对刘璋的益州。除了刘璋，西凉的韩遂、马超，同样危险。谁也没有办法保证，西凉军队不会转过头进攻汉中。

到了刘备夺下益州、曹操击败了西凉之后，张鲁迎来更麻烦的敌人。别说主动进攻，能够守好自己的地盘，都已经非常不错了。

张鲁割据汉中后，曾经派人出使曹操把持的东汉政权。当时的曹操无暇顾及汉中，遂拜张鲁为镇民中郎将（一作镇夷中郎将），领汉宁郡太守。后来，有人在地下挖到了玉印，众人都想要尊张鲁为汉宁王。张鲁的功曹阎圃劝谏道："汉川的百姓，户口超过十万，财富很多，而且土地肥沃，四面地势险固。上可以匡扶天子，那就成为齐桓公、晋文公之流，退其次也是窦融之类的人，可以不失富贵。现在承制设置官署，势力足以决断事务，不用称王。希望您暂且不称王，不要先招来祸患。"张鲁听从了阎圃的意见。

公元215年，曹操亲率十万大军西征汉中，张鲁弟张卫以数万人马据阳平关坚守，为曹操所破，张鲁避走巴中，不久降曹。

有意思的是，张鲁在逃亡巴中时，刘备接受黄权的意见，拟高规格欢迎张鲁，以黄权为护军率部准备迎接。不知怎的，张鲁却大怒："宁为曹公作奴，不为刘备上客。"那为什么张鲁选择了曹操，而不是刘备，还说出了看不起刘备的话呢？

在张鲁刚归降曹操的时候，是无法理解的，但如果看张鲁后来的发展，就豁然开朗了。张鲁投降曹操以后，携带大量的信众来到长安、洛阳和邺城三地，利用曹操对张鲁的优待，或明或暗向社会的上层和下层传播五斗米道。经过曹魏时期和西晋的发展，到东晋时，五斗米道取得了很大的发展，势力已经扩展到了北方和中原地区，就连大书法家王羲之都是五斗米道的信众。而如果张鲁到了刘备那里，首先刘备的人比较少，地盘又太小，难免受到刘备的猜疑，五斗米道的传播也就无从说起了！

"宁为曹公作奴，不为刘备上客"这句话，其实是给曹操听的。张鲁是让曹操知道，他是真心投降曹操的，并没有首鼠两端，以取得曹操更大的信任，也为自己后来的发展打下了基础。

张鲁前往巴中之前，左右的人想将仓库里的宝物全部焚毁，张鲁说："我已有归顺朝廷的意愿，一直未尝如愿。今天我们离开，不过是避开锋芒，并没有别的意图。宝货仓库，应归国家所有。"于是将宝物都妥善藏好才离去。曹操进入南郑后，尽得张鲁府库的珍宝；对张鲁的行为深加赞许，又因张鲁早有归顺之意，所以派人前去慰问。十一月，张鲁自巴中率余众投降，他带着全家谒见曹操，曹操任命他为镇南将军，并封为阆中侯（一作襄平侯），食邑一万户。曹操不但封张鲁的五个儿子及阎圃等人为列侯，还让自己的儿子曹宇娶了张鲁女儿为妻。公元216年（一说公元245年），张鲁去世，谥号原侯。

　　比起张角，张鲁和他的五斗米道幸运得多。张鲁得以安享晚年，五斗米道也成功从民间宗教上位成贵族信仰，并在之后中国漫长的历史中，成了与儒、佛分庭抗礼的道教。由此看来，张鲁绝对是一个情商、智商双高的人。

第二十四章

蔡邕与蔡文姬：乱世中无力改变命运的悲情父女

　　小说《三国演义》里第七十一回里，曹操看望蔡邕的女儿蔡琰，是在定军山之战爆发的那一年，也即公元219年。那曹操为什么要看望蔡琰呢？

　　历史上的蔡琰，是东汉末年公认的才女。蔡琰，字昭姬，后人修史时，因要避司马昭的"昭"字讳，故改记为文姬。蔡琰的父亲蔡邕精通书法，善于音律，蔡琰自小便深得蔡邕真传，可惜如今蔡琰所写书法只保留了一帖，仅十四字。关于蔡琰的琴艺，《三字经》中说："蔡文姬，能辨琴。"三岁的蔡琰在庭院玩耍，父亲在房中抚琴，突然琴弦崩断，蔡琰在庭院自信大喊："第三根！"而后父亲又故意弹断一根弦，蔡琰再次辨认回答："第五根！"蔡邕在"亡命江海，远迹吴会"时，曾于烈火中抢救出一段尚未烧完、声音异常的梧桐木。他依据木头的长短、形状，制成一张七弦琴，这便是闻名古今中外的"焦尾琴"。蔡邕去世后，"焦尾琴"一直陪着蔡琰度过余生。

一、旷世逸才说蔡邕

　　蔡琰的父亲蔡邕，字伯喈，陈留郡圉县（今河南省尉氏县，一说为河南省杞县）人。

　　蔡邕对长辈非常孝顺，他的母亲曾经卧病三年，蔡邕不论盛夏严冬、气候变化，都没有解过衣带，七十天没有睡过觉。母亲去世后，就在墓旁盖一间房子住下守着。

蔡邕少年时即博学多闻，师从太傅胡广，喜欢文学、数术、天文，还擅长音乐。中常侍徐璜、左悺等五侯，擅权不法，听说蔡邕的琴鼓得好，便告诉汉桓帝刘志，命令陈留太守督促他启程。蔡邕不得已，走到偃师（今河南省洛阳市偃师区），假称生病，返回家中。

蔡邕在家里无所事事，品玩古董，不与时人来往。受东方朔（前154—前93）《客难》及扬雄（前53—18）、班固（32—92）、崔骃设疑自通的启发，于是汲取百家之言，肯定其中正确的而纠正不对的，创作了《释诲》。

《释诲》一文通过一系列的比喻和故事，传达了作者对于道德、政治和个人修养的深刻理解。文中强调了仁义的重要性，提倡通过学习和修养来提升个人品质，以达到服务社会和国家的目的。

《释诲》表达了蔡邕对于政治环境的敏锐观察和对当时政治环境的批评，以及对未来美好社会的憧憬。与此同时，《释诲》也体现了蔡邕对于个人价值的追求，即通过个人的努力和修养，实现个人价值的最大化，同时也为社会做出贡献。蔡邕的《释诲》不仅是一篇文学价值较高的作品，也反映了汉朝时期的文化和思想特点，是研究汉朝文学和思想史的重要资料之一。

公元171年，蔡邕被司徒桥玄征召为掾属，受到桥玄的厚待。后出任河平县长，又被汉灵帝刘宏召拜为郎中，在东观校书。后升任议郎。

当时，朝廷认为州郡之间若是互相勾结，会损害国家利益，因此下令禁止互为姻亲的家庭和两州人士互相担任监察官吏。后来又出现了《三互法》。《三互法》严禁婚姻之家及两州之人交互为官，"如甲州人士在乙州为官，乙州人士在丙州为官，则丙州人士对甲、乙、丙三州均需回避"。《三互法》实施的后果，就是使得很多官职多有空缺，当时还没有科举考试，能够担任官职的都是靠相互推荐，如果加上了条条框框，在新办法还没出现之前，老办法虽千疮百孔，但也好歹是没有办法的办法。

蔡邕因此向朝廷上书，建议废除禁令，不要拘泥于形式，只要合适就应该任用。然而，汉灵帝刘宏没有理会蔡邕的建议。

汉灵帝是一个喜爱辞赋的皇帝，在任期间创作了《皇羲篇》，因此爱屋及乌，当时的很多人都是因为写文章写得好而被任用。当时的很多在职人员，比如适中祭酒乐松、贾护等人，都是一些无操行但会拍马屁的人。更有甚者，几十个市井小民，谎称自己是宣陵孝子，都被授予郎中等官职。

当时的社会经常会有天灾，如地震、冰雹、蝗虫。而除此之外，还有鲜卑屡犯边境，百姓苦不堪言，被劳役赋税压得喘不过气来。

两汉自董仲舒以来，主流思想是"天人合一"，面对如此多的天灾，汉灵帝也深刻检讨一下自己，于公元177年下诏自责，并下令群臣各自陈说可行的治国方案。蔡邕于此上密奏，说了七件事。

第一，对神明要保持敬畏之心，要常常祭祀祷告才能得到上天的指引和怜悯，如此就可以减少灾害的发生。第二，广泛听取百姓的心声，要让他们有话说，更要有胆说。第三，不仅要听从百姓的建议，还要多听听臣子的建议，要让他们勇于发言，不必畏首畏尾。第四，赏罚要分明。第五，皇帝要学会用人，不要被手下人愚弄，要懂得驾驭群臣之术，学会甄别不同的人才。第六，各部门之间要有考核制度，做事要有评判标准。第七，希望能甄别出真正的人才。

汉灵帝非常重视蔡邕的奏折，亲自在北郊迎接祥气，举行了辟雍之礼，又下诏将那些宣陵孝子统统改任丞尉（县丞与县尉的合称）。

自从汉武帝刘彻采纳董仲舒"罢黜百家，独尊儒术"建议之后，儒家的书籍就被奉为经典，法定为教科书，朝廷不但设专门博士官讲授，儒家的书籍还成为判断是非标准与决策的依据。儒学被定为官学，必须有一部标准本作为评定正误的依据，然而，皇家藏书楼里的标准本"兰台漆书"由于腐败而遭偷改。

所谓"兰台漆书"，是东汉时期经文的标准读本，于公元110年由马融、刘珍等人在东观校书中形成。当时儒生应博士试，名列前茅者可以做官。但他们手中的经书在文字上时有误差，为了便于应试，常有人贿赂兰台掌管漆书的官吏，暗改漆书文字，以与自己的本子相符，以致学者莫辨真伪。

有鉴于此，公元175年，议郎蔡邕等向汉灵帝提出正定六经文字、刊刻于石的奏请，得到汉灵帝的首肯。于是，参校诸体文字的经书，由蔡邕等书石，镌刻四十六碑。公元183年，刻成后立于洛阳城南的开阳门外太学讲堂（遗址在今河南省偃师市朱家圪垱村）前。

《熹平石经》碑高一丈许，广四尺。所刻经书有《周易》《尚书》《鲁诗》《仪礼》《春秋》《公羊传》《论语》。除《论语》外，皆当时学官所立。石经以一家本为主而各有校记，备列学官所立诸家异同于后。共约二十万零九百一十一字。这对纠正俗儒的穿凿附会，臆造别字，维护文字的统一，起了积极作用。

《熹平石经》是中国刻于石碑上最早的官定儒家经本。一称"汉石经"。其字体俱为隶书，故又称"一体石经"。《熹平石经》规模浩大，气势恢宏，是东汉时期尊崇儒学、经学发达等诸多社会历史原因所产生的文化瑰宝，作为我国历史上最早的儒家经典石刻本，《熹平石经》对人们校对版本、规范文字提供了准确的范本。同时也对其后历朝历代以经典文献为内容的大规模刻石具有一定的启发意义。此外，石经精严端庄的字体结构也是研究汉代书法的珍贵资料。

《熹平石经》从某种意义上，可以理解为印刷术发明前的一种图书编辑出版活动，无论在内容上还是在形式上都产生了巨大的影响。一是订误正伪，平息纷争，为读书人提供了儒家经典教材的范本。二是开了我国历代石经的先河。用刻石的方法向天下人公布经文范本的做法，自汉代创立后，又有魏三体石经、唐开成石经、宋石经、清石经。同时，佛、道等诸家也刻有石经，构成我国独有的石刻书籍林。三是启发了捶拓方法的发明。捶拓技术是雕版印刷术的先驱，因此石经对印刷术的发明也有间接影响。

公元178年，汉灵帝特诏询问蔡邕关于灾异及消除变故所应当采取的办法。蔡邕上奏认为妇人、宦官干预政事，是怪异发生的原因之一，并弹劾太尉张颢、光禄勋玮璋、长水校尉赵玹、屯骑校尉盖升等人贪赃枉法，又举荐廷尉郭禧、光禄大夫桥玄、前任太尉刘宠，认为可以向他们咨议朝政。汉灵帝在看了奏章后很是叹息，起身如厕。奏章被曹节在后偷看，就向左右的人泄露了全部内容。蔡邕奏章上认为应该废黜的人，都非常恨他，企图打击报复。

之前，蔡邕与司徒刘郃不和，蔡邕的叔父卫尉蔡质，又与将作大匠阳球关系不好，阳球是中常侍程璜的女婿。程璜决心要陷害蔡邕，让人匿名诬告蔡邕、蔡质几次因私事请托于刘郃，刘郃没有答应，让蔡邕怀恨在心。汉灵帝听信谗言，因此下诏给尚书，召蔡邕质问。蔡邕上疏辩白，仍与蔡质一同被关进洛阳狱，有关部门认为应该将二人弃市。中常侍吕强怜悯蔡邕无辜，于是替他向汉灵帝求情，汉灵帝想起了蔡邕之前奏章的话，于是下诏将他免死，与家属被流放至朔方郡，不得因赦令而免罪。阳球打发刺客刺杀蔡邕，刺客被蔡邕的正义感动，不为阳球所用。阳球又贿赂有关官员毒害蔡邕，受贿的人反而把消息告诉了蔡邕，要他提高警惕。蔡邕因此平安无事，居住在五原郡西安阳县（今内蒙古自治区乌拉特前旗）。

蔡邕之前在东观时，与卢植、韩说等修撰《东观汉记》。此时的蔡邕正遭流放，所以没有来得及写成。他因此上书所著的《十意》（亦称《汉记十志》，今所知篇目有《律历意》《礼意》《乐意》《郊祀意》《天文意》《车服意》《朝会意》），分别首目，附在书尾。汉灵帝爱怜蔡邕的才华，正好在第二年大赦，于是赦免蔡邕，准许他返回原籍，蔡邕自从放逐到被赦免，历时九个月。

蔡邕准备启程回郡，为他送行的五原太守王智（中常侍王甫的弟弟）觉得蔡邕在席间怠慢了他，于是密告蔡邕心怀怨恨，诽谤朝廷。汉灵帝宠幸的人也都诬陷蔡邕。蔡邕害怕无法幸免，被迫逃命江海，远走吴会之地，待了十二年。

公元189年，汉灵帝去世后，董卓废掉汉少帝刘辩立汉献帝刘协，董卓专擅朝政，听说蔡邕的名气，于是征召他，蔡邕推说有病不能去。董卓大怒，骂道："我有灭人三族的权力，蔡邕就算骄傲，也是不过转足之间的事而已。"又急令州郡征召蔡邕到府。蔡邕不得已只好应命，被任命为代理祭酒，很受董卓敬重。又被举为高第，历任侍御史、治书侍御史、尚书，三天内遍历三台。又升任巴郡太守，并留任侍中。

公元190年，蔡邕被拜为左中郎将，随汉献帝刘协迁都长安，被封为高阳乡侯。董卓的宾客部属想让朝廷尊崇董卓与太公相比，称尚父。董卓询问蔡邕的意见，蔡邕说："太公辅周，奉命灭商，所以特号为太公。现在您的威德虽高，但相比尚父，我以为还不行。等到关东平定，陛下返还旧京，然后再讨论此事。"董卓听从了他的话。

公元191年夏，发生地震，董卓询问蔡邕。蔡邕对他说："地动，是阴盛侵阳，臣下不遵守国家制度引起的。前春天郊祀，公奉车驾，乘金华青盖，爪画两箱，远近都认为不合适。"董卓于是改乘皂盖车。

董卓看重蔡邕的才学，对他非常客气，一遇宴会，往往令蔡邕鼓琴助兴，蔡邕也有心出力。但董卓性格刚愎自用，蔡邕恨自己的话很少为董卓采纳，对堂弟蔡谷说："董公性格刚烈而容易作恶，终究不能成事。我想东奔兖州，但是道路太远，不易达到，打算暂时逃到山东地区看看，怎么样？"蔡谷说："您的容貌与普通人不同，在路上走，看的人云集，这样，想躲起来，难啊！"蔡邕才打消了这个主意。

二、千古才女蔡文姬

董卓觊觎蔡琰的才华与美貌，欲强娶蔡琰为妻。蔡邕只好尽快修书一封送往曹操。信的大致内容便是让曹操尽快做主，安排蔡琰嫁给一位叫卫仲道的年轻人。卫仲道是卫青的后人，自然与蔡琰是门当户对，且卫仲道早已对蔡琰仰慕许久。可蔡琰不太情愿，因为蔡琰从未见过此人，有的只是偶尔从父亲口中听闻对此人的赞美之词，但为了不被董卓霸占，蔡琰也只好认命，无奈出嫁。

日子久了，两人的感情也越来越深，眼看一段才子佳人式的恋情就此展开，可卫仲道因病去世……蔡琰对世人来说是难得一见的才女，可此时对卫家来说，就只是一个没有子嗣的拖油瓶，甚至被认为是克死卫仲道的元凶。此时的蔡琰，也只好离开卫府，回到自己的娘家。不久，一个噩耗传来，她的未来似乎一片渺茫。

公元192年，董卓被诛杀，蔡邕与司徒王允说起董卓，并为之叹息。王允勃然大怒，呵斥他说："董卓，是国家的大贼，差点倾覆了汉室。你作为臣子，应该一同愤恨，但你却想着自己受到的礼遇，忘记了操守！现在上天诛杀了有罪的人，你却反而为他感到伤痛，这难道不是和他一同作为逆贼吗？"并随之将蔡邕收押交给廷尉治罪。

蔡邕递上辞表道歉，请求受到"黥首刖足"（刻额染墨、截断双脚）的刑罚，以求继续完成汉史。士大夫大多同情并想要救他，但没有成功。太尉马日磾听说后，急忙前往对王允劝说："伯喈是旷世的奇才，应当让他续写历史，让它成为一代重要的典籍。而且他忠诚孝顺的名声一向显著，获罪也没有缘由，杀了他岂不是会丧失威望吗？"王允说："过去汉武帝不杀司马迁，让他写出毁谤的书，流传于后世。现今国家中途衰落，政权不稳固，不能让奸邪诌媚的臣子在幼主旁边写文章。这既不能增益圣上的仁德，又令我们蒙受毁谤议论。"蔡邕于是死在了监狱里，当时蔡邕六十岁。群臣和士人没有不为他哭泣的。兖州、陈留郡间都画蔡邕的像来纪念他。

蔡琰在短短几月间先失夫后失父，而自己又未曾有子嗣，现在她的身边只剩下一把经过时光打磨的"焦尾琴"。她感到迷茫，此时姊妹的一封信，为她带来了希望。亲姐妹刚刚痛失一子，希望她前来陪伴自己度过这困难的时光，蔡琰便踏上了旅途。

刚好就在前行的路上，蔡琰一行人遭遇了匈奴的袭击。这一次，她的才华成为她的救命稻草，有的匈奴认出了她，蔡琰为他们抚琴，安抚他们躁动不安的心。慢慢地，琴音传入了匈奴左贤王的耳中，左贤王当机立断，娶了蔡琰。

左贤王与蔡琰虽谈不上知音情，却也是一个愿弹，一个愿听。渐渐地，左贤王也习得了琴艺的技巧，那把"焦尾琴"上留下了第二个人的手迹，蔡琰感到了久违的幸福，并为他诞下二子。似乎，未来不再渺茫，一切都是那么美好。

曹操向来喜爱文学、书法，常与蔡琰的父亲蔡邕有文学、书法上的交流。公元207年，曹操见蔡邕没有子嗣，花费重金从南匈奴那里将蔡琰赎回来。

曹操究竟是为什么非要把蔡琰接回来呢？也许可以从蔡文姬与众不同的身份上去分析。蔡文姬有什么与众不同的身份？她不就是蔡邕的女儿吗？对，蔡邕的女儿就是与众不同的身份。

蔡邕是大学者、大音乐家，也是耿直的朝臣，其实他还有一个身份——当朝国史的修撰者，他参与了《东观汉记》部分篇目的撰写，并且写的内容最多。西汉的历史有班固的《汉书》，东汉有范晔的《后汉书》，这都是正史。不过在东汉本朝，汉光武帝时就设立了官方修史馆，任务是写"当代史"，书名叫《东观汉记》。历史向前发展一段写一段，许多学者都参与了这项工作，汉灵帝时蔡邕、杨彪、卢植等人参加了编撰，其中蔡邕撰写了《灵帝纪》及其他列传四十二篇、志十篇。所以，王允要杀蔡邕时，蔡邕提出《东观汉记》还没修完，他愿意像司马迁那样受刑赎罪以续史。正是这句话提醒了王允，王允不允许当代历史由他的对手蔡邕书写，坚定了杀他的决心。

蔡邕所作数十篇纪传是史书中提到的，具体篇目由于天下纷乱而佚失了，《东观汉记》的主要撰写者后来是杨彪。曹操对杨修的父亲杨彪没有多少好感，曾找借口整治过他，书写历史的笔掌握在这样的人手里，曹操当然不放心。当时修史不像现在，有档案馆、图书馆以及数据库，而是找几个专家就能拉起个"写作组"。那时资料匮乏，人才难找，朝廷东奔西走，国家档案、图书早已散失殆尽，个人所藏图书可以作为一个补充，同时还要靠学者的另一个苦功：默诵。

蔡文姬归来后，曹操曾问她："听说你们家原来有很多书，不知道你还有多少印象？"蔡文姬回答说："先父给我留下了四千多卷书，流离涂炭，已经没有保存下来的了。根据我自己的记忆，也只能保存四百来篇。"能背四百多篇文章已经很惊人了，说明当年蔡文姬在父亲左右，对蔡邕的创作很熟悉，其中也包括修史方面的工作。蔡邕虽然不在了，但蔡文姬还在，让她靠着记忆续写《东观汉记》才是曹操接她回来的主要原因。这项工作只有蔡文姬才能完成，但到了后来政治形势发生了变化，曹丕禅代，汉朝灭亡。《东观汉记》写到汉灵帝就终止了，蔡文姬续写的篇章也就没有流传下来。

从南匈奴回家的路上，蔡琰强忍着与丈夫、儿子离别的痛苦，将泪水和悲绪，化作一曲流芳百世的《胡笳十八拍》。如果可以，她身为妻子和母亲定不会回来。可是她明白，中原文化需要传承，父亲蔡邕的理想是为国修史，"才女"二字，更多的，也是责任，而这些重担现在便压在了她的身上。蔡琰一回来，曹操便亲自加封她为御史，让她潜心修史。此时的她，已年过三十，曹操便做主，将她嫁给了一名不学无术、头脑简单的屯田都尉——董祀。

一年之后，董祀有了外遇。曹操获悉董祀对蔡琰不敬，下令将董祀斩首示众。蔡琰换上一身素衣，将头发披散开来，跪在丞相府前的雪地上，请求曹操收回成命。如此真心，令曹操动容，下令收回成命。经过此事，董祀自是明白蔡琰的诚意，也以真心相待，二人后来育有一女。从那以后，蔡琰坎坷的一生，终于能够走向幸福。这或许是值得我们欣慰的。

第二十五章

崔琰之死与毛玠之废："顺我者昌，逆我者亡"

在曹操集团中，同死于公元216年的崔琰和毛玠都是冲着汉室的黄金招牌，来到许昌为东汉朝廷效力的。曹操挟天子以令诸侯，汉室是曹操最好的资产，也是曹操最大的羁绊。当时的汉献帝刘协虽然名义上是天子，实际上只是一个傀儡。崔琰、毛玠等投奔东汉朝廷的名士，虽然名义上是为朝廷效力，实际上是在为曹操集团干活。曹操分别用其所长，使自己的治国方针通过选举环节得以实现。而崔琰之死和毛玠之废，都起因于曹操集团内部的政治斗争，各有因由，两人在政治倾向上的差别，决定了他们结局的不同。

一、床头捉刀崔琰死

1.文武双全，佐命袁氏

曹操这个人，报复心是很重的。而且，报复起来，一点都不手软。但凡得罪、顶撞过曹操的人，几乎都没好下场。实在找不到岔子，就诬以谋反；谋反的赃也栽不了，便诬以"腹诽心谤"。腹诽心谤可是既说不清又不要证据的事，当然一抓一个准。这种以"腹诽心谤"为罪名杀人的事，汉高帝刘邦干过，汉武帝刘彻干过，曹操干起来也很得心应手。那个道德最高尚、品行最端正、作风最正派、群众威望最高的崔琰，就是这样死的。

说起崔琰这个名字，很多人可能没什么印象，但是，看了下面的这个故事，相信很多人就会豁然开朗了。

　　曹操统一北方以后，声威大振，北方各游牧民族部落纷纷依附。匈奴也派使者送来了大批奇珍异宝，请求面见曹操。曹操将声姿高扬、眉目疏朗的崔琰召来，要他代替自己接见使者。接见时，崔琰正中端坐，接受了匈奴使者的拜贺，曹操却扮作侍卫模样，手握钢刀，挺立在坐榻旁边。接见完毕，曹操派间谍去问匈奴使者印象如何。使者不假思索地说："魏王雅望非常；然床头捉刀人，此乃英雄也。"曹操有股英雄气概自不必说，但曹操让崔琰出演自己，说明崔琰是个颇受曹操尊重的仪表堂堂的美男子。

　　崔琰，字季珪，清河郡东武城（今河北省衡水市故城县）人，出身清河崔氏，是当时最为德高望重的名士。

　　清河崔氏源出于姜姓，是齐太公姜子牙的后裔。齐丁公姜伋的嫡子姜季子将继承权让给齐乙公姜得，自己到封地崔邑（今山东省章丘市）隐居，于此终老，人称崔季子。季子有子穆伯，后世便以崔为氏。穆伯的十一世孙崔杼担任齐国的正卿，有子崔成、崔强，后娶齐桓公姜小白的后裔东郭姜，生崔明。庆封攻杀崔成、崔强，崔杼与东郭姜自杀，崔明躲在坟墓中逃过一劫，之后出奔到鲁国，继任鲁国卿大夫。崔明有子崔良，崔良十五世孙为崔意如，意如有二子崔业（字伯基）、崔仲牟。兄弟二人在西汉初年分别定居于清河郡东武城县与涿郡安平县（今河北省安平县），崔氏家族遂分为清河崔氏与博陵崔氏两支。汉末三国时期，清河崔氏始有崔琰、崔林等人扬名史册。

　　崔琰年少时性格朴实，言辞迟钝，喜好击剑，崇尚武功。二十三岁时，乡里按规定将他转为正式兵员，才开始感慨发奋，研读《论语》《韩诗》。到了二十九岁时，与公孙方等人结交，到郑玄门下求学。学了没有一年，徐州的黄巾军攻破了北海，买进的粮谷十分缺乏，郑玄只好停止授学。崔琰即被遣散，周旋于青、徐、兖、豫四州郊野。自离开家乡四年后才归，在家中以弹琴读书自娱。

大将军袁绍听说后征召崔琰。当时袁绍的士兵专横暴虐，挖掘坟墓，崔琰规劝说："昔孙卿有言：'士不素教，甲兵不利，虽汤武不能以战胜。'今道路暴骨，民未见德，宜敕郡县掩骼埋胔，示恻怛之爱，追文王之仁。"袁绍让崔琰做了骑都尉。

后来袁绍在黎阳（今河南省浚县）带兵，将部队驻扎在延津（今河南省延津县），崔琰又规劝说："天子在许，民望助顺，不如守境述职，以宁区宇。"袁绍却不听从，于是在官渡大败。作为袁绍旧部，崔琰正直的盛名在河北士人集团中的影响力反而大增。袁绍去世后，袁谭、袁尚争夺崔琰，崔琰称病固辞，却因此获罪，被囚禁于狱中。后来好友陈琳与阴夔共同营救崔琰，使他幸免于难。

2.效力曹操，劝谏曹丕

公元205年，曹操彻底打败袁氏后，掌管了广大的河北地区，决心把崔琰作为人才引进，专门派人找他出山。初次见面，崔琰非但没有对曹操的知遇之恩感激涕零，反而立马直言不讳地批评起曹操的政策。曹操说："昨天我翻了一下冀州的户籍，可以征召到三十万人呢！这真是一个大州啊！"话音未落，崔琰一脸正色地说："现在天下分崩离析，袁氏兄弟自相残杀，死尸遍布原野而无人掩埋。朝廷大军以仁义为名，没有体恤民间疾苦，反而先计算兵员数量，这难道是冀州百姓对你的期望吗？"正要收买冀州人心的曹操急忙收起笑容，向崔琰表示歉意，夸赞崔琰"贫夫慕名而清，壮士尚称而厉"，认为崔琰是众人表率，时代楷模。

崔琰也确实不负众望。公元206年，曹操征讨并州，留下崔琰在邺城辅佐曹丕。曹丕照旧外出打猎，改换服装、车辆，兴趣全在追逐猎物上。崔琰写信劝谏，信中尽引《尚书》《春秋》《诗经》《礼记》中先贤为例，又从儒家思想理论出发，晓之以理动之以情，"世子宜遵大路，慎以行正，思经国之高略，内鉴近戒，外扬远节，深唯储副，以身为宝。"整封信写得慷慨激昂，情真意切，使得曹丕深受感动，一把火烧掉了打猎器具。

公元208年，曹操做了丞相，崔琰又做了东西曹掾属征事。起初授予他东曹职务时文告说："君有伯夷之风，史鱼之直，贪夫慕名而清，壮士尚称而厉，斯可以率时者已。故授东曹，往践厥职。"

伯夷是"君子"的典型，作为商朝末年孤竹国（今河北省卢龙县）国君亚微的长子，因父亲欲以叔齐为继承人，伯夷逃走，而叔齐也不肯立，也选择逃走。伯夷和叔齐一同前往西岐，遇到周武王姬发讨伐纣王时，他们叩马谏伐，认为以臣弑君不仁不义。后来，他们耻食周粟，饿死首阳山。

史鱼则是"直臣"的典型，因卫灵公姬元（前540—前493年在世，前534—前493年在位）不纳他的忠言，便在临终前留下遗嘱，不让家人给他在正堂治丧。史鱼用"尸谏"的方式，迫使卫灵公姬元改正了错误。所以孔子说："直哉史鱼，邦有道如矢，邦无道如矢。"孟子则说："闻伯夷之风者，顽夫廉，懦夫有立志。"

公元213年，曹操任命崔琰为尚书。在担任尚书期间，崔琰选拔了大量优秀人才，而且量才录用，不讲情面，以至"朝廷归高，天下称平"，杜绝了用人的腐败，树立了朝廷的威望。

崔琰看人很准，初见司马懿，就对他哥哥司马朗（171—217）说："你弟弟英明果断，将来的成就不是你能达到的。"崔琰的堂弟崔林，年少时没有名望，即使是亲戚也大多轻视他，崔琰却常说："这是个所谓大器晚成的人，最终必定有远大的发展。"涿郡的孙礼、卢毓（183—257）刚刚进入魏王军府，崔琰又评论说："孙礼诚信耿直，刚毅果断，卢毓清醒机警，深明事理，百折不挠，都是可做三公的人才。"后来崔林、孙礼、卢毓都官至宰辅。

3.刚正不阿，含冤而死

陈登的《先贤行状》中记载崔琰"文武群才，多所明拔。朝廷归高，天下称平"。在天下人心中，崔琰就是正气的化身，是道德的标杆。崔琰人气很旺，可是这冲天的人气反而加速了崔琰的死亡。

崔琰是一个光明磊落、胸怀坦荡的人。曹操晚年，曾为立嗣问题苦恼，不知是立最年长的曹丕，还是立最有才的曹植（192—232），便以信函密问百官，请他们陈述意见，密封以答。崔琰却"露板"公开作答说："盖闻春秋之义，立子以长，加五官将仁孝聪明，宜承正统。琰以死守之。"曹操一看，大为惊异。因为曹植正是崔琰的侄女婿。崔琰不举荐曹植而举荐曹丕，说明他确实是处以公心的，连曹操也不得不"喟然叹息"，敬佩他的大公无私。曹操随后任命崔琰为中尉。

然而就是崔琰这样一个人，也被曹操杀了，而且完全是诬杀。杀他的理由，就是"腹诽心谤"。以这个罪名来杀人，原本就是混账逻辑，更何况其理由根本就不能成立。《三国志·崔琰传》的记载是这样的。

公元216年，曹操做了魏王之后，有一个名叫杨训的人上表称赞曹操的功绩，夸述曹操的盛德。当时有人讥笑杨训虚伪地迎合权势，认为崔琰荐人不当。崔琰从杨训那里取来表文的草稿一看，写信给杨训说："省表，事佳耳！时乎时乎，会当有变时。"（《三国志》）这段意思是，读过你写的表文，只是事情做得过于好罢了！时代总是在变化，事情一定会有转机。崔琰的本意是讽刺那些批评者好谴责呵斥，而不寻求合于情理。有人却报告说崔琰这封信是傲世不满、怨恨咒骂，曹操发怒说："谚言'生女耳'，'耳'非佳语。'会当有变时'，意指不逊。"（《三国志》）从此罚崔琰去做苦工，派人去看他，崔琰受此凌辱，内心却很坦然，行止如故，辞色不挠，毫无猥琐卑屈、摇尾乞怜的样子。而且士人并没有趋利避害，依然纷纷拜访崔琰，崔琰家门庭若市。告密者又去报告曹操，说崔琰并无认罪悔改之意。曹操竟发怒说，崔琰难道一定要我去动刀锯吗？崔琰听说这话，点点头说，这是我的不是了，不知曹公竟有这个意思。于是从容自尽。

本来，曹操性格忌刻，凡是他所不能容忍的人，如鲁国人孔融、南阳人许攸、娄圭，都因仗着自己是曹操的老朋友，有所不恭被诛杀。其中崔琰最为冤屈，因而历朝皆有文人墨客为之伸冤。连陈寿作史时，都忍不住要说："太祖性忌，有所不堪者，鲁国孔融，南阳许攸、娄圭，皆以恃旧不虔见诛，而琰最为世所痛惜，至今冤之。"（《三国志》）

崔琰的堂弟崔林曾经和陈群等人一起讨论谁才是冀州第一名士。崔林认为崔琰是第一人，可是陈群认为，崔琰"智不足以存身"，在保全性命方面崔琰还有不足。可崔林不无鄙夷地说："大丈夫有邂逅耳！即如卿诸人，良足贵乎！"（《三国志》裴松之注引《魏略》）意思是，君子所看重的只是有没有遇到明君，是否能够实现自己的抱负，至于如何保全性命，何必在乎呢？后来，陈群依附曹操，身居高位，之后又追随曹丕，主持废掉献帝，官拜三公，成为官场红人。可是，在崔林等传统士人心中，陈群不过是一个出卖礼法、没有原则的小人，根本不能和耿介忠贞的崔琰相比。

专制时代那些掌握了权力的人，没有一个不打击报复、公报私仇的，曹操当然也不例外。所不同的仅仅在于：有的人会当场翻脸，立即实施报复；有的人则会为了长远的目标和更大的利益，先忍下来，等到秋后再算账。是秋后算账还是当场翻脸，是英雄或奸雄与狗熊或笨蛋的分野。于是，崔琰便用自己的死，证明自己是君子；曹操则用崔琰的死，证明自己是奸雄。

二、忠直在朝毛玠废

1.公正清俭，坚守原则

毛玠，字孝先，陈留平丘（今河南省封丘县）人。

毛玠年少时为县吏，以清廉公正著称。因战乱而打算到荆州避乱，但中途知道刘表政令不严明，因而改往袁术治下的鲁阳。后来曹操治理兖州，征召他为治中从事。

毛玠对曹操说："现今国家分裂，君主流离，民众失业，饥饿流亡，公家没有能维持一年的储备，百姓没有安定的心思，这种状况是难于持久的。袁绍、刘表虽然兵民众多，力量强盛，却都没有长远的考虑，没有树立基础、建设根本的人。用兵之事，合乎正义的才能取胜，保守权位需要财力，因此，应当拥戴天子以命令那些不肯臣服的人，致力于耕植业，积蓄军用物资。这样，称霸称王的大业就可以成功了。"曹操郑重地采纳了他的意见，转任他为幕府功曹。

曹操任司空、丞相时，毛玠曾做过东曹掾，与崔琰一起主持选举。他们所选拔和重用的都是清廉有为、品德高尚而又有真才实学的士人。对那些华而不实、夸夸其谈的人一概斥退不用；对现任官吏凡治民安邦功绩不明显，或利用职权贪赃枉法而家中丰足的人也一律罢黜，并规定长期不得再任官。

在选官中，毛玠坚持原则，严拒私人请托。一次，曹操长子曹丕亲自到毛玠的官府，吩咐给他的几个亲信安排官位。毛玠拒绝了他的无理要求，毛玠说："老臣素以能忠于职守而幸免于别人的指责，今所托之人不属于可以升迁的范围，所以老臣不能遵命"。毛玠不畏权贵，坚持选官标准的原则性由此可见一斑。

工作中，毛玠干得有声有色。生活中的毛玠，依然穿布吃素，抚育子侄，周济族人，家无余财。曹操分赏战利品时，将素色屏风和素色凭几赐给毛玠，特意说明："君有古人之风，故赐君古人之服。"

毛玠的这种选官方法震动全国，天下之士莫不以廉洁奉公自勉，以勤俭为美德。朝廷中即使是贵戚宠信之臣也不敢胡作非为，出门乘车和平时的服饰也不敢过度奢华，许多官员也不敢再巧取豪夺，以身试法。曹操感叹说：

"用人能做到这样，使天下人自己治理自己，我还有什么可做的呢！"

公元213年，毛玠担任尚书仆射，又主持选举。当时太子还没有确定，而临菑侯曹植受到恩宠，毛玠秘密地劝告曹操说："近来袁绍因为嫡子庶子不分，导致家破国亡。废立太子是件大事，废长子而另立，可不是我所愿意听到的消息。"后来群臣聚会，毛玠起身去厕所，曹操用眼睛看着他说："此古所谓国之司直，我之周昌也。"

公元前118年，汉武帝刘彻初置"司直"官，属丞相府，称"丞相司直"，比二千石，负责协助丞相检举不法，地位在司隶校尉之上。武帝时，以御史中丞督察司隶校尉，以司隶校尉督察丞相，以丞相督察司直，以司直督察诸州刺史，以刺史督察官秩在二千石以下的官员。东汉时，裁撤丞相，光武帝刘秀效仿汉武帝刘彻，设置"司直"官，属司徒府，称"司徒司直"。负责协助司徒督录州郡上奏，并考察官员能力，看其是否称职。后于公元35年裁撤。公元203年，曹操控制的东汉政府又重新设置司直，无所属，负责督察京城百官。公元204年，诏命司直仪制皆如同司隶校尉，坐则同席，位置在司隶校尉之上。

秦末农民战争中，周昌随刘邦入关破秦。西汉建立后，任御史大夫，封汾阴侯，耿直敢言。刘邦欲废太子，周昌坚决反对，并向刘邦提出劝谏，说："我不善言辞，但知此事不能这么办，如陛下想废太子，我就不服从您的命令了。"因为周昌口吃，在说上述话时，把本不需重叠的"期"字说成了"期期"。而成语"期期艾艾"也典出于此。事过之后，吕后因为在东厢侧耳听到上述对话，她见到周昌时，就跪谢说："若不是您据理力争的话，太子几乎就被废掉了。"

2.反腐入狱，死里逃生

曹操到了晚年，随着地位日益尊崇，性格变得雄猜阴刻、外宽内忌，已听不得群臣的直言，经常是嘴中猛夸某人，但心中却对他恨得要死，对崔琰、毛玠都是如此。崔琰因公开上书请立曹丕为世子，触怒曹操，后来以腹诽心谤之罪被赐死，一时间令天下士人寒心。毛玠更是非常不快，因为他与崔琰是好朋友。

早在毛玠担任东曹掾时，那些碰了壁的上司，吃了瘪的熟人，遭了拒的官迷，无不对他恨之入骨，欲除之而后快。被曹操征辟为西曹掾，主管丞相府内官吏的任免，一直支持曹植为世子的曹操女婿丁仪就是其中的一个。丁仪向曹操告发毛玠，说："毛玠出门看见脸上刺字的犯人，那人的妻子儿女被籍没为官家奴婢，就说：'老天不下雨的原因大概就是这个吧。'"由此诽谤毛玠影射好友崔琰不久前被曹操无辜赐死。曹操大怒，把毛玠逮捕下狱，命钟繇责问毛玠。

毛玠说："我听说萧望之自杀，是因为石显的陷害；贾谊被流放，是因为周勃、灌婴的谗言中伤；白起被赐剑自刎于杜邮，晁错被斩首于东市，伍子胥命断于吴都。这几位人士的遭遇，都是由于有人公开妒忌，或是由于有人在背后暗害。我自年少时就做县吏，积累勤勉取得官职，我的职务处在中枢机要之所，牵涉复杂的人事关系。如有人以私情请托，他再有权势我也要加以拒绝，如有人将冤屈告诉我，再细微的事件我也要审理。人的本心是想无限制地追求私利，这是法律所禁止的，谁要按照法律去禁止非法求利，有权势的人就可能陷害他。进谗言的小人就像青蝇一样一哄而起，对我进行诽谤，诽谤我的肯定不是其他人。过去王叔、陈生与伯舆在朝廷上争辩曲直，范宣子进行评断，他叫双方举出证词，这样使是非曲直各得其所。《春秋》称许此事，因此加以记载。我并没有说过那样的话，也谈不上什么时间、对象。说我说过，则必须有证据。我请求得到范宣子那样的评辩，和王叔那样的诬陷者对质。如果曲在于我，行刑的日子，我就会像得到安车驷马的赠予那样安然就死；送来让我自杀的赐剑，我将把它比作重赏的恩惠。谨以此状作为申诉如上。"

　　曹操本想处死毛玠，好在大臣桓阶、和洽冒死进谏，才答应放毛玠一马，但还是罢免了他的官职。

　　入狱因为反腐，出监全靠清白。经历这场变故后，毛玠对国事变得心灰意懒，没多长时间便郁郁而终。随着毛玠的离世，曹操对他的恨意方才消解，回想起当年他的功绩，也多少感到一些愧疚，为此特赐给毛家棺木、祭器、钱和绢帛，让他们好好安葬毛玠。事后，曹操又让毛玠的儿子毛机担任郎中，算是提拔之意。

第二十六章

许攸与陈琳：功臣被杀，辱先人者被奉为上宾

曹操能消除群雄、统一中原，非常重要的一个原因，便是他帐下拥有一大帮能力出众的谋士。在这些人中，对其做出了重大贡献的许攸（？—204）最终难逃一死，而将曹操祖上十八代骂了个遍的陈琳（？—217）却被曹操奉为上宾，这到底是什么原因呢？

一、功臣被杀说许攸

许攸，字子远，南阳（今河南省南阳市）人。

许攸年轻时就和袁绍、曹操关系很好。《三国志》裴松之注引《英雄记》曰："绍……好游侠，与张孟卓、何伯求、吴子卿、许子远、伍德瑜等皆为奔走之友。"

张孟卓就是张邈，何伯求是何颙，吴子卿就是吴巨，许子远是许攸，伍德瑜是伍琼。这里面的"奔走之友"，指彼此尽力相助的挚友。因此，张孟卓、何伯求、吴子卿、许子远、伍德瑜这五个人，自然可以称为袁绍的五位好友了。

张邈、何颙、许攸三人，同时也是曹操的密友，这一定程度上印证了袁绍和曹操早年关系密切，也说明了袁绍与曹操的政治资源即圈子是有一定重合的。

也正是因为这一点，除了何颙于公元190年被董卓收捕忧愤而死，张邈

和许攸在未来的袁曹之争中随时会倒向其中一方。

公元188年，许攸与冀州刺史王芬、沛国周旌等人联合豪杰谋划废掉汉灵帝刘宏，改立合肥侯为皇帝，并打算拉着曹操一起下水。

汉灵帝刘宏也确实是一代昏君。但参与行动的这些人既不掌控国家军队，又不在朝廷担任高等级的职务，失败是必然的。曹操不傻，肯定不会干。许攸却已被利益蒙蔽了双眼，而不考虑实际了。不出所料，汉灵帝发觉他们谋反的端倪之后立即行动，结果王芬自杀，许攸等人逃之夭夭。

公元189年，汉灵帝刘宏死后不久，董卓专权，天下大乱。许攸便投靠了袁绍，并成为袁绍的谋士。公元199年，袁绍攻灭公孙瓒，兼并幽州，虎踞四州之地，拥众数十万，以审配、逢纪统军事，田丰、荀谌、许攸为谋主，颜良、文丑为将帅，准备攻打许都。

公元200年，官渡之战爆发。许攸向袁绍献计说："曹操兵少，而集中全力来抵抗我军，许都由剩下的人守卫，防备一定空虚。您不必与曹操相攻，可以派诸军与他相持，再派一支队伍轻装前进，连夜奔袭，可以攻陷许都，迎接天子。占领许都后，就奉迎天子以讨伐曹操，必能捉住曹操。假如他未立刻溃散，也能使他首尾不能兼顾，疲于奔命，一定可将他击败。"袁绍不同意，说："我一定要先捉住曹操。"

预感到袁绍会失败的许攸，为了自己的利益，毫不犹豫就掉转枪口投靠了曹操。为了利益谁都可以出卖，正是许攸这类毫无道德底线之人的生动写照。为了眼前的利益，许攸今天可以出卖汉灵帝、袁绍，明天也一样可以出卖曹操。所以在曹操眼里，许攸这种人不能久留。但现在的大局是，曹操还没有找到打败袁绍的办法。许攸在袁绍帐下多年，对其弱点肯定了然于胸，策略的针对性很强。所以，对于许攸这种不能久留的人，还要高规格接待。这就有了曹操赤足相迎的掌故。

曹操听说许攸来了，跣足出迎，高兴地说："子远来了，大事就可成了！"再请许攸入座相谈。许攸问道："贵军军粮可以用多久？"曹操答曰："尚可支持一年。"许攸再说："哪有这么多？"曹操再答："还可以支持半年。"许攸说："难道你不想打败袁绍吗？为何不说真话？"曹操说："跟你开玩笑而已，其实军粮只剩此月的分量。"许攸献计说："今孟德孤军独守，既无援军，亦无粮食，此乃危急存亡。现在袁军有粮食存于乌巢，虽然有士兵，但无防备，只要派轻兵急袭乌巢，烧其粮草，不过三天，袁军自己败亡！"

曹操听计后大喜，选精兵假扮袁军，马衔枚，士兵带着柴草向乌巢出发，遇上其他人问话时，皆回答："袁绍怕曹操奇袭，派我们把守。"袁军不疑有诈，放其通行。

到达乌巢后，曹军放火，袁绍营中大乱，粮草尽烧。乌巢失守后，正在攻打曹军营寨的张郃、高览投降，袁军全盘崩溃，袁绍仅带着八百骑兵逃回河北，曹操大获全胜。

许攸在官渡之战的关键时期投靠曹操，还有一个重要的诱因是许攸的家人犯法，留守邺城的审配将他们逮捕。前方打仗，后方最重要的是稳定，好让身处前线的将士"心无旁骛抓主业"。审配在大战关键节点逮捕许攸家人，很重要的原因就是许攸之前没有处理好与审配、郭图、田丰这些同事的关系。袁绍的谋士不团结，荀彧、郭嘉等人都知道，可见这就是一个公开的秘密。

许攸对曹操最大的贡献有两个：一是献妙计奇袭乌巢，使得曹操在官渡之战中取得了扭转战局的大胜；二是献计决漳河之水，霸占了袁绍团体的老巢冀州，完成了对袁氏团体的致命一击。总之，在剿除袁绍的战役中，许攸的确厥功至伟。但是，许攸的生命因此走到了尽头。原因就是太不把发小当回事了。

从周公定礼仪到汉代叔孙通定朝仪，皇帝和臣子、老板与员工之间的相处模式就一步步确定下来了。对于自己的领导，要么尊称一声"主公"，要么表示亲近称呼一下"表字"，这都是基本的处事规矩。

许攸单身投靠曹操，就是曹操手下的员工，不是生意合伙人。许攸能够建功是因为曹操及时采纳了他的意见，前方将士拼死杀敌。许攸能够立大功，并不是因为自己能耐有多大，而是因为曹操为他提供了一个足够大的平台。

但很显然，贪功的许攸并没有认识到这些。凭借自己所立的功勋，居功自大，以致得意忘形，对曹操常口出戏言，直呼曹操的小名，甚至在正式场合也不知收敛，也不体会发小的感受，不懂君臣之礼。在一次聚会上，许攸自豪地对曹操说："阿瞒，卿不得我，不得冀州也。"那种自以为是的语气，使曹操颇感不舒服。但是，曹操毕竟是曹操，他听后哈哈大笑道："汝言是也。"曹操嘴上虽这么说，内心却非常不开心，认为许攸对自己无礼太过分了。还有一次，许攸率侍从出邺城东门，特意对手下人炫耀地说："此家非得我，则不得出入此门也。"

领导是要有自己的威严的，要不怎么立威，怎么安排工作？于是在一声声"曹阿瞒"的呼唤中，曹操对许攸的容忍也一步步到达了极限。终于有一天，许攸在邺城东门又一次对着周围人喊着曹操的小名，吹嘘着自己的功绩，忍无可忍的曹操果断选择将许攸收押后杀掉。

《三国志·崔琰传》说："太祖性忌，有所不堪者，鲁国孔融、南阳许攸、娄圭，皆以恃旧不虔见诛。"

许攸死于本身的狂妄性格，以及本身超低的情商。

曹操既有礼贤下士、宽容随和的一面，又有暴虐性忌、局促多疑的一面。许攸只知道他是曹操的发小，打打趣、开开玩笑，也没有什么大不了，却没有意识到当年的发小，已经成了把持一方的诸侯。让他更没想到的是因此还丢了自己的性命。在许攸的意识里，他盼望曹操永久是他当年的发小，但曹操不再想做他的发小，他要做一个君临天下的主公。谁敢鄙视他的权力，挑衅他的权势，都得付出生命的代价。许攸之死，也暴露了古代文人的狂妄和愚蠢。他们不是高估了自己，而是高估了主子。

既没有背叛曹操也没有犯罪记录的许攸被杀，其直接原因就是简简单单的居功自傲，不尊重曹操。那曹操是怎么知道的呢？当然是许攸的同事在曹操那里打了小报告。许攸的同事为什么要在曹操那里打小报告？当然是许攸从来都没有尊重过他的那些同事。试想，一个连自己的老板都不尊重的人，他能尊重他的同事？

所以，许攸这样的大功臣死了，大家高兴还来不及，谁还会因为许攸的死而替他鸣不平呢？荀彧评价许攸是"贪而不智"，说的便是许攸这个人太贪婪，贪图富贵、贪图官位、贪图钱财、贪图名声，缺乏大智慧，这种人死了，没人不高兴。

对曹操集团做出了重大贡献的许攸，最终难逃一死的教训是深刻的。但将曹操祖上十八代都骂了一遍的陈琳，却被曹操奉为上宾，这又是什么原因呢？

二、曹操上宾有陈琳

1.陈琳因何出名

陈琳，字孔璋，广陵射阳（今江苏省盐城市盐都区）人。陈琳初为射阳地方官，后任大将军何进的主簿。

汉少帝刘辩继位后，何进欲诛宦官，何太后坚决反对，何进欲召集地方豪强，引兵来京城洛阳，以此恫吓、劫持太后。陈琳劝阻何进说："《周易》上说'即鹿无虞'，谚语说'掩目捕雀'。对待弱小的动物尚且不能靠欺压蛮横获得满足，何况国家的大事，怎么能以诈求成？如今将军总揽朝政，掌握兵权，龙骧虎步，进退随心。以这样的权威办事，无异于鼓火炉燎毛发，只要迅速行动，行使权力，当机立断，合乎道义，上天和人民都会赞同。可您反而放弃优势，征召各地兵马进京，到时候大兵聚合，强者为雄。这就是所谓'倒持干戈，授人以柄'，非但事情必不能成功，反而会成为祸乱的开端。"何进不听劝谏，一意孤行，坚持从地方引兵入京胁逼，结果被杀。董卓率兵进京，废汉少帝刘辩，立汉献帝刘协，社会动乱四起，加快了东汉王朝的覆灭。

何进死后，陈琳避难于冀州，依附于袁绍。

公元195年，曹操攻打张超于雍丘（今河南省杞县）。张超好友、袁绍手下的东郡太守臧洪听说张超被围，立马向袁绍请求增加军队，当时与曹操关系和睦的袁绍始终没有答应。最终，雍丘被攻破，张超自刎，其三族也被曹操处死。臧洪义愤填膺，与袁绍对抗。袁绍派兵攻打，可"历年不下"，而臧洪以弱兵敌强，抱必死打算，誓守穷城，战斗到底。陈琳与臧洪是同邑之人，袁绍便让陈琳为书八条，晓以祸福，责以恩义，让臧洪投降。但臧洪回信拒绝，后城破被杀。

公元199年，被袁绍包围在易京的公孙瓒写信给儿子公孙续，让他请黑山军发兵救易京。袁绍夺得了公孙瓒的书信，还让陈琳修改这封信，陈琳在上面写道："据说昔日周朝末年，僵尸流血，我以为不然，岂料今日我会身当其冲！"

2.陈琳为何骂曹

公元200年，官渡之战爆发。为鼓舞斗志，袁绍邀请陈琳撰写了一篇煽动力极强的千古檄文《为袁绍檄豫州文》，痛骂曹操。

作为晓谕刘备及各州郡讨伐曹操的檄文，《为袁绍檄豫州文》直接引发曹操的危机。陈琳是如何痛骂曹操的呢？

开篇开宗明义提出观点，提出人与事的关系："盖闻明主图危以制变，忠臣虑难以立权。是以有非常之人，然后有非常之事，有非常之事，然后立非常之功。"

接下来承前启后，一语双关，举出秦主吕后覆灭的例子："曩者强秦弱主，赵高执柄，专制朝权，威福由己，时人迫胁，莫敢正言，终有望夷之败，祖宗焚灭，污辱至今，永为世鉴。及臻吕后季年，产、禄专政，内兼二军，外统梁、赵，擅断万机，决事省禁，下凌上替，海内寒心。于是绛侯、朱虚兴兵奋怒，诛夷逆暴。"既论证了观点，又对比了曹操。

随后列举曹操五个方面存在的问题，以此印证前文，并做好了政治动员。

一是出身问题（赘阉遗丑）："司空曹操祖父中常侍腾，与左悺、徐璜并作妖孽，饕餮放横，伤化虐民。父嵩，乞匄携养，因赃假位，舆金辇璧，输货权门，窃盗鼎司，倾覆重器。"

二是能力问题（数丧师徒）："至乃愚佻短略，轻进易退，伤夷折衄，数丧师徒。"

三是立场问题（残贤害善）："而操遂承资跋扈，肆行凶忒，割剥元元，残贤害善。"

四是执政问题（不顾宪纲）："操便放志专行，胁迁当御省禁；卑侮王室，败法乱纪；坐领三台，专制朝政；爵赏由心，刑戮在口；所爱光五宗，所恶灭三族；群谈者受显诛，腹议者蒙隐戮；百僚钳口，道路以目；尚书记朝会，公卿充员品而已。故太尉杨彪，典历二司，享国极位，操因缘眦睚，被以非罪，榜楚参并，五毒备至，触情任忒，不顾宪网。"

五是政策问题（细政苛惨）："又梁孝王，先帝母昆，坟陵尊显，桑梓松柏，犹宜肃恭，而操帅将吏士，亲临发掘，破棺裸尸，掠取金宝，至令圣朝流涕，士民伤怀。操又特置发丘中郎将、摸金校尉，所遇隳突，无骸不露。身处三公之位，而行桀虏之态，污国虐民，毒施人鬼。加其细政惨苛，科方互设，罾缴充蹊，坑阱塞路，举手挂网罗，动足蹈机陷，是以兖、豫有无聊之民，帝都有吁嗟之怨。"

然后，陈琳开始介绍袁军实力、攻击部署："幕府奉汉威灵，折冲宇宙，长戟百万，胡骑千群，奋中黄育获之士，骋良弓劲弩之势，并州越太行，青州涉济、漯，大军泛黄河而角其前，荆州下宛、叶而掎其后，雷霆虎步，并集虏庭，若举炎火以炳飞蓬，覆沧海以沃熛炭，有何不灭者哉？"

陈琳又开始分析曹操的内患，以此证明曹操人心不附、士庶离心、颇有土崩瓦解之势：一是"操军吏士，其可战者，皆出自幽、冀，或故营部曲，咸怨旷思归，流涕北顾"；二是"兖、豫之民"和"吕布、张扬之遗众"，都属于"覆亡迫胁，权时苟从，各被创痍，人为仇敌"。

可以看出，《为袁绍檄豫州文》在叙曹操"苛虐"的同时，始终伴随着述袁绍之"休明"，即对曹操的提携、重用、宽容与忍让。而现在之所以进行讨伐，实因"惧其篡逆之萌"。整篇檄文表现了从董卓之乱到官渡之战这十余年来曹操的种种劣迹，而文中的袁绍与曹操截然相反，始终表现出以国家为重，深明大义，为汉室肝脑涂地的忠臣义士的形象。整篇檄文将曹操的"苛虐"与袁绍的"休明"对比叙述，以引起共愤，达到声讨曹操的目的。最后，《为袁绍檄豫州文》宣布悬赏：其得曹操首级者，封五千户侯，赏钱五千万。

3. 曹操如何应对

《为袁绍檄豫州文》传至许都，曹操当时正患头风，卧病在床。左右将此檄传进，曹操见之，毛骨悚然，出了一身冷汗，不觉头风顿愈，从床上一跃而起。

"陈琳之檄，可愈头风"，这是一个很有名的典故。

檄是古代的一种文书，其作用有三：一是上级告示下级，二是官府晓谕百姓，三是我方声讨敌方罪状。历史上最为人所熟知的檄文，首推唐骆宾王《为徐敬业讨武曌檄》。其传世之由，胜在"言辞之犀利"，而陈琳骂曹操的檄文，更是痛快淋漓，解馋解恨。

震撼之余，曹操不由对其大起爱才之意。曹操自认文采无双，竟不能为之增减一字。又想起当年，自己与陈琳同在何进幕下，欲诛宦官，两人都极力反对袁绍那个召外兵入京的馊主意，可见此人也是极有见识的。

袁绍去世后，陈琳跟随袁尚。公元204年，曹操趁袁尚出征时攻击邺城，袁尚引军返回，却被曹操击破。曹操进军围袁尚营，围势未成，袁尚感到害怕，遣阴夔、陈琳向曹操乞降，曹操不许。袁尚退往蓝口，曹操穷追不舍，袁尚部将马延等临阵投降，袁军大溃，袁尚奔往中山。曹操平定邺城后，陈琳穷苦无计，只能厚着脸皮投降曹操。

曹操便问陈琳："卿前为本初作檄，但可罪状孤而已，何乃辱及父祖邪？"陈琳苦笑道："矢在弦上，不得不发耳！"此时，大家都以为陈琳必死无疑。不料曹操又哂然一笑，道："孔璋此文，文气贯注，笔力雄健，实乃今之俊也！孤也是极佩服的。"乃拜其为司空军师祭酒，让他继续发挥特长，在司空府主办来往公文。

是曹操气量大吗？不见得，在戎马干戈之际，这一招是普遍为胜家所用的，至曹操击败袁绍，取得冀州，冀州人乃至天下人都注视着曹操的一举一动，求贤若渴的美名自然比泄一时之气好多了。说好听点儿，是在"为自家个儿翻案"。曹操毕竟是曹操嘛！当然，识时务者为俊杰，陈琳也不赖。于是乎，这对"贤儒"和"枭雄"的默契配合，成功地"化戾气为祥和"，从而向天下人展示了自己的"良好形象"。

此后，陈琳开始得到曹操的重用，在幕府中担任司空军师祭酒、管记事，依旧从事编写军国文书、檄文工作，很受曹操赏识。陈琳文采斐然，所以每次他的稿件递到曹操手中时，曹操总会在赞叹之余竟不能为之增减一字。

公元216年，曹操亲征孙权到达合肥后，巡行张辽（169—222）的大胜之地。曹操感叹万千，久久不能平息。于是，曹操给征东将军张辽大量增兵，又令陈琳作《檄吴将校部曲文》，以劝勉东吴的将校部曲尽快投降的同时，也为自己翻案。

在《檄吴将校部曲文》一文中，陈琳先是痛骂孙权："孙权小子，未辩菽麦，要领不足以膏齐斧，名字不足以污简墨，譬犹礨卵，始生翰毛，而便陆梁放肆，顾行吠主。"大致意思是，你孙权就是一只小小鸟，毛儿还没长齐，就开始乱蹦跶（陆梁，形容嚣张、猖獗），还学不听话的小狗向主人狂吠。

然后陈琳又大拍曹操马屁："圣朝宽仁覆载，允信允文，大启爵命，以示四方……丞相衔奉国威，为民除害，元恶大憝，必当枭夷。"

接下来陈琳还写了一段能让张辽张郃暴跳如雷、跳脚骂街的话："师临下邳，张辽、侯成，率众出降……官渡之役，则张郃、高奂，举事立功。"张辽、侯成背弃吕布，张郃、高览临阵叛变，这都是他们一生的污点，被陈琳拎出来给东吴将士做示范，虽然是表扬的口气，但引用的却是他们的黑历史——这才叫哪壶不开提哪壶！

然后，陈琳开始揭孙权的老底："盛孝章，君也，而权诛之；孙辅，兄也，而权杀之。贼义残仁，莫斯为甚！"陈琳所说的盛孝章，根本就不是什么"君"，只是个病退的吴郡太守，要称他为"君子"，或许还说得过去，但是陈琳笔锋一抹，孙权就成了弑君逆贼；而那个孙辅，倒是个货真价实的叛徒，此人是孙坚的哥哥孙羌的二儿子，倒也算孙权的堂兄。这位堂兄孙辅跟堂弟孙权可不是一条心，而是跟曹操眉来眼去，还图谋叛变，但孙权只是把他软禁起来。

孙权看了这封公开信肯定是暴跳如雷，而曹操心中也会五味杂陈，原来"人嘴两张皮，咋说咋有理"，说的就是陈琳这样的文人吧？

4.后世如何借鉴

这就说到了唐骆宾王（约640—约684）《为徐敬业讨武曌檄》与陈琳

《为袁绍檄豫州文》的关系了。毫无疑问，唐骆宾王《为徐敬业讨武曌檄》是完全借鉴了陈琳《为袁绍檄豫州文》的成功之处的。

《为徐敬业讨武曌檄》一开始就将武则天置于被告席上以"伪"字开头，以示武氏君临朝政的非法，接着列数其罪。从私生活到政治面貌，对武氏进行了猛烈的攻击。尤其抓住武后先后侍奉太宗父子，致使李唐皇室背上乱伦之名，将武后置于不仁不义的境地。并揭露武后在后宫中的种种恶行，将之比作祸国的吕后和褒姒。

次写徐敬业讨武是势在必行、民心所向之举，因此义师无敌，声势夺人。在一番严厉的声讨后，作者接着描绘徐敬业一方师出有名。"班声动而北风起，剑气冲而南斗平。喑呜则山岳崩颓，叱咤则风云变色。以此制敌，何敌不摧！以此图功，何功不克。"这四句用雄健的辞采、夸张的形容，表现了义师的声威和必胜信念。

第三层深明大义对王公大臣动之以情，发出号召。"一抔之土未干，六尺之孤何托？"先让百官自惭自励，再从正反两面痛陈利害得失。"共立勤王之师，无废大君之命"，则封赏晋爵，"若或眷恋穷城，徘徊歧路，坐昧先几之兆，必贻后至之诛"。文章最后以"请看今日之域中，竟是谁家之天下"震人心弦的警语做结，显示出巨大的威慑力量。

而武则天的反应也一如当年的曹操：武则天读到"一抔之土未干，六尺之孤何托"时，惊问是谁写的，继而感叹说："宰相安得失此人？"

三、建安七子难逃疫

公元217年，一场瘟疫来势汹汹，造成了惨烈的伤亡。曹植的《说疫气》之中，对这一年的瘟疫的惨状有着详尽的记载："疠气流行，家家有僵尸之痛，室室有号泣之哀。或阖门而殪，或覆族而丧。"还是在这一年，曹丕给王朗写了一封信："生有七尺之形，死唯一棺之土，唯立德扬名，可以不朽，其次莫如著篇籍。疫疠数起，士人凋落，余独何人，能全其寿？"已经夺得王位的曹丕尚且如此悲戚，何况是在底层挣扎的平民百姓呢？汉灵帝刘宏在位年间户籍统计之时，尚且有一千万户，而到了建安中期，全国仅剩下了三百万户。将近三分之二的人口，死在瘟疫和战争之中。史书之中寥寥几句，却是沙场万骨枯，十室九空的地狱景象。

这次瘟疫，有专家认为是出血热，也有专家研究认为更像是鼠疫。

这一年，著名的建安七子，当时非常有名的七位诗人，染病而死的竟然有四位。他们分别是徐幹（171—217）、陈琳、应玚（177—217）、刘桢。尤其是陈琳，实在是才华横溢，曹操非常喜爱，但是他也死在了瘟疫之中。根据史料记载，建安七子之中的王粲（177—217）也死在了这一年，王粲去世时才四十一岁。王粲随曹操征吴，这一年曹营之中发生了疫病，王粲很可能在军队之中被感染，在回军途中突然去世。而建安七子之中的另外两位——孔融在九年前被杀，阮瑀（165—212）也在五年前病死。公元217年的这场瘟疫，让"建安七子"成为文坛绝唱，一个都没有留下来。

这五位陨落在瘟疫之中的文坛巨匠都是上流社会的人物，相比于平民百姓，他们的饮食和卫生条件要好一些。他们的离世说明灾情已经无法控制，波及上流社会，老百姓感染者十之八九。

建安诗歌的成就是有目共睹的，因为这场灾难，文学的发展迅速进入了低谷期。建安七子和曹氏三父子交相辉映的文坛盛况，最终只剩下了曹氏父子，而三者之中，只有曹植一个人是专门从事文艺创作的名家。随着建安七子时代的结束，大量的"悼亡诗"出现。这些诗文充斥着对生离死别的伤感。看到这样的人间惨剧，本来以政治为一生所求的文人阶级，慢慢将关注点转向了哲学层面，他们开始探索生命的意义，文学作品往往充满了人生无常的悲凉感。

第二十七章

建安三神医：民不聊生下的一抹微光

在中国古代医学史上，东汉末年的三位杰出医学家，史称"建安三神医"。其中张仲景撰写《伤寒杂病论》，理法谨严，被后世誉为"医圣"，为建安三神医之首；华佗在内、外、妇、儿各科的临证诊治中，创造了许多医学奇迹，尤其以创麻沸散（临床麻醉药）、行剖腹术闻名于世；董奉（约170—280）隐居庐山，留下了脍炙人口的杏林佳话。

一、千古医圣张仲景

被后人尊称为"医圣"的张仲景，名机，字仲景，南阳涅阳县（今河南省邓州市）人。

张仲景出生在没落的官僚家庭，其父张宗汉是个读书人，在朝廷做官。他博览群书，并且酷爱医学，从史书上看到扁鹊（前407—前310）望诊齐桓侯的故事，对扁鹊高超的医术非常钦佩。

公元161年，他十岁左右时，就拜同郡医生张伯祖为师，学习医术。

张伯祖当时是一位有名的医家，经他治疗过的病人，十有八九都能痊愈，他很受百姓尊重。张仲景跟他学医非常用心，无论是外出诊病，还是上山采药，从不怕苦怕累。张伯祖非常喜欢这个学生，把自己毕生行医积累的丰富经验，毫无保留地传给他。

尽管张仲景从小就厌恶官场，轻视仕途。但由于他父亲曾在朝廷做过官，张仲景也承袭家门，被州郡举为孝廉，进入官场。担任长沙太守之后，张仲景仍用自己的医术，为百姓解除病痛。择定每月初一和十五两天，大开衙门，不问政事，让有病的百姓进来，他端端正正地坐在大堂上，挨个儿仔细地为群众诊治。后来人们就把坐在药铺里给人看病的医生，统称为"坐堂医生"，用来纪念张仲景。

俗话说，"大兵之后，必有灾年"。据史书记载，汉桓帝刘志在位时期大疫三次，汉灵帝刘宏在位时期大疫五次，汉献帝即位后疫病流行更甚。成千上万的人被病魔吞噬，以致十室九空的空前劫难。其中尤以东汉灵帝刘宏在位时期的公元171年、173年、179年、182年、185年等几次的疫病流行规模最大。南阳地区当时也接连发生瘟疫大流行，许多人因此丧生。一些市镇变成了空城，其中尤以死于伤寒病的人最多。如张仲景的家族，原来有两百多人，自公元196年以来，在不到十年的时间里，就死了三分之二，其中有十分之七是死于伤寒病。

一些庸医便趁火打劫，不给病人认真诊脉，"按寸不及尺，握手不及足"，和病人相对片刻，便开方抓药，只知道赚昧心钱。更多的人，虽师承名医，却不思进取，因循守旧，不精心研究医方、医术，以解救百姓的病痛，而是竞相追逐权势荣耀，忘记了自己的本分。

张仲景决心要控制瘟疫的流行，根治伤寒病。经过几十年的奋斗，张仲景收集了大量资料，包括他个人在临床实践中的经验，写出了《伤寒杂病论》十六卷（又名《伤寒卒病论》）。这部著作在公元210年前后写成而"大行于世"。到了晋代，名医王叔和加以整理。到了宋代，才渐分为《伤寒论》和《金匮要略》二书。《金匮要略》就是该书的杂病部分。《伤寒杂病论》的问世，使中国临床医学和方剂学，发展到较为成熟的阶段。

张仲景在长沙做官，正准备告老还乡退休的时候，刚好赶上那年冬天大寒。在白河边上，张仲景看到很多无家可归的人面黄肌瘦，衣不遮体，因为寒冷，把耳朵都冻烂了，心里十分难受。回到老家后，张仲景依然挂念那些冻烂耳朵的人。经过研究，他研制了一个可以御寒的食疗方子，叫"祛寒娇耳汤"。他叫徒弟在南阳东关的一个空地搭了个棚子，支上大锅，为穷人舍药治病，开张的那天正是冬至，舍的药就是"祛寒娇耳汤"。祛寒娇耳汤就是把羊肉和一些祛寒的药物放在锅里煮，熟了以后捞出来切碎，用面皮包成耳朵的样子，再下锅，用原汤再将包好馅料的面皮煮熟。面皮包好后，样子像耳朵，又因为功效是防止耳朵冻烂，所以张仲景给它取名"娇耳"。张仲景让徒弟给每个穷人一碗汤，两个"娇耳"，人们吃了"娇耳"，喝了汤，浑身发暖，两耳生热，耳朵再也不会冻伤了。经过岁月的冲刷，大家在冬至这天吃由"祛寒娇耳汤"演变过来的饺子的习俗一直流传了下来。直到现在，有中国人的地方就有饺子，饺子也成了阖家团圆的代表食品。

二、外科圣手华佗

被后人称为"外科圣手""外科鼻祖"的华佗，字元化，一名旉，沛国谯县（今安徽省亳州市）人。

华佗少时曾在外游学，钻研医术而不求仕途，行医足迹遍及安徽、山东、河南、江苏等地。他一生行医各地，声誉颇著，在医学上有多方面的成就。

华佗经过数十年的医疗实践，熟练地掌握了养生、方药、针灸和手术等治疗手段，精通内、外、妇、儿各科，临证施治，诊断精确，方法简捷，疗效神速，被誉为"神医"。对此，《三国志》《后汉书》中都有一段内容相仿的评述。他发明了麻沸散，开创了世界麻醉药物的先例。欧美全身麻醉外科手术的记录始于18世纪初，比华佗晚一千六百余年。《世界药学史》指出阿拉伯人使用麻药可能是由中国传去的，因为"中国名医华佗最精此术"。

华佗在多年的医疗实践中，非常善于区分不同病情和脏腑病位，对症施治。府中官吏倪寻、李延同时来就诊，都是头痛发烧，病痛的症状正相同。华佗却说："倪寻应该把病邪泻下来，李延应当发汗驱病。"有人对这两种不同疗法提出疑问。华佗回答说："倪寻是外实症，李延是内实症，所以治疗他们也应当用不同的方法。"说完，马上分别给两人服药，等第二天一早，两人病一同好起来了。

孙吴名将周泰为保护孙权被刺十二枪，幸得华佗医好他，所以后来有人向曹操推荐华佗时就说："江东医周泰者乎？"

黄疸病流传较广时，华佗花了三年时间对茵陈蒿的药效做了反复试验，决定用春三月的茵陈蒿嫩叶施治，救治了许多病人。民间因此而流传一首歌谣："三月茵陈四月蒿，传于后世切记牢，三月茵陈能治病，五月六月当柴烧。"

华佗对同时代的张仲景学说也有深入的研究。他读到张仲景著的《伤寒杂病论》第十卷时，高兴地说："此真活人书也。"可见张仲景学说对华佗的影响很大。

华佗也是中国古代医疗体育的创始人之一。他不仅善于治病，还特别提倡养生之道，为年老体弱者编排了一套模仿猿、鹿、熊、虎、鸟等五种禽兽姿态的健身操——"五禽戏"。华佗的学生吴普施行这种方法锻炼，活到九十多岁，听力和视力都很好，牙齿也完整牢固。

华佗以医术为业，心中常感懊悔（中国封建社会中医生属于"方技"，被视为"贱业"）。《三国志·华佗传》记载，曹操亲自处理国事，得病（头风）沉重，让华佗专门为他治疗。华佗说："这病在短期之内很难治好，即便是长期治疗也只能延长寿命。"华佗因为离开家太久想回去，于是说："收到一封家书，暂时回去一趟。"到家之后，就说妻子病了，多次请求延长假期而不返。之后曹操三番五次写信让华佗回来，又下诏令郡县征发遣送，华佗自恃有才能，厌恶为人役使以求食，仍然不上路。曹操很生气，便派人去查看：如果他妻子真的病了，便赐小豆四千升，放宽假期期限；如果欺骗，就逮捕押送。结果华佗撒谎，于是用传车把华佗递解交付许昌监狱，经审讯验实，华佗供认服罪。荀彧向曹操求情说："华佗的医术确实高明，关系着人的生命，应该包涵宽容他。"曹操说："不用担忧，天下难道就没有这种无能鼠辈吗？"华佗在狱中被拷问致死。华佗临死前，拿出一卷医书给狱吏，说："这书可以用来救活人。"狱吏害怕触犯法律不敢接受，华佗只好忍痛，讨取火来把书烧掉了。

三、杏林春暖因董奉

董奉，又名董平，字君异，号拔墔，长乐人。

董奉少年学医，年轻时，曾任侯官县（今福建省福州市）小吏，不久归隐，在其家村后山中，一面练功，一面行医。

董奉医术高明，治病不取钱物，只要重病愈者在山中栽杏五株，轻病愈者栽杏一株。数年之后，有杏万株，郁然成林。春天杏子熟时，董奉便在树下建一草仓储杏。需要杏子的人，可用谷子自行交换，再将所得之谷赈济贫民，供给行旅。后世称颂医家"杏林春暖"。

董奉也在南方一带行医。他所到地方除了治病赈济，还遍访名山大川，采集野生植物制成丹药给人治病。

董奉晚年到豫章庐山下隐居，继续行医。《浔阳志·董奉太乙观》记载："董奉居庐山大中祥符观。"《真仙通鉴》记载："奉在人间百年，其颜色常如三十许人。"可见董奉有一套养生之道。张景诗云："桃花漫说武陵源，误杀刘郎不得仙。争似莲花峰下客，栽成红杏上青天。"说的是董奉在庐山成仙的传说故事。

《庐山志》还记载董奉在江西行医期间，当地县官女儿得了怪病，医疗无效，请董奉医治即愈，于是县令便把女儿嫁给董奉为妻。因董奉长年累月要外出为人治病，怕妻子孤单，便收养一女侍候她。

第二十八章

汉献帝刘协：中国历史上结局最好的亡国之君

禅让制是中国历史上的一个重要制度，先秦时代的尧、舜因治政之美、禅让之德，被称赞为圣君，禅让制也让中国探索出一条非革命的改朝换代之路。帝制时代，从秦至清，禅让制度始终在发挥着自己的效用。禅让又分为内禅和外禅两种。所谓内禅，指的是禅让给本姓人。所谓外禅，指的是禅让给外姓人。纵观中国历史，被禅让的皇帝往往下场悲惨，但汉献帝刘协则不然，虽然悲剧性地成为亡国之君，但他禅让后的待遇是历朝禅让者中最好的。

一、命中注定为傀儡

汉献帝刘协的母亲王美人，名王荣，是前五官中郎将王苞的孙女，身姿容貌丰润美丽，聪明机敏而有才智，能书会算，以良家子的身份被选入掖庭，成为贵人。公元180年，汉灵帝刘宏临幸王美人。

当时主宰汉灵帝后宫的是何皇后，其性格强势善妒，后宫莫不震慑。因此当王美人怀着刘协时，怕招惹何皇后，就偷偷地服用堕胎药，但是胎儿安稳不动。王美人又多次梦见自己负着太阳而行，于是再也没有打掉胎儿的念头。

公元181年，王美人生下刘协后，何皇后便派人鸩杀了王美人。汉灵帝勃然大怒，意欲将何皇后废黜。可宦官一起为何皇后求情，汉灵帝才赦免了何皇后。

刘协这时尚未足月，归入掖庭，暴室啬夫朱直拥养，独择乳母。一年多后，汉灵帝之母董太后亲自抚养刘协。

汉灵帝因为觉得这个儿子很像自己，取名为"协"。自此，刘协就依董氏为外家，被称为"董侯"。刘协八岁时，能读诗书。

汉灵帝数失皇子，他的儿子只剩下何皇后所生的刘辩与王美人所生的刘协。刘辩从小寄养在民间一位姓史的道人家里，比刘协年长。群臣曾上表请汉灵帝立太子，但汉灵帝认为刘辩举止轻浮，没有威仪，不可以作为人主，又因其母何皇后得宠，何皇后的哥哥大将军何进位高权重，因此犹豫不决，一直未立太子。刘协自小在永乐宫长大，由董太后悉心抚养，因此董太后多次劝灵帝立刘协为太子，何皇后也因此记恨董太后。

公元189年，汉灵帝病重，遗诏将刘协托付给宦官上军校尉蹇硕。这年夏，汉灵帝去世，蹇硕欲抢先立刘协为帝并诛杀大将军何进，被其麾下司马潘隐出卖而未果，何进遂拥立刘辩为帝，是为汉少帝。何皇后改称为何太后，临朝处理政务，但国家大权实际上已为何进掌握。刘协受封为勃海王，后改封陈留王。

汉灵帝死后，内宫宦官和朝中重臣展开了争权夺利的斗争。先是蹇硕欲联合赵忠等宦官谋杀何进，赵忠等人反而帮助何进对付蹇硕，何进派黄门令捕杀蹇硕，接管其军队。接着何进又与董氏相争，收捕骠骑将军董重，逼董太后回到河间，董太后忧怖而死。之后，何进谋诛宦官，事败，张让、段珪等宦官杀死何进，司隶校尉袁绍、虎贲中郎将袁术和何进的部将带兵反攻，一下子又杀宦官两千人。

张让、段珪等无力还击，劫持刘协和少帝刘辩逃出宫外。尚书卢植、河南中部掾闵贡赶来后，张让、段珪跳入黄河自杀。刘辩和刘协在回宫途中，遇上董卓率领的陇西铁骑奔腾而来。刘辩见到这样的情形，吓得浑身哆哆嗦嗦，双腿战栗，口不能言。当董卓问十七岁的刘辩祸乱缘由时，刘辩口齿不清；而问九岁的刘协时，却对答如流。董卓认为刘协比刘辩贤能，又自认为和收养刘协的董太后同族，于是就想废少帝，另立刘协为皇帝。

二、被挟持的日子里

回到京城后，董卓的军队完全控制了局势。公元189年秋，董卓宣布废黜汉少帝刘辩，立陈留王刘协为帝，是为汉献帝。从此，汉献帝刘协开始了他作为傀儡皇帝的漫长生涯。

汉献帝登基后，董卓自封为相国，完全控制了朝廷。

次年，董卓指使郎中令李儒毒杀弘农王刘辩。随后，董卓下令迁都长安，焚烧洛阳宫庙，令京城百姓全部迁入关中，而董卓自己仍然留在洛阳的毕圭苑中。这时，司徒王允主持具体政务。他表面上依附董卓，暗中心向汉室，身边聚集了一批朝中官员。车驾到达长安后，因宫室焚毁，刘协只能居住在高庙、京兆府舍中，后来，刘协进入未央宫。

公元192年夏，汉献帝患病初愈，在未央殿大会朝中百官。董卓身穿朝服，乘车入朝。从军营到皇宫的道路两侧警卫密布，左侧是步兵，右侧是骑兵，戒备森严，由吕布等在前后侍卫。王允命仆射士孙瑞自己书写诏书交给吕布。吕布让同郡人骑都尉李肃与勇士秦谊、陈卫等十余人冒充卫士，身穿卫士的服装，埋伏在北掖门等待董卓。董卓一进门，李肃举戟刺去，董卓内穿铁甲，未能刺入，只伤了他的手臂，跌到车下。董卓回头喊吕布，但被吕布铁矛刺死。

董卓被刺死后，王允录尚书事，吕布晋升为奋威将军，二人共同主持朝政，并令张种为使抚慰山东。此时的王允骄傲自满，加上气量狭小，未能维持关中的局势。于是董卓部将李傕、郭汜、张济、樊稠、贾诩等人起兵作乱，攻占长安，长安一万多吏民遇害，吕布战败逃走。

王允带着汉献帝到宣平城门楼上，对着李傕等人问道："臣子无作威作福，而放兵纵横，这是想干什么？"李傕回复："董卓忠于陛下，而无故被吕布杀害。臣等为董卓报仇，不敢作逆。等事情结束后，我们自会前往廷尉处受罚。"于是，汉献帝大赦天下，拜李傕为扬武将军，郭汜为扬烈将军，黄琬、王允全家被处死。

在随后的几年里，汉献帝被迫在军阀的争夺中流亡，生活极度困苦。

当时，长安地区发生了严重的大旱，粮食短缺，百姓生活困苦。面对这样的局面，汉献帝虽然自身难保，仍心系百姓，决定开仓放粮以救济灾民。然而，效果并不显著，仍然有很多百姓因饥饿而死。

汉献帝对此深感痛心，开始怀疑有人贪污赈灾粮食，导致粮食没有真正发放到百姓手中。为了查明真相，他亲自参与检验，用同样的粮食和豆子在殿前熬粥，发现实际熬出的粥量远大于之前官员所熬的，证明确实存在贪污行为。

于是，汉献帝果断下令严惩贪污赈灾粮食的官员。这一举措震慑了那些企图侵占赈灾物资的人，使得后续的赈灾工作得以顺利进行。同时，还积极鼓励富户捐粮，以缓解粮食短缺的问题。经过汉献帝的努力，长安地区的灾情得到了一定程度的缓解，许多百姓得以存活下来。

三、艰难的东归之路

俗话说，一山容不得二虎。李傕、郭汜二人心生嫌隙，互相猜疑。

有一次，郭汜和李傕吃饭喝酒，郭汜怀疑酒里面下了毒。郭汜便带着军队和李傕打起来了。两个人谁都打不过谁，就打起了汉献帝的主意。

李傕派遣数千士兵强行绑架汉献帝，然后把皇宫劫掠一空，之后又放火把皇宫、官府给烧了个干干净净。

被绑架到李傕营地的汉献帝派遣百官前去说和李傕、郭汜，希望两个人不要再打仗了。郭汜得知李傕劫持了皇帝，便把来和谈的文武百官全扣押了，留作人质。

李傕、郭汜两个人就这样在长安城内互相攻打了好几个月，上万的士兵、平民死亡。汉献帝被李傕劫为人质，不仅没有人身自由，连吃的都成问题。这时汉献帝为了生存，想要回到以前的都城洛阳。恰好镇东将军张济来长安调解李傕、郭汜的矛盾，张济也想把汉献帝迁出长安，安置到弘农。最终李傕、郭汜两个人以交换女儿为条件达成和解，汉献帝这才得以东归。

没走多久，郭汜又一次想军事劫持汉献帝，被大臣发现，双方一番交战，郭汜打了败仗，灰溜溜地跑了。

郭汜刚走，当时护送汉献帝的这几个将军（杨定、杨奉和段煨）又发生了矛盾，互相打了起来。这几个军阀打了十几天才暂时和解。可是那边郭汜跑回长安，和李傕一合计，觉得让汉献帝跑了，这可亏大了，就点起精锐部队追着汉献帝杀过来了。汉献帝仓皇往东跑，在弘农东被李傕、郭汜追上，护卫汉献帝的军阀打不过李傕、郭汜，文武百官、士兵，死的人不计其数，朝廷路上带的书籍、器具全丢了。汉献帝只能带着残兵继续往东逃跑。

汉献帝是一路打败仗一路撤退，等撤退到陕县（今河南省三门峡市）的时候，结营自守。此时，守卫皇帝的御林军只有不到一百人了。李傕、郭汜将营寨团团围住。汉献帝刘协和大臣只能准备船只，趁着夜色，暗中渡过黄河。因为船少，很多士兵争抢上船，船上装不了那么多人，董承等人挥刀斩杀想要登船的人，当时的状况非常惨烈。后面李傕等人追上来，留下来的官员、宫女和百姓不是被抢，就是被杀，还有很多人被抢了衣服，然后活活冻死。

汉献帝乘上了船，来到黄河对岸的河东郡大阳县后，居住在李乐营中。行至安邑县，河东太守王邑携带物资迎驾，汉献帝派太仆韩融回到弘农，向李傕、郭汜请和，李傕同意和解，于是释放了擒获的百官、宫人、妇女，并归还劫掠的乘舆、器服。

当时蝗灾大起，干旱无谷，后宫以枣菜为食物，粮食殆尽，杨奉、董承、韩暹等人谋划护送汉献帝乘舆到洛阳。不久，河内太守张杨前来护驾，被任命为安国将军。

四、功亏一篑衣带诏

公元196年秋，汉献帝与群臣好不容易摆脱了凉州军阀的控制，东归回到残破的洛阳。然而，当天子与群臣食不果腹、朝不保夕的消息传出，关东诸侯没一个愿意伸出援手。最后还是曹操迎奉汉献帝于许昌，开始了他的"挟天子以令诸侯"的政治策略。

汉献帝毕竟是名义上的汉朝皇帝，在天下臣民中，特别是平头百姓心中，有着无可比拟的影响力和正统性。曹操利用汉献帝这张牌，"挟天子以令诸侯"，以汉献帝的名义发号施令，讨伐对手，收服民心，无往而不利。虽然各路诸侯明知道曹操"假传圣旨"，却不敢不听从，至少表面上是要听从。这个政治阴谋让曹操在外表上拥有了更大的权威，他能够对抗那些对他心怀不满的诸侯，如袁绍。

曹操虽然表面上尊重汉献帝，但实际上将朝政大权牢牢掌握在自己手中。汉献帝虽然渴望重振汉室荣光，但在曹操的强势下，只能无奈地接受现实。

公元199年，汉献帝不满曹操大权独揽，不甘心作为傀儡，乃暗下衣带诏，令董贵人的父亲车骑将军董承，联合天下义士设法诛杀曹操。董承遂与左将军刘备、长水校尉种辑、议郎吴硕、偏将军王子服等一起密谋。尚未行动，刘备因袁术北上而出征。

公元200年春，衣带诏事情败露，董承等人都被曹操诛杀。当时董贵人怀孕，汉献帝多次向曹操请求，仍不能保住董贵人性命。大开杀戒之余，曹操更将自己的三个女儿一起嫁给了刘协，并立次女曹节为皇后，进一步强化对汉献帝的控制。经过这一番一番的折腾，汉献帝终于认命做傀儡。

五、被迫禅让为山阳

公元220年，曹操去世，其子曹丕继位。曹丕上台后，加快了篡汉的步伐。他逼迫汉献帝禅让帝位，自己登基称帝，建立了魏国。汉献帝在无奈之中，将皇位禅让给曹丕，结束了自己作为皇帝的生涯。

禅让后，刘协被封为山阳公，享有较高的礼遇。他离开了许昌，前往山阳过上了平淡的生活。在山阳的岁月里，刘协不再过问政事，也不再追求权力。他致力于医术和农耕，救济当地的百姓，深受百姓爱戴。

公元234年4月21日，山阳公刘协寿终正寝，而曾经胁迫他的人，何皇后、董卓、李傕、郭汜、曹操、曹丕都早已化为烟尘。

山阳公刘协去世，大魏君臣该如何处理呢？史书没有明确记载，但是从《三国志》和《后汉书》简短的记载上看，刘协去世后的排场可不小。魏明帝曹叡穿素服为山阳公刘协致哀；命特使持节亲自操办丧事；因刘协逝世，大赦天下；追谥为孝献皇帝；以汉帝规制修建禅陵，并以汉室皇帝之礼下葬。魏明帝不仅亲自为其致哀，还依旧以汉朝皇帝的礼仪为他大办身后事，并追谥为孝献皇帝，这个"献"字可不是说刘协把江山献给曹魏的意思，《谥法》有云："博闻多能曰献，聪明叡哲曰献。"这在谥号中是一个褒谥。

刘协去世后，他的长孙刘康（长子早逝）承袭山阳公之位，延至西晋，仍以之为宾，传续数代，山阳公国因永嘉之乱而崩毁，历国八十七年。刘协的妻子曹氏，享寿长久，直至公元260年才去世，在司马昭的主持下，魏主曹奂追谥为献穆皇后，并与刘协合葬禅陵。

第二十九章

三国之外的第四国：辽东公孙氏政权的兴亡史

　　三国时期，其实不仅仅有魏蜀吴三个政权，还有另一支不容忽视的势力——辽东公孙氏。当然辽东公孙氏对军阀混战的参与程度比较小，在政权级别上也低于魏、蜀、吴，不过公孙渊（？—238）毕竟于公元237年自称燕王，自置年号，脱离曹魏的控制，理应视作曹魏之外的一个政权。如果从辽东太守公孙度（？—204）时期算起，燕国持续的时间有四十八年之久。

一、公孙度割据自立

　　公孙一族是汉人，在东汉初期进入辽东。话说辽东郡襄平县（今辽宁省辽阳市）有一个人叫公孙延，因遭受当地官吏的刁难和迫害而被迫迁居偏远的玄菟郡（今辽宁省抚顺市）。

　　公孙延逃难的时候带着自己的儿子公孙豹。公孙豹十六七岁的时候在太守衙门里谋了一个工作。当时的玄菟太守公孙琙的一个儿子也叫公孙豹，不幸早死。恰好公孙延的儿子公孙豹与太守公孙琙夭折的儿子同岁，长得也挺像。公孙琙很自然地亲情转移，对自己衙门里的这个公孙豹非常关照，最后视同己出。他不仅为公孙豹聘请名师，而且为他娶妻。最后公孙琙居然保举公孙豹为本郡的"有道"，送往洛阳任职。公孙豹先是被选为尚书郎，逐渐升迁为冀州刺史。其间公孙豹更名为公孙度。但不久公孙度被人打了小报告，被免去冀州刺史之职。此时，正值董卓掌权。董卓的爱将徐荣是公孙度的同乡，徐荣就推荐公孙度担任了辽东郡的太守。

前往辽东的路上，公孙度发现天下已乱，中原群雄割据，民不聊生，反倒是北方比较太平。而辽东郡南临渤海，北面是玄菟郡和鲜卑、乌丸，东临乐浪郡和高句丽等东夷，西边仅有狭长的辽西走廊与中原接壤，天生就是一个相对封闭的地域。

于是，公孙度心中有了割据自立的念头。回到辽东后，公孙度召来亲信部将，信心满满地说："卜卦有词'孙登当为天子'，我复姓公孙，表字升济即为'登'，指的就是我要当天子了！如今汉室将亡，愿与大伙一同称王称霸！"

上有所好，下有所效。很快就有人报告说襄平延里的祀社生出一块一丈多的大石，石下还有三块小石支撑着。部下解释这石头与汉宣帝的冠石相似，延里与公孙度之父公孙延同音，祀社主管土地，三块小石表示三公。总体说来，就是寓意公孙度即将拥有天下的土地，并得到三公的辅佐。公孙度闻言大喜，王霸之气四溢。

因为公孙度是从玄菟郡的小官吏发迹的，所以辽东郡的人都很瞧不起他。此前，襄平县令公孙昭为了羞辱出身卑微的公孙度，曾征召公孙度之子公孙康服役，并且担任小小的伍长。公孙度一上任，就将公孙昭抓了起来，在襄平市中将其鞭打而死。郡中豪门望族如田韶等家，只因在平时的来往上对公孙度没有恩惠，就都被他找借口杀了，被他如此诛灭的豪族有一百多家，郡中人个个惊恐万状。

对外，公孙度雄张海东、威服外夷，夫馀国王尉仇台（约100—194）更是主动成为辽东的附属，而公孙度也因为夫馀在当时强盛的高句丽和鲜卑之间，将自己的宗族之女嫁给了尉仇台。之后，公孙度更是东征高句丽，西征乌丸，威震海外。当时中原大乱，中原人士多避难于辽东，其中亦有管宁、邴原、王烈、太史慈等知名人物。

公元190年，实力逐渐强大起来的公孙度看到中原地区群雄割据，便将原辽东郡分为辽西、辽中、辽东三部分，置太守，在这之上设立平州，自立为辽东侯、平州牧，追封公孙延为建义侯。曹操控制的朝廷忙于征战，对公孙度采取顺水推舟的态度，遥拜为武威将军、永宁乡侯。公元204年，公孙度死，其子公孙康继承其位。

二、公孙康袭杀袁氏

公孙康承袭父位后，仍然是"恃远不服"。公元205年，袁绍去世后，其长子袁谭被曹操击破，曹操派张辽安抚海滨一带。张辽击破了公孙度所置的营州刺史柳毅，公孙康失去了其父经营多年的东莱诸县。

公元207年，曹操追击袁氏残余，袁熙与袁尚两兄弟并乌桓残余投奔辽东，这给辽东提出了严峻的考验。之前辽东政权一直没有与中原割据势力较量过。袁氏残余力量的到来，带来了中原的血雨腥风。当时就有谋士向曹操建议，乘机以追击二袁为名，派兵收拾了公孙康势力。曹操说："我会让公孙康主动送来袁尚、袁熙的人头的，不必再劳师动众了。"便班师回朝了。

袁尚逃到辽东后，便同袁熙商量说："现在到辽东，公孙康必然见我，我一个人为兄长亲手杀了他，并且占领辽东，还可以用来扩大自己。"公孙康的选择余地很小，不是联袁抗曹，就是联曹灭袁。于是典型的场景出现了。公孙康事先在马棚里安排了精强勇猛的士兵，然后高高兴兴地接见袁尚、袁熙。袁熙心中起疑，不想进去，袁尚强迫他进去，袁熙就同他一道进去。还没来得及坐下，公孙康喝令伏兵捉住他们，让二人坐在结冰的地上。袁尚对公孙康说："没死的时候，忍受不了寒冷，能给我们坐席吗？"公孙康说："你的头颅马上就要走万里路，要席子干什么用！"于是斩杀袁尚、袁熙，连同速仆丸的人头一起快马加鞭地送给曹操。将领中有人问曹操："您已退军而公孙康杀死袁尚、袁熙，这是为什么？"曹操说："公孙康一向畏惧袁尚、袁熙，我如果急攻，他们就会合力抵抗；缓和时，他们就会自相残杀；是形势使他们这样做的。"曹操封公孙康为襄平侯，授任他为左将军。

公孙康在杀了二袁后也走完了自己的人生旅途。公孙康两子公孙晃与公孙渊年纪均小，公孙康的弟弟公孙恭被部下拥立为辽东太守。魏文帝曹丕即位后，拜公孙恭为车骑将军、假节、平郭侯，追赠公孙康为大司马。公孙恭因软弱无能，在公元228年被公孙渊篡位。魏明帝曹叡顺水推舟拜公孙渊为扬烈将军、辽东太守。

三、公孙渊三角外交

早在公孙度执掌辽东政权时，就曾有意进取中原参与天下争霸，但终究按捺住了野心，专心经营辽东。曹操在世时，多次征伐四方，将空虚疲弱的黄河之北暴露给辽东政权。历经三朝后，公孙渊不似公孙度那般自清自知了。

公孙度所面临的基础是祖父辈已经尽可能拓展的疆域，中原的魏国是名义上的宗主国，当时的格局是魏国和蜀吴联盟形成了南北对峙。辽东置身其外，可以扮演力量天平中的关键少数角色。前人积累的国力和南北对峙的僵局为公孙渊的野心提供了施展的空间。公孙渊于是试图谋取更多的利益，恰好坚实的航海基础为辽东在南北双方之间展开纵横捭阖提供了可能。

公孙渊在曹魏和东吴之间渔利，形成了一个微妙脆弱的外交三角。恰好东吴孙权一直也有联络曹魏敌人、对北方形成战略威胁的意图，很早就与辽东政权展开了秘密外交。

曹魏方面一开始就知道东吴和辽东的秘密往来。曹魏自然不愿意辽东脱离自己，更不愿意看到辽东反叛，响应南方夹击自己。魏、吴双方都展开了争取公孙渊的工作。魏国当时的主要精力在南方前线，同时国家战略是一心恢复国内建设，所以没有太多的精力和国力去处理辽东事务——这和东吴恰恰相反。魏国所做的主要是对辽东公孙家族加官晋爵。可是对于一心想要称王称霸的公孙渊来说，魏国的官爵早已满足不了自己的野心。公孙渊的策略是游离于曹、孙之间。开始时，取得了不错的成绩：不仅曹魏的官爵和赏赐不断，东吴也不断送来承诺和物资。

直到公元232年，公孙渊向孙权上表称臣，以其为外应，而且派了代表舒绽来到孙权的都城建业；又派遣校尉宿舒、阆中令孙综称藩孙权，并献貂皮、马匹等贡品。喜出望外的孙权很快于第二年派遣太常张弥、执金吾许晏等人率领大军万人护送宿舒、孙综回辽东，同时携带金宝珍货，封公孙渊为燕王。

志大才疏的公孙渊没想到孙权会如此看重，这时又认为吴国相距遥远难以依靠，觉得不能公开投靠东吴。而东吴舰队携带的大批钱财货物又使公孙渊贪心顿起。

公孙渊于是斩杀吴使。事后将张弥、许晏等首级，传送洛阳，悉没东吴兵资珍宝。公元233年初，魏国拜公孙渊为大司马，封乐浪公。曹魏原本是对辽东和东吴的这一次大规模接触极为紧张的，公孙渊这样表现倒是曹魏方面期待出现的最好结果。

在东吴内部，远封辽东的决策原本就是孙权一人的坚持，朝臣普遍持反对态度。重臣张昭反对之激烈，甚至到了不惜与孙权决裂的程度。张昭与孙权激烈争辩，孙权不能忍受，握刀怒道："吴国士人，入宫则拜孤，出宫则拜君，孤之敬君，亦为至矣，而数于众中折孤，孤尝恐失计。"张昭视孙权良久，乃道："臣虽知言不用，每尽愚忠者，诚以太后临崩，呼老臣于床下，遗诏顾命之言故在耳。"（《三国志》）说罢，涕泪横流。孙权掷刀于地，与张昭对泣。及孙权遣使至辽东，张昭愤言之不用，称疾不朝。孙权派人将张家的大门用土封起来，意思是你张昭永远也不要上朝了。张昭自己在门里面又加了一层土墙，表达自己的反抗决心。

当公孙渊吞灭使团的消息传到孙权耳中时，孙权才明白自己干了什么样的蠢事。孙权大怒说："我都六十岁了，什么风浪没经历过。想不到现在被公孙渊这只小老鼠给骗了，我咽不下这口气。我不把公孙渊的老鼠脑袋扭下来抛到海里去，我就没有脸再坐在现在的位置上了。即使万里颠沛远征，我也在所不惜。"怒火冲天的孙权要亲自率领舰队讨伐公孙渊。但在陆逊、薛综等人的劝说下，孙权冷静下来，打消了远征辽东的念头。君臣和解，他亲自驾车去迎接张昭出门上朝。

四、公孙氏政权败亡

在魏、吴、辽三角外交格局中，作为关键少数扮演者的辽东必须具有高超的演技，既要保持力量平衡又不能打破脆弱的力量平衡。稍有不慎，力量天平就会倾斜。而力量天平倾斜后，最弱的一方就难以继续左右逢源了。

简单地说，辽东既可能是最大的受益者，也可能是最大的受害者。公孙渊对东吴的背信弃义，最大的消极影响是信誉全失，失去了继续扮演第三方力量的道德基础。现在辽东已经完全失去了东吴的援助，而曹魏又可以从陆路对辽东形成军事威胁，公孙渊的处境已经很危险了。

尚有一个难以忽视的背景是：曹魏经过半个世纪的经济恢复和发展，已经取得了对蜀汉和东吴的力量优势。力量的天平已经失衡了。曹魏的力量已经强大到不再需要辽东协助，可以单独对付南方蜀吴的程度了。公孙渊在这样的情况下仍然耍小聪明，不及时"站好队"，注定是没有好果子吃的。

曹魏不久就向辽东摊牌了，逼公孙渊站队。公元237年，曹魏派遣幽州刺史毌丘俭，兵临城下，宣诏公孙渊去洛阳上朝。公孙渊心中有鬼，只得翻脸迎战。公孙渊与毌丘俭会战于辽隧（今辽宁省海城市），魏军作战不利而败退。随即，公孙渊在辽东自立为燕王，设置百官衙署，改元绍汉；又遣使招降鲜卑，并时常派兵出没于曹魏的北方进行骚扰。

这一次，公孙渊真心遣使向东吴孙权谢罪，接受燕王的封爵，请求吴国援兵。此时的孙权，虽然旧恨未了，但又想在曹魏和辽东之间扮演第三者角色，给辽东使者开了空头支票，答应出兵支援，让辽东坚守抗魏。

公元238年，魏明帝加派了司马懿增带大军四万讨伐辽东。公孙渊派将军卑衍与杨祚领步骑数万守住辽隧。司马懿佯攻辽隧，暗地出奇兵袭击辽东首府襄平。公孙渊恐襄平有失，急命卑衍、杨祚等回师襄平。两军在首山（今辽宁省葫芦岛市）展开决战。时值酷暑，阴雨连绵月余，太子河水暴涨，魏军乘船抵于城下，昼夜强攻。公孙渊与全城军民，被围到238年秋，粮食吃光，将军杨祚开城投降。公孙渊与儿子公孙修带数百骑突围向东南方向逃窜，被魏军追击，斩杀于太子河边。司马懿入城，杀死燕王府中公卿百官一千余人。从此，辽东、带方、乐浪、玄菟四郡皆为曹魏所有。辽东从此正式划入了曹魏的版图。而司马懿离自己的成功又近了一步。

公孙渊死不足惜，但是襄平百姓遭了殃，没了主公的襄平瞬间被攻下，司马懿命令将十五岁以上的男子全都斩首，并把这些身首异处的尸体堆成了山，这座"山"在古时候有个名字——"京观"。

辽东公孙氏政权的兴亡，与其对外政策息息相关。

公孙渊之前的统治者根据中原形势变化制定较好的对外政策，使政权稳定，而公孙渊对外政策的失误则是政权灭亡的重要原因。史载，长江中下游的"葛布越于朔土"，东北地区的"貂马延于吴会"，双方进行着手工业产品与土特产品的大规模交流。在这一时期的墓葬中还出土了各种漆器，如漆案、漆盘、漆钵等，这些东西明显来自中国南方。与吴国进行贸易无疑会促进辽东地区经济发展，但公孙渊摇摆不定，"挟两端"，欺骗孙权，以至后来司马懿征讨辽东，公孙渊求救于孙权时，孙权只是表面答应，实际没有真正去救。

倘若公孙渊没有欺骗孙权，出于战略平衡的考虑，孙权可能会积极帮助公孙渊去抵抗曹魏，可能派出水军全速去支持辽东，也可能在曹魏的后方进行骚扰，以逼司马懿退军，就不会以"同休戚，共存亡"的虚假话语去搪塞，想必战争的结局会是另一种结果。

子曰："民无信不立。"说的是人没有诚信就没有立足之地。公孙渊如此反复无常、背信弃义，他的下场就已经注定。"信则立，不信则废"，一个人，一个国家，乃至一个民族，守信于己，取信于人，才能谋生存、求发展。

还需要说明的是，司马懿铲除公孙渊，本意是为了巩固魏国统治，却忽略了因此造成的权力真空，更没有及时派驻部队予以管辖。压在高句丽头上的劲敌被除去后，再也无人能够阻止其发展，自此高句丽迅速崛起，成为辽东地区无可撼动的存在。南北朝时期，高句丽继续扩张，到隋朝初年已成为领土绵延数千里、独霸辽东的强大政权。

更要命的是，高句丽不仅兵强马壮，还对中原王朝充满觊觎之心。与北方游牧民族不同的是，高句丽同样以农耕文明为主，对土地的强烈渴望并不亚于汉人，同时又与抢了就跑的游牧民族有着本质区别，令中原政权的统治者芒刺在背。

于是从隋朝开始，统一的中央王朝就数次发兵征讨高句丽，想要彻底铲除这一隐患。然而以隋朝国力之强，却奈何不了高句丽。隋文帝杨坚出征一次，隋炀帝杨广东征三次，最多时发动近百万重兵，都铩羽而归。唐朝建国后，唐太宗李世民依然沿袭了隋朝时的做法——"九瀛大定，唯此一隅"，必欲除之而后快。

让人始料未及的是，唐太宗李世民在面对高句丽时，也遭遇了前所未有的挑战。在亡国的巨大威胁下，高句丽爆发出了强大的战斗力，令唐军束手无策。公元645年，在司马懿平定公孙渊四百零七年后，唐太宗李世民御驾亲征，剑指辽东。这是唐朝开国以来规模最大的战役之一，也是唐太宗李世民即位后极其罕见的一次亲征。纵然是唐太宗李世民亲自上阵，最终也没能完成既定目标。唐太宗李世民只得下令班师回朝。为一雪前耻，唐太宗李世民后期又数次下令征讨高句丽，但都未能取得明显胜利，直到唐高宗李治即位后才彻底平定。